전국 임진왜란 유적 답사여행 총서 ❹

# 대구 임진왜란 유적

이 책 소개

　이 책은 대구광역시와 경북 군위·의성에 있는 임진왜란 주요 유적지를 글과 사진으로 해설한 답사 여행 안내서입니다.
　책에는 영남 지역의 의병 활동을 중심으로 임진왜란의 역사를 설명해주는 **임란 의병관**, 정여립의 난에 얽혀 억울하게 죽임을 당한 최영경 신원 운동과 관련하여 임란 발발 당시의 조선 사회를 돌이켜보게 하는 **병암서원**, 대구 지역 의병 창의의 역사를 증언하는 **무동재**와 **연경서원**, 일본군 선봉장으로 부산에 상륙했지만 조선군 장수가 되어 도리어 왜적을 무찌른 김충선의 **녹동서원**, 일본군의 대구 침입 경로를 말해주는 **팔조령**과 **봉산서원**, 고단한 피란 생활의 고통이 서려 있는 **사효굴**과 **백원서원**, 대구 의병군이 본부를 차렸던 팔공산 **부인사**, 사명대사의 자취가 남아 있는 **동화사**와 **남지장사**, 왜적의 침입에 결연히 대응하여 선비 가문의 진면목을 보여준 **금암서당·구암서원·청호서원·서계서원·송담서원·표절사·이양서원·매양서원·현풍 곽씨 12정려각**, 홍의장군 곽재우와 황석산성 곽준을 모시는 **예연서원**, 중국인 풍수 전문가 두사충의 **모명재** 등 모두 73곳(현장 사진 152매 첨부)이 소개되어 있습니다. (대구·군위·의성에 있지는 않지만 본문에 등장하는 다른 지역의 임진왜란 유적에 대해서도 사진과 간략한 설명을 붙여 두었습니다. 해당 임진왜란 유적을 답사할 때 참고가 될 것입니다.)
　책에 실린 유적과 유적지들은 사건이 벌어진 시간 순서대로 배치하였습니다. 따라서 책을 처음부터 끝까지 순서대로 읽으면 임진왜란의 역사를 상당 부분 이해할 수 있습니다. 다만 임진왜란이 대구·군위·의성에서만 일어난 것은 아니므로 책 끝에 붙여둔 **임진왜란 연표**와 **임진왜란 약사**부터 본 뒤 본문을 읽으면 1592년부터 1598년에 이르는 7년 전쟁의 흐름을 더욱 정확하게 헤아릴 수 있을 것입니다.

일반적으로 잘 사용되지 않는 한자어에는 청소년 독자들이 알기 쉽도록 작은 글자로 설명을 덧붙여 두었습니다. 예를 들면 '행재소行在所(임금이 임시로 머무는 곳)', '파비破碑(부서진 비석)' 식입니다. 그리고 '墮淚碑타루비'처럼 원문이 한자인 경우에는 앞에 한자, 뒤에 한글 발음을 써서 당시 분위기를 살리기도 했습니다.

우리나라 반만 년 역사에서 가장 크고, 길고, 피해가 막심했던 전쟁이 임진왜란입니다. 그 전쟁을 겪고도 우리는 일본의 식민지가 되었고, 급기야 분단마저 되었습니다. 1950년에는 전쟁까지 치렀습니다. 역사를 잊은 민족에게는 미래가 없다고 했는데 정말 그렇게 되었습니다.

임진왜란부터 분명하게 기억해야 합니다. 이어서 독립 전쟁과 6·25전쟁에 대해 알아야 합니다. 그래야 나라를 살리고, 후대의 미래를 밝힐 수 있습니다. 저자가 붓과 사진기를 들고 전국 방방곡곡을 5년 동안 누빈 것은 그 때문이며, 전국의 임진왜란 주요 유적 모두를 대구 편, 부산·김해 편, 충남 편, 충북 편, 수도권·강원 편, 전라도 내륙 편, 남해안 편, 동해안 편, 경북 서부 편, 경남 서부 편으로 나누어 10권에 이르는 총서로 발간한 것 또한 그 때문입니다.

이 책에 소개되지 않은 임진왜란 유적이나 인물을 clean053@naver.com으로 알려주시면 고맙겠습니다. 증보·개정판을 더욱 충실하게 가꾸고자 합니다. 독자 여러분의 건승을 기원합니다.

명량 대첩 420주년(음력 9월 16일)을 앞두고
저자 정만진

# 대구 임진왜란 유적

### 팔공산[1]

임진왜란 연표·약사·312

역사 유적 답사 때 가장 먼저 찾을 곳은?
**망우당공원 임란 의병관**·09

십장생 꽃담에 깃들어 있는 '선비 정신'
**병암서원**·39

임진왜란 대구 의병 탄생의 역사
**무동재·연경서원**·51

일본군 선봉장, 조선 장수되어 왜적을 무찔렀다
**녹동서원·한일 우호관**·59

임진왜란 당시 일본군의 대구 진입 경로
**봉산서원**·78

부산까지 오가며 식량을 구한 15세 소년 가장
**백원서원**·92

아버지를 구하려고 네 아들이 죽은 비극의 현장
**사효굴**·99

홍의장군 곽재우와 황석산성 곽준
**예연서원**·104

대구 의병의 본부 '대장경'의 부인사
**부인사**·111

---

[1] 부인사와 동화사에 각각 본부를 차린 대구의 의병과 관군은 일본군의 팔공산 진입을 막아 이 산에 피란 온 대구 부민들을 1592년 내내 지켜냈다.

대구의 역사와 문화를 상징하는 '얼굴'
**팔공산 · 128**

대구 의병의 초기 역사를 증언하는 곳들
**금암서당 · 이강서원 · 삼충사 · 140**

진산에 세워진 '사랑'과 '충의'의 선비상
**구암서원 · 153**

일제 경찰도 발견하지 못한 태극 문양
**청호서원 · 163**

과거 부정 거부한 대구 제3대 의병 대장
**서계서원 · 172**

명군도 칭송한 24세 젊은 의병장
**낙동서원 · 월곡역사박물관 · 181**

황희 정승 후손, 공 세워도 벼슬은 사양
**동호서당 · 194**

대구에 남아 있는 사명대사의 자취
**동화사 · 남지장사 · 200**

체찰사가 극존칭 "선생"으로 부른 의병장
**송담서원 · 208**

두문불출 집안 전통, 의병으로 재현되다
**표절사 · 222**

두 여종의 활약 덕분에 왜적을 몰아냈다
**대구향교 · 231**

한 가문의 출중한 정신, 대를 이어 빛난다
**화산서원 · 이양서원 · 현풍곽씨 12정려각 · 239**

[바탕 사진] '홍의 장군'으로 불리는 곽재우 장군 동상 망우당공원

"할 말이 없다…" 외교로 충성한 선비의 고독
매양서원·252

"조선이 잘 되는 꼴을 못 본다!" 이여송의 행패
와룡산·257

'님도 보고 뽕도 따고' 두사충의 조선 귀화
모명재·264

망월산성과 경산 박응성 의병장 묘소·276
고산서당과 경산 삼의정·285
경북 의성 지역 임진왜란 유적·295
경북 군위 지역 임진왜란 유적·305

## 대구 임진왜란 유적 답사 순서

동구 01. 임란 의병관 효목동 1234-2 망우당공원
02. 임란 호국 영남 충의단, 홍의장군 동상 임란 의병관 옆
03. 동호서당 동내동 1115-1 대구경북첨단의료산업진흥재단 뒤
04. 용암산성 도동 산35, 기념물 5호, 옥천
05. 백원서원 도동 497
06. 동화사 도학동 35
07. 염불암 동화사에서 팔공산 동봉으로 등산
08. 비로봉(공산성) 염불암에서 계속 등산
09. 삼성암 터 비로봉에서 서봉 거쳐 부인사로 하산
10. 부인사 신무동 356-1, 기념물 3호
11. 삼충사 지묘동 871-1

북구 12. 연경서원 복원 예정으로 답사 불가
13. 서계서원 서변동 881

14. 표절사 동변동 235
15. 압로정, 서산서원 터 검단동 1325
16. 구암서원 산격동 산79-1, 용담재
17. 매양서원 매천동 46
달서구 18. 병암서원 용산동 521, 와룡산
달성군 19. 용호서원 다사읍 서재리 693
20. 이강서원 다사읍 이천리 277
21. 금암서당 다사읍 매곡리 1102-1
22. 하목정 하빈면 하산리 1043-4, 유형문화재 36호
23. 현풍곽씨 12정려각 현풍면 지리 1348-2, 문화재자료 29호
24. 이양서원 현풍면 대리 907-4, 문화재자료 32호
25. 화산서원 구지면 화산리 898, 복원 예정으로 답사 불가
26. 송담서원 구지면 도동리 234-2
27. 관수정 도동리 65, 문화재자료 36호
28. 홍의장군 묘소 구지면 대암리 182
29. 예연서원 유가면 가태리 539, 기념물 11호
30. 사효굴 유가면 양리 360
31. 인흥서원 화원읍 본리 730
달서구 32. 낙동서원, 월곡역사박물관 상인동 660
달성군 33. 남지장사, 백련암 가창면 우록리 865
34. 녹동서원, 한일 우호관 우록리 585
수성구 35. 무동재 파동 581-129
36. 봉산서원 상동 340-1
37. 청호서원 황금동 산79-4, 문화재자료 16호
38. 모명재 만촌2동 716
39. 고산서당 성동 171
40. 망월산성 옥수동 419 불광사 왼쪽에서 등산 출발
41. 박응성 의병장 묘소 네이버 지도에서 '밀양박씨재실' 검색
42. 삼의정 경산시 옥곡동 550 (군위·의성 지역은 308쪽 참조)

임란 의병관 동구 효목동 1234-2 망우당 공원

《선조수정실록》 1592년 7월 1일 - 의병장 김준민이 왜병을 (고령) 무계에서 물리쳤으며, 곽재우가 또 현풍과 (경남) 창녕 사이에서 잇따라 물리치니 적이 주둔지에서 철수하여 도망하였다. 이때부터 경상우도右道(경상도 중 낙동강 서쪽 지역)로 다니지 못하게 되자 적병은 대구大丘가 있는 가운데 길로 왕래하였다.

《선조실록》 1593년 5월 28일 - (명나라 대장) 유정 등이 대구大丘에 병사를 주둔시키면 왜적들은 감히 전라도로 들어가지 못할 것이다. 전라도로 들어가지 못하게 되면 반드시 군량이 떨어져 저절로 곤궁하게 될 것이니, 그렇게 되면 그들을 진격하여 죽이지 못하는 것을 어찌 근심할 것이 있겠는가.

## 임란 의병관
# 역사 유적 답사 때 가장 먼저 찾을 곳은?

 '아는 만큼 보인다.'라는 말이 있다. 역사 유적이나 문화유산을 답사할 때는 대상에 대한 배경지식부터 먼저 습득해야 한다는 뜻이다. 역사서나 전문가의 기행문을 읽는 것이 최선이고, 그 일이 어려우면 현지의 안내판을 유심히 읽는 정도의 성의는 보여야 옳다. 물론 박물관이나 기념관이 있는 지역에서는 당연히 그곳부터 방문할 일이다. 대구의 망우당 공원도 마찬가지이다.
 공원 관리사무소 주차장에 닿으면 길 맞은편의 임란 의병관이 정면으로 보인다. 그런 점에서 임란 의병관은 위치 선정이 아주 잘 되었다. 공원 전체 안내도를 의병관 왼쪽 앞에 세워둔 것도 매우 적절하다. 안내도는 '(1) 임란 의병관 내부, (2) 임란 호국 영남 충의단, (3) 홍의장군 동상' 순서로 둘러보라고 길잡이를 해준다.
 의병관 진입로에 작은 입간판이 서 있다. 제목 「임진왜란」이 붉은 색 큰 글자로 뚜렷하고, 그 아래에 본문이 이어진다. 본문은 아주 간결해서 '어째서 일어났는가? 어떻게 극복했는가? 해답이 이곳에 있습니다. 역사를 바로 알아 민족정기를 세웁시다.'가 전문이다.
 임란 의병관에 들어선다. 현관 정면 벽에 새겨진 세 문장의 「의병장 어록」이 가장 먼저 답사자를 맞는다. 곽재우의 '우리가 적을 토벌하는 것은 나라를 위한 당연한 일이므로人當爲國討敵 적병의 머리를 조정에 바쳐 상을 요구하는 것은獻首要功 의리상 옳지 않다於義不可.'라는 어록이 맨 위에 적혀 있다. 그 아래에, 임진왜란 초 경상우도 의병대장 김면의 '오직 나라가 있는 것만 알았지只知有國 내 몸 있는 줄은 몰랐도다不知有身.'라는 어록이 장중하게 울려온다.

곽재우 장군 부조

김면은 무더운 한여름에도 갑옷을 입은 채 잠을 잤던 의병장이다. 그는 안타깝게도 일찍 병사했다. 이로2)의 《용사 일기龍蛇日記》에 따르면, 경상우도 초유사招諭使(의병을 일으키고 관군을 독려하는 관직) 김성일은 김면이 병으로 세상을 떠났을 때 '이제 나라가 망했다!' 하고 탄식하면서 선조에게 다음과 같이 보고했다.

---

2) 이로李魯는 1544년에 태어나 1598년에 타계했다. 과거 합격 후 여러 벼슬을 역임하던 중 임진왜란을 맞아 조종도趙宗道와 함께 창의를 결의, 고향으로 돌아와 (경남) 삼가, 단성에서 동생 지旨와 함께 의병을 일으켰다. 그 후 경상우도 초유사 김성일의 참모로 활약했고, 진주성 싸움에도 종군했다.

이로는 임진왜란 중 겪은 일을 《용사 일기》로 남겼다. 《용사 일기》는 왜란 발발 직후부터 약 15개월 동안의 전쟁 상황이 매우 상세하고 사실적으로 기록되어 있다는 점에서 역사 자료 및 문학 작품으로서의 가치를 인정받고 있다. 이로는 사후 이조판서에 추증되었고, 경상남도 의령군 부림면 경산리 315-6 낙산서원洛山書院에 제향되고 있다.

"김면은 초야에서 요양을 하고 있었는데 왜란이 일어나자 몸을 돌보지 않고 의병을 일으켜 여러 번 적의 예봉을 꺾었습니다. 경상우도(낙동강 서쪽 경상도)가 보존된 것은 대체로 그의 공로입니다. (중략) 쌓이고 쌓인 피로로 말미암아 혹독한 병에 걸려 군대 안에서 죽었으니 이는 하늘이 돕지 않아 생겨난 일입니다."

그렇게 김면의 타계를 안타까워했던 김성일의 말이 현관 정면 벽에 세 번째 어록으로 새겨져 있다. "이 한 목숨 바쳐 나라에 보답함이—死報國 신의 소원입니다臣之願也." 곽재우와 김면의 말이 평어인데 비해 김성일의 발언은 경어체이다. 듣는 사람이 임금이기 때문이다.

김성일은 임진왜란 발발 직후 체포된다. 1590년 3월 통신사로 바다를 건너갔다가 1591년 3월 '풍신수길豐臣秀吉(도요토미 히데요시)3)은 전쟁을 일으킬 만한 위인이 못 됩니다.'라고 보고했다는 이유로 선조는 그를 죽이려 한다. 영의정 이산해와 좌의정 류성룡이 나서서 '경상도 지역에서 김성일만큼 신망을 얻고 있는 사람이 없습니다. 그는 의병을 일으키는 임무를 수행할 최고 적임자입니다.' 하고 적극 변호한다.

학봉(김성일)기념관 안동시 서후면 금계리 856

---

3) 《대구 임진왜란 유적》은 본문에 임진왜란 당시 일본인의 이름이 처음 나올 때는 '풍신수길豐臣秀吉(도요토미 히데요시)'로, 그 이후는 '풍신수길'로 표기한다. 우리나라 외래어 표기법은 '도요토미 히데요시'로 적는 것을 원칙으로 하지만 임진왜란 당시 조선에서는 어느 누구도 풍신수길을 "도요토미 히데요시"로 부르지 않았다.

이 대목은 국사편찬위원회의 《신편 한국사》에 '특히 관군과 의병 간의 알력이 심했던 경상도에서 초유사 김성일은 관군과 의병 간의 알력을 조절할 수 있었고, 일본군 격퇴를 위해 공동 전선을 형성시키기도 하였다' 같은 기술로 재현되기도 한다. 결국 김성일은 경상우도 초유사에 임명되고, 이때 '일사보국一死報國 신지원야臣之願也'라는 어록을 남긴다.

이곳이 망우당(곽재우의 호) 공원이므로 세 사람 중 곽재우의 말에 대해 좀 더 깊게 생각해 본다. 《용사 일기》에 따르면, 곽재우는 수하 장졸들에게 '나라를 위해 적을 토벌하는 것은 백성의 당연한 의무이니 적의 머리를 (조정에) 올려 (개인의) 전공을 세우려 하지 말라.'면서 죽은 적군의 목을 베지 못하도록 금지했다. 그 바람에 곽재우 의병군은 적을 많이 죽이기는 했지만 '공을 탐내어 (죽은) 적의 목 베는 일을 좋아하다가는 반드시 해를 입게 될 것'이라는 대장의 지시를 지키느라 적의 수급을 취하는 일을 하지 않았다.

경상우도 초유사 김성일의 막료(참모)로 종군 중이던 이로가 곽재우에게 '그대의 본뜻은 매우 착하지만 이 전쟁에 참가한 우리 장졸들 중 누가 공로와 이름 얻기를 마다하겠소? 그렇게 하면 결국 장졸들의 전의가 떨어질 것이오.' 하고 의견을 말했다.

곽재우는 기강岐江(경남 의령군 지정면 성산리의 낙동강과 남강이 합류하는 지점) 전투에서 대승을 거둔 후 비로소 적의 목을 베는 일을 허락했다. 장졸들이 물에 뛰어들어 예순이 넘는 적의 수급을 베었다. 곽재우는 이를 모두 부하들의 공으로 돌렸다.

이때 군관 조사남曺士男이 가장 먼저 적선에 뛰어올라 칼을 휘두르며 적을 참수했다. 조사남은 왜란이 발발한 지 불과 6일 만에 현풍·의령·창녕·영산 등지가 모두 적군의 손에 쑥대밭이 되는 것을 보고 격분하여 직접 의병을 일으켰고, 그 후 곽재우를 도와 (대구) 현풍·(경남) 의령·창녕·삼가·초계·합천 등지의 숱한 전투에서 많은 전공을 세운 장수였다.

하지만 용맹한 장수 조사남도 죽은 체 누워있던 왜군의 불쑥 치켜든 칼을 피하지는 못했다. 조사남이 피습당했다는 소식을 들은 곽재우는 눈물을 쏟으면서 '내가 적의 목을 베는 것을 금지했던 것이 바로 이런 일이 생길까 우려했기 때문이다, 결국 오늘 내가 아끼는 조 군관이 이런 일을 당했구나!' 하고 탄식했다. 조사남은 종전 뒤 승지에 추증되었다.

의병관 현관에서 세 사람의 어록을 새겨 읽은 후 왼쪽으로 들어선다. 의병관 내부에는 잘 정리된 많은 게시물들이 전시되어 있다.

「조선 의병의 무기」 임란의병관 게시물

임진왜란 당시의 동아시아 정세, 임진왜란의 개요, 전투 일지, 임진왜란 3대 대첩, 임진왜란 당시 전국 의병 및 영남 의병, 왜군의 침입 경로, 조선군의 배치, 영남 의병의 활동, 영남 지역 주요 의병장과 활동상, 영남 의병의 공적, 조선 의병의 무기, 왜군의 무기, 정유재란의 개요, 정유재란 시 왜군의 침입 및 퇴각 경로, 피해와 반성…… 등의 전시물들을 차례차례 읽어본다.

　목록들만 훑어보아도 '이 의병관은 임진왜란을 처음부터 끝까지 논리정연하게 정리해낸 역사서 한 권의 무게를 갖추고 있구나!' 싶은 생각이 저절로 일어난다. 실제로 망우당공원의 임란 의병관은 다른 어느 지역의 임진왜란 전시관에 견주어도 결코 뒤지지 않는 충실성을 자랑하고 있다. 임란의 전체 흐름은 물론 각 단위 사건에 대해서도 명료한 해설을 하고 있고, 홍의장군의 칼 등 생생한 실물들과 적절한 사진 및 그림을 곁들인 전시물들을 보여줌으로써 전쟁의 실감을 새록새록 느끼게 해준다.

　전시물들을 하나하나 세심하게 살펴보는 재미가 쏠쏠하다. 예를 들어 「조선 의병의 무기」를 꼼꼼하게 읽으면 비격진천뢰4), 총통, 신기전5) 등에 대해 예전에 미처 알지 못했던 지식들을 '내 것'으로 삼을 수 있다. 비격진천뢰가 '일종의 시한 폭탄'이라는 사실을 알게 되고, '로켓 추진 화살'인 신기전이 '한 번에 100대'를 쏘았다는 해설 앞에서는 깜짝 놀란다.

비격진천뢰

---

　4) 비격진천뢰는 경주의 화포장(대포 제조 기술자) 이장손이 임진왜란 중에 발명하여 1592년 9월 7~8일 경주성 탈환 전투 때 처음 사용되었다.
　5) 이순신의 「당포唐浦 파왜병破倭兵 장狀(당포에서 왜적을 처부순 보고서)」에 1592년 6월 5일 당항포 전투 때 '정탐선이 당항포 어귀에 닿자마자 신기전을 쏘아 올렸다. 적선이 있으니 빨리 오라는 신호였다.'라는 대목이 있다.

총통 사진 아래에는 그것이 '화포(대포)'이며 '왜군에게는 없었다'는 설명이 붙어 있다. 「조선 의병의 무기」 옆에 있는 「왜군의 무기」를 보면 일본 수군의 안택선은 '빠르다'는 특징을 가졌고, 조총이 일본군의 '주요 개인 무기'였다는 사실을 알게 된다. 그 조총을 보유한 데 힘입어 일본군은 전쟁 초기에 '조선보다 유리'했다.

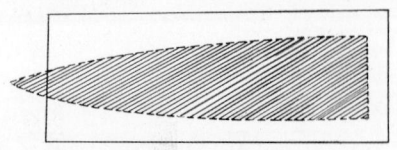

배의 바닥 비교 (위) 일본 전함 (아래) 판옥선

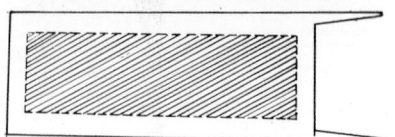

의병관의 전시물들을 유심히 살펴본 후 '임란 호국 영남 충의단'으로 이동한다. 임진왜란 당시 목숨을 바쳐 적들과 싸웠던 영남 지역 의사 315분의 위패를 모신 제단이다. 위패들은 태극기가 그려진 1층 출입문 안에 모셔져 있다. 그러나 보통 때에는 굳게 잠겨 있어 일반인이 참배를 할 수가 없다.

일본 전함에는 대포가 없었다? 임진왜란 때 조선 수군의 전함은 화약이 폭발하는 힘으로 포탄을 발사하는 천·지·현·황자총통을 장착했다. (크기는 천→황의 순) 이들 화포는 날아가는 거리와 파괴력에서 일본군의 조총보다 훨씬 뛰어났다. 바닥이 뾰족하고 배가 가벼워 무거운 화포를 싣지 못한 일본 전함들은 먼 거리에서 화포를 무자비하게 퍼부은 다음 무겁게 달려와 와장창 박아버리는 조선 판옥선 앞에서 속수무책이었다.

다만 '壬亂 護國 嶺南 忠義壇' 아홉 자가 김창숙 선생의 글씨라는 사실을 확인하며 다시 한 번 탑을 쳐다본다. 충의단 앞인 만큼 조금 전 의병관에서 읽은 「영남 의병의 공적」을 되새겨 본다.

전쟁 당시 경상도는 '(일본군이) 곡창 지대인 전라도를 침략하기 위한 진출로'였고, '전선이 확대됨에 따라 일본과 최전선을 연결하는 보급로'라는 점에서 '전략적 중요성'을 가지고 있었다. '왜군은 개전 초기부터 전라도로 침입하여 군량을 확보하려고 하였다.' 하지만 일본군의 계획은 '경상도의 의병과 이순신이 이끄는 수군에 의해 번번이 실패'로 돌아갔다.

마침내 '왜군은 군대를 분산시켜 낙동강을 건너 전라도 지역으로 침입하려' 들었고, 자연히 '경상도 의병들은 낙동강을 지키기 위한 전투를 전개하게 되었다.' 이러한 영남 의병의 활약은 '전략적으로는 적의 후방을 교란시키고 왜군의 병력을 분산시켰으며, 경제적으로는 낙동강 수로의 장악으로 왜군의 보급로를 차단하는 효과'를 거두었다.

영남 의병의 활약에 막힌 '왜군은 전라도에서 군량을 확보한다는 초기 전쟁 전략을 수정할 수밖에 없었고, 안전한 보급 기지와 전쟁 물자의 운송 경로를 확보하지 못한 왜군이 시간이 갈수록 패전을 거듭하게 만든 주요 요인'으로 작용했다.

> 의병의 궐기는 향토와 동족의 방어를 위한 것이었고, 더 나아가 일본의 야만성에 대한 민족 감정의 발로였다. 유교적 윤리를 철저한 사회적 규범으로 하고 있었던 조선은 고려 말부터 왜구의 계속적인 약탈 행위로 인하여 일본인을 침략자로 여겼으며 문화적으로 멸시하여 '왜' 또는 '섬 오랑캐'라고 불렀다. 이러한 일본으로부터 침략을 받아 민족적 저항 운동으로 일어난 것이 의병의 봉기였다. - 국사편찬위원회 《한국사》
>
> 일반 민중들은 관권에 의한 강제 징집으로 무능한 장군의 지휘를 받아 전국의 전선을 전전하며 싸우기 보다는 평소 잘 알고 신뢰할 수 있는 의병장의 휘하에서 싸우기를 바랐을 것이며, 향토 주변에서 부모와 처자를 보호하기에는 관군보다 의병으로 가는 것이 유리하였다.
> - 국사편찬위원회 《신편 한국사》

의병의 모습

임란 호국 영남 충의단 망우당공원

 임진왜란 당시 전국의 의병은 약 2만 3,000여 명으로, 관군의 1/4에 이르렀다. 그 중 1만 2,000여 명이 영남 의병으로, 전체 의병의 절반을 넘었다. 영남 의병의 정신과 기개를 떠올리며 '임란 호국 영남 충의단' 앞에서 잠깐 묵념을 한다.

곽재우 장군 기마상을 바라보며 얕은 오르막을 걷는다. 동상 앞면에 부착되어 있는 금빛 동판에는 '紅衣將軍홍의장군 郭再祐곽재우 先生선생 像상'이 새겨져 있다. '장군 상'이 아니라 '선생 상'으로 표현되어 있는 것은 '장군'보다 '선생'이 더 높은 존칭이기 때문이다. 실제 곽재우는 왜란 발발 탓에 장군 역할을 했지만 본래 선비였다.

'붉은 옷을 입은 장군'이라는 뜻의 홍의장군은 의병장 곽재우를 일컫는 별칭이다. 이 별칭은 장군 본인이 직접 지었다. '홍의장군' 네 글자가 《조선왕조실록》에 등장하는 사례를 (영조와 정조 때의 기록은 제외하고) 선조 당시의 기사에서만 찾아 읽어본다.

> 곽재우는 가장 먼저 (1592년 4월 22일) 군사를 일으켜 (중략) 그 아비가 북경에 갔을 때 황제로부터 하사받은 붉은 비단 철릭帖裏(상의와 하의를 따로 만들어 허리에서 연결시킨 옷)을 입고서, 장사將士들을 거느리고 의령현 경내 및 낙동강 가를 마구 누비면서 왜적을 보면 그 수를 불문하고 반드시 말을 달려 돌격하니, 화살에 맞는 적이 많아서 그를 보면 바로 퇴각하여 달아나 감히 대항하지 못합니다. 왜적에게 사로 잡혔던 사람이 돌아와 왜적들이 '이 지방에는 홍의장군이 있으니 조심하여 피해야 한다.'라고 말한다는 사실을 전했습니다.
> - 《선조실록》 1592년 6월 28일 경상우도 초유사 김성일 장계

> 진주가 위급하다는 말을 듣고 (중략) 곽재우는 선봉장 심대승으로 하여금 북산에 올라가 햇불을 들고 나팔을 불며 포를 쏘면서 성중에다 대고 크게 외치게 하기를 '전라도의 원병 1만여 명과 의령의 홍의장군이 합세하여 내일 아침에 와서 적을 죽이기로 했다.' 하니, 성안에 있는 사람들 역시 크게 외치면서 서로 호응하였습니다.
> - 《선조실록》 1592년 12월 5일 경상우도 관찰사 김성일 장계

곽재우는 인품이 순박 강개하고 큰 뜻을 품었다. 왜란이 일어난 초기에 일개 서생書生(벼슬이 없는 선비)으로 분연히 의병을 일으켰고 재산을 모두 털어서 의병들을 먹였다. (중략) 적을 만났을 때는 반드시 홍의를 입고 곧장 진격하였으므로 적은 그를 천강天降(하늘에서 내려온) 홍의장군이라 불렀다. (중략) 추호도 백성을 괴롭힌 일이 없으며, 벼슬을 버리고 떠나갈 때는 신 한 켤레에 말 한 필뿐 행리行李(옮겨다닐 때의 차림새와 소유한 물품)라고는 없었으므로 (이 말을) 듣는 자들이 모두 찬탄하였다.
- 《선조실록》 1600년 6월 22일

그런데 놀라운 일이다. 동상의 홍의장군은 푸른 옷을 입고 있다.

기마상 받침돌 옆면에 붙어 있는 「건립문」 동판은 '우리 겨레가 임진왜란의 큰 국난國難(나라의 어려움)을 극복함에 있어서 솔선 기의起義(의병을 일으킴)하여 백전불패의 위훈偉勳(큰 업적)을 세우신 홍의장군 곽 망우당 선생의 애국 지성至誠(지극한 정성)과 그 정신 그 모습을 영원히 추모하며 더욱 빛내고자 (선생이 1592년 4월 22일 기의하신 지 380년 되는 오늘 1972년 4월 22일) 이 자리에 본상本像(이 동상)을 세우게 되었다.'면서 '(이 기마상을) 준공, 제막하게 되니 진실로 온 겨레의 기쁨'이라고 감격을 토로하고 있다. 그러나 동상의 푸른 옷은 그 감격의 진정성을 의심하게 만든다.

2010년 11월 29일에 방문했을 때도 푸른 옷이었는데 (아이들이 동상 주변을 뛰어다니면서 놀고 있는) 2017년 5월 5일 현재도 여전히 푸른 옷이다. 기마상 아래 받침돌에 붙은 동판은 말끔하게 닦여 본래의 금빛을 되찾았건만 장군의 옷은 예나 오늘이나 짙푸른 빛깔을 하고 있다. 청동으로 제작되었기 때문에 어쩔 수 없이 그렇게 되었다고 한다.6) 안 될 일이다. 이유와 관계없이, 홍의장군은 반드시 붉은 옷을 입어야 한다!

---

6) 망우당 공원 홍의장군 동상의 실물 복장은 푸른 빛깔이지만 표지와 목차의 사진은 이해를 돕기 위해 홍의紅衣(붉은 옷)를 입은 형상으로 수정했음.

### 임란 호국 영남 충의단 기문

평화를 사랑하는 겨레요 우호를 힘써온 나라임에도 이 강토에는 외침이 끊이지 않았다. 그 중에도 왜구의 발호, 임진왜란과 일제 강점의 아픈 역사는 잊을 수 없는 일이다.

지금으로부터 400년 전 임란을 되새기며 영남 의병의 전적을 살피고 충의단을 건립하여 그 영령을 봉안하고 호국 정신 계승·추앙의 장으로 삼고자 한다. 1592년 선조 임진 4월 13일에 왜군 20만이 부산으로 침입하여 파죽지세로 북상하니 20일만에 한성이 함락되고 잇따라 서북의 평양과 동북의 회령까지 점령당하며 왕가王駕(임금의 수레)는 의주로 파천하였다.

왜군을 막아야 할 연도의 수령 방백이 패주하니 지키던 성 무너지고 시체더미 쌓이어 아비규환 곡성이 천지에 진동하며 강산은 초토화되었다. 이때 민족정기 되살아나 팔도 각처에 의병 승병이 궐기하고 전의 충천하였다. 농민은 괭이 들고 부녀자는 치마폭에 돌 나르며 같이 싸웠다.

특히 영남은 지리적 요충이요, 의병의 활동이 두드러진 곳이다. 곽재우 의병장이 의령에서 기병하여 창녕의 적을 물리치고 낙동강 정진에서 왜적을 막아 호남 진로를 차단하였다. 이에 호응한 낙강 연안 각처의 의병이 올린 전과는 남해에서 적선을 격파한 제해권 아울러 전세를 호전시켰다. 김시민 장군의 진주성과 이순신 장군의 한산도의 양대 전첩은 또한 영남에서 올린 대전적이었다.

본회는 임란 관계 문헌을 섭렵하여 숨겨진 임란 호국 영남 충의사를 찾아 명부를 작성하고 감실 안에 제의사 위패를 봉안하며 아울러 사림의 의정議定(논의와 결정)에 따라 315위의 위패를 별석에 모신다.

팔공산 연봉連峰(이어지는 봉우리) 바라보며 쉼 없이 흐르는 금호 강변 망우당 공원에 우뚝 선 충의단은 호국의 상징으로 민족 정기를 고양시켜 주리라. 애국 애족 정신을 함양하는 도장이 되리라. 충의단 우러러 보고 임란 호국 영령을 추모하며 무궁한 국운을 기원하는 바이다.

1998년 4월 21일
임란 호국 영남충의단 건립 추진 위원회
위원장 심재완

## 임란 영남 충의록 - 봉안 의사 사적 (요약)

곽근　김면 의진의 창의 기병 유사로 활약
곽삼길 현풍에서 창의, 화왕산 회맹7) 참가
곽수인 황령사에서 창의, 당교 및 흑송정 전투에서 승첩
곽수지 함창 당교 진목정에서 창의, 화왕산 회맹 참가
곽영탁 영천에서 창의, 팔공산 및 화왕산 회맹 참가
곽율　합천에서 창의, 성주 및 무계 전투 참가, 초계에서 순절
곽이상 황석산성에서 부 안음현감 곽준을 도와 분전하다가 순절
곽이후 황석산성에서 부 안음현감 곽준을 도와 분전하다가 순절
곽재겸 공산성에서 창의, 해안면 도대장으로 활약, 화왕산성 군량 지원
곽재기 형 곽재우와 함께 창의, 의령 정암진 전투 참가
곽재명 형 곽재겸 등과 함께 창의
곽재우 임진 4월 22일 최초로 창의, 홍의장군, 백전백승의 신화

홍의장군 전승지 **화왕산성** 경남 창녕군 창녕읍

---

　7) 정유재란 때(1597년 7월 16일) 칠천량에서 조선 수군을 격파한 일본군은 낙동강 서쪽 경상우도를 지나가려 했다. 이에 우리 의병들은 화왕산에 결집했다. 이를 화왕산 회맹이라 한다. 가등청정의 일본군은 화왕산 전투를 포기하고 황악산성 전투를 거친 다음 전라도로 갔다.

곽재지  형 곽재우와 함께 의령 세간리에서 창의, 정암진 전투 등 참가
곽종도  초유사 김성일의 천거로 솔례와 말역촌 방어 유사를 맡아 활약
곽종민  초유사 김성일의 천거로 구지 오설과 산전의 방어 유사로 활약
곽주    현풍에서 부 삼길 공과 함께 창의
곽준    김면 의병대장의 참모로서 많은 전투 참가, 황석산성에서 순절
곽찬    현풍에서 창의, 창녕에서 성천희, 조열 등과 함께 적을 토벌
권설    안동에서 창의, 화왕산 회맹 참가
권극    형 권전과 함께 안동, 창녕 등지에서 창의 분전
권사도  곽재우 휘하에서 활동, 화왕산 회맹 참가
권순민  안동에서 창의, 화왕산 회맹 참가
권심    종형 권제와 함께 단성에서 창의, 곽재우 휘하에서 활동
권열    곽재우 휘하에서 활동, 화왕산 회맹 참가
권우직  부 권눌 공과 함께 안동에서 창의, 화왕산 회맹 참가
권전    곽재우 의병진에서 활약, 이순신의 아장으로 노량에서 순절
권제    권세춘과 함께 단성에서 창의, 곽재우 의병진 활동
권직    곽재우 휘하에서 활동, 화왕산 회맹 참가
권탁연  안동에서 창의, 화왕산 회맹 참가
금복고  봉화에서 창의
금윤선  동래에서 창의
금응훈  예천 오천에서 창의, 화왕산 회맹 참가
김각    상의군(상주 의병군) 의병대장, 보은 마래진 전투 등 참가
김경근  단성에서 창의, 경상우도 일원에서 분전, 정유재란 때 순절
김광복  상주에서 종제 광두와 함께 창의, 청리 전투에서 순절
김광두  함창 황룡사에서 창의, 호남 의병장 고경명 부대와 협력
김귀천  청도에서 창의, 영천성 수복 전투와 진주성 전투 참가
김극유  정유재란 때 동래에서 창의, 많은 공을 세움
김면    경상도 의병 도대장, 많은 전투 지휘, 진중에서 병으로 순절
김몽구  영천과 창녕에서 창의, 권응수와 곽재우 진영에서 활동
김사정  의성에서 창의, 화왕산 회맹 참가
김성    김면 휘하에서 활동, 정로장으로 참전 중 순절
김성율  고령에서 창의, 무계 전투 참가

팔공산 대구 의병군은 파계사에 본부를 두고 왜적과 싸웠다.

김성진 고령에서 창의, 팔공산 회맹8) 및 화왕산 회맹 참가
김성철 고령에서 창의, 무계 전투 참가
김신옥 안음 거창 일원에서 창의, 김면 막하에서 활동
김양　김면 의병군으로 우척현 등 여러 전투에서 공을 세움
김연　영천 복성 전투 등 참가, 경주성 회복 전투 때 순절
김련　김각, 정경세 등과 함께 창의, 상주 안영 전투 참가
김연학 형 김범과 울산에서 창의, 서생포 전투에서 순절
김유부 밀양에서 창의, 울산 밀양 경주 청도 황산 등 전투 참가
김응감 고령 김천 개령 등지에서 창의, 김면 곽재우 의병군 활동
김응생 이눌, 김응하, 오열 등과 함께 창의, 경주 복성 전투 등 참가
김응룡 청도에서 창의, 팔조령 전투 때 순절
김응현 화왕산 회맹 참가
김응호 숙부 김경근과 함께 창의, 곽재우 의병군 활동
김정서 동래에서 창의, 권응수 군과 협력, 화왕산 회맹 참가
김준민 정인홍 김면 휘하에서 활동, 2차 진주성 전투 때 순절
김준신 상주에서 창의, 북천 전투 때 순절
김충선 일본군 장수였지만 조선군 장수가 되어 큰 공을 세움

---

8) 1596년 3월과 9월 두 차례에 걸쳐 의병들이 팔공산에 모여 일본군과 싸울 일을 논의하였다. 1차 회맹은 도체찰사(왕을 대신하여 군대를 관장하는 나라 안 최고위직, 지역별로는 체찰사를 두었다.) 류성룡이 주도한 것으로 전국 각지에서 485명이 모였다. 2차 회맹은 관의 개입 없이 16곳에서 105명의 의병장이 모였다. 이를 팔공산 회맹이라 한다.

김치삼  영천 복성 전투, 경주 복성 전투 참가
김태허  울산에서 창의, 밀양 아진포 도산성 전투 참가
김홍원  고령에서 창의, 김면 휘하에서 개산포 우척현 등 전투 참가
김홍한  청도에서 창의, 마진 죽현 등 전투 참가, 2차 무계 전투 순절
김회    고령에서 창의, 김면 의병군 참모로 활동, 황석산성에서 순절
남의록  영해에서 아들 경훈 등과 함께 창의, 경주 복성 전투 등 참가
남경훈  선도산 명활산 경주 복성 전투 등 참가
노기종  아버지 노준 공과 함께 창의, 영천 복성 전투 증 참가
노인    금산 이치 대첩, 행주 대첩 참가, 남원 전투 때 일본에 끌려감
노준    아들 기종과 함께 참의, 영천 복성 전투, 화왕산 회맹 참가
도경효  의령에서 창의, 곽재우 의병군으로 활동
도종호  초유사 김성일 휘하 군관 및 김면 의병군으로 많은 전투 참가
류득잠  부 복기 공을 따라 공산에서 창의, 화왕산 회맹 등 참가
류복기  다섯 아들 우잠 득잠 지잠 수잠 의잠과 함께 창의, 팔공산 및 화왕산 회맹 참가
류복립  형 복기와 함께 공산에서 창의, 진주성 전투 순절
류의잠  아버지 복기 공을 따라 화왕산 회맹 참가
류사온  의병장 권응수와 함께 참의, 경산 영천 달성 전투 참가
류수잠  아버지 복기 공과 함께 참의, 활동
류요신  공산에서 창의, 해안면 북면장으로 활동
류우잠  아버지 복기 공과 함께 창의, 팔공산 및 화왕산 회맹 참가
류지잠  아버지 복기 공과 함께 창의, 화왕산 회맹 참가
마가련  백형 경련, 아들 백숙과 함께 창의, 황석산성 순절
마경련  동생 가련과 함께 창의, 황석산성 순절
마백숙  아버지 가련 공과 함께 참의, 황석산성 순절
문위    거창에서 창의, 김면 의병 참모로 30여 차례 전투 참가
박걸    상주판관 권길과 함께 북천 선투에서 순절
박광선  부 정완 공을 도와 고령에서 창의, 무계 개산포 전투 참가
박대임  고령에서 창의, 곽재우 의병군에서 활동
박대복  고령에서 창의, 군량미 200석 지원, 무계 박곡 전투 때 순절
박몽룡  밀양에서 창의, 곽재우 의병군으로 활동

박몽열 추풍령에서 창의, 정유재란 때 진주에서 순절
박문걸 영천 전투 등 참가, 정유재란 중 형제 충걸, 영걸과 함께 순절
박손　함양에서 창의, 김면 의병군으로 활동, 정유재란 중 순절
박성　초유사 김성일의 참모, 청송 영덕 일원 의병대장으로 활동
박수춘 당교 전투, 팔공산 회맹 참가, 정유재란 때는 청도에서 창의
박인량 곽재우 의병군으로 의령, 삼가, 창녕 등 전투 참가
박원갑 당숙 정완 정번을 도와 창의, 무계 개산진 화왕산 회맹 참가
박유의 곽재우 의병군으로 활동, 화왕산 회맹 참가
박정번 곽재우 김면 의병군 활동, 형 정완과 함께 무계 전투 등 참가
박정완 정인홍 김면과 함께 무계 개산진 승첩을 주도
박종남 의흥에서 창의, 팔공산 및 화왕산 회맹 참가
박종민 화왕산 회맹 참가, 배대유 등과 함께 장서기역을 분담
박충서 하빈에서 창의, 조계원 장군과 함께 활동
박충윤 공산에서 창의, 팔공산 및 화왕산 회맹 참가
박충후 하빈에서 창의, 팔공산 회맹 참가, 사재로 기민 구휼 활동
박환생 풍각에서 창의, 낙동강 전투 참가
박효선 부 박정번을 도와 창의, 곽재우 의병군 활동, 화왕산 회맹 참가
박희안 팔공산 및 화왕산 회맹 참가, 곽재우 의병군으로 활동
배세겸 산음에서 창의, 진주 사천 정진 전투 참가
배립　성주에서 창의, 김면 의병군 성주 소모관으로 활동
백현룡 영해 영덕 울진에서 창의, 팔공산 및 화왕산 회맹 참가
백인국 영덕 영해에서 창의, 축산 전투 참가, 곽재우 의병군 군량 조달
백중립 부 현룡과 함께 참의, 팔공산, 화왕산, 문천 회맹9) 참가

9) 경주성 수복 전투를 앞두고 의병장들이 1592년 6월 9일 경주 남산 아래 문천에 모인 일을 말한다. 문천은 '남천'이라는 이름으로 널리 알려져 있다. 사진은 문천의 반월성과 월정교이다.

백충언 부원수 신각 장군의 해유령 전투10) 참가, 화왕산 회맹 참가
변중일 창녕에서 창의, 팔공산 및 화왕산 회맹 참가, 울산성 전투 참가
변 혼   김면 의병군의 선봉장으로 활동
서득겸 동생 재겸과 함께 창의, 대구 아금암 전투 때 순절
서사원 대구 초대 의병대장 역임, 화왕산 회맹 참가
서승후 팔공산 및 화왕산 회맹 참가
서재겸 백형 서득겸과 함께 창의, 팔공산 및 화왕산 회맹 참가

---

10) 1592년 5월 16일 조선 육군이 처음으로 승리를 거둔다(수군은 5월 7일 옥포). 경기도 양주군 백석면 연곡리 해유령이 그 현장이다. 이날 신각 부원수가 이끈 육군은 노략질 후 돌아가던 일본군을 기습하여 60여 명을 죽인다. 그러나 신각은 이내 처형된다. 5월 2일 한강 북쪽에 진을 친 채 일본군을 기다리고 있던 도원수(총사령관) 김명원이 싸워보지도 않고 평양으로 도망쳐 가서 '부원수 신각이 군령을 지키지 않고 마음대로 이탈하는 바람에 패전했다.'라고 허위 보고를 하자 조정은 그 말만 믿고 (도망친 김명원 대신 남은 군사들을 이끌고 일본군과 싸운) 신각을 처형했다. 반면 김명원은 아무런 처벌을 받지 않았고 마침내 좌의정까지 역임했다.

**해유령 전첩비** 조선 육군 최초 승전 기념

서희복 상주에서 창의, 신은령 전투 때 부 의공 제 희우와 함께 순절
성립　 영천에서 창의, 영천 복성 전투, 화왕산 회맹 참가
성안의 화왕산 회맹 참가, 안동 의흥 울산 부산 고성 등지의 군량 조달
성팽년 김면 의병군으로 활동, 거창 금릉 고령 전투 참가
성훈　 영천에서 창의, 영천 및 경주 복성 전투 참가
손경종 진주 산음 단성 의령 전투 참가, 진주성 전투 때 준절
손로　 영천 복성 전투 등 참가, 팔공산 및 화왕산 회맹 참가
손승선 진주성 수성 유사로 역전 분투했으나 끝내 함락되자 자문
손승의 고령 가장으로 정인홍 의병군 활동, 성주 전투 때 순절
손응현 영천 박연, 성 수복, 자인 전투 등 참가, 경주 복성 전투 때 순절
손처눌 제 처약과 함께 창의, 대구 2대 의병대장, 팔조령 전투 등 참가
손처약 문경 당교 등 전투 참가, 팔공산 및 화왕산 회맹 참가
손흥효 제 홍제와 예안에서 창의, 군위 우보, 문경 모곡 등 전투 참가
손흥제 군위 우보 전투, 문경 모곡 전투 등 참가
송걸　 부 응현 공과 밀양에서 창의, 부자가 함께 순절
송량　 상주에서 창의, 안령 왕령 전투 참가
송원기 형 원도와 함께 창의, 사재 및 모은 군량 700석 조달
송원도 제 원기와 함께 의병을 일으키고 군량미를 조달
송응현 의병을 이끌고 곽재우 군에 합세하러 가던 중 자 걸과 함께 순절
송이회 상주에서 부 량공과 함께 창의, 상주 안령 전투 등 참가
송정백 곽재우 의병군으로 활동, 화왕산 회맹 참가
신초　 곽재우 의병군으로 활동, 화왕산 회맹 참가
신갑　 1,000여 의병을 모아 영산현 별장으로 활약, 진주성에서 순절
심청　 팔공산, 경주, 울산. 우산, 공암포 등 전투 참가, 도산성에서 순절
안극가 초계에서 창의한 부 장령공 전사 이후 곽재우 의병군으로 활동
안여해 권응수 의병군의 군량 조달에 헌신적으로 활약
안철　 조부 기, 부 극가와 함께 초계에서 창의, 곽재우 의병군 활동
양통한 자 의와 함께 양산 전투 참가, 화왕산 회맹 참가
양의　 부 통한 공을 도와 동래 양산 전투 참가, 화왕산 회맹 참가
양효립 곽재우 의병군으로 활동, 창녕 전투에서 순절
여대로 거창에서 창의, 김산 지례 개령 선산 등 전투 참가

여춘　문경 산양에서 제 춘복과 함께 창의, 화왕산 회맹 참가
유명개　안음 황석산성에서 순절
오경우　경주에서 창의, 기박산 영지 개곡 전투 등 참가, 도산성에서 순절
오극성　제 윤성 덕성과 창의, 영해 등 전투 참가, 이순신 수군으로 활동
오여은　부 운공, 제 여벌과 함께 곽재우 의병군으로 활동
오열　개곡 영지 모량 울산성 동대산 등지 전투 참가
오운　의병 2,000명 모집, 곽재우 의병군 수병장으로 활동
오장　산음에서 창의, 진주 재석산성 수축에 크게 기여
우배선　화원에서 창의, 달성 성주 일원의 의병장으로 활동
우치홍　영산에서 창의, 영산 의병군 부장으로 활동
윤경남　김면 의병군 참모장, 지례 우척현 거창 황석산성 등 전투 참가
이경李馨　청도에서 창의, 밀양 및 화왕산성 의병군과 연대해 활동
이경李瓂　안동에서 창의, 화왕산 회맹 참가
이경리　족숙 이숙량과 안동에서 창의, 안동 진주 전투, 화왕산 회맹 참가
이경택　형 경해, 경한 경호와 경주에서 창의, 화왕산 회맹 등 참가
이경한　형 경해, 제 경호, 경택과 경주에서 창의, 화왕산 회맹 등 참가
이경해　제 경한, 경호, 경택과 함께 창의, 경주 복성 전투 참가
이경호　형 경해, 경한, 제 경택과 창의, 화왕산 회맹 등 참가
이계수　백부 이응벽과 경주에서 창의, 문천 회맹, 경주성 전투 등 참가
이광승　예안에서 창의, 화왕산 회맹 참가
이국빈　중제 군빈과 영천에서 창의, 영천 및 경주 복성 전투 참가
이군빈　백형 국빈공과 함께 창의, 영천 복성 전투 참가
이규문　성주에서 창의, 곽재우 의병군으로 영산 함안 창녕 등 전투 참가
이기업　자인에서 최문병과 창의, 화왕산 회맹 참가
이눌　경주에서 창의, 영천 및 경주 복성 전투, 태화강 전투 등 참가
이달　고성에서 창의, 고성 사천 전주 전투 등 참가, 당항포 해전 참가
이대붕　종조부 붕공과 함께 창의, 진주 전투 참가
이득룡　경주 복성을 위한 서천 전투에서 3숙질이 함께 순절
이득린　경주 복성을 위한 서천 전투에서 순절
이득정　영천에서 창의, 전쟁 중 순절
이방린　경주 백률산 전투, 경주 복성 전투, 자인 비안 양산 등 전투 참가

이백신 부 붕공과 청도 금천에서 창의, 진주성 전투 등 참가
이번  정대임 의병군에서 활동, 화왕산 회맹 참가
이복  고성에서 창의, 여러 전투 참가
이붕  자 백신, 종손 대붕과 함께 청도에서 창의, 진주 전투 참가
이성춘 형 우춘, 응서, 덕춘과 함께 창의, 의령 진주 대방산성 전투 참가
이수  형 운, 춘형, 종제 영, 자 영해 등 12 종숙질이 함께 창의
이숙량 안동에서 창의, 영주 경주 풍기 전투 참가, 진주에서 순절
이시청 팔공산 회맹과 화왕산 회맹 참가
이염  곽재우 의병군 활동, 화왕산 회맹 참가
이영  12 종숙질 창의, 성주 무계 마진 안언 등 많은 전투 참가
이영숙 12 종숙질 창의, 초계 고령 무계 성주 등 많은 전투 참가
이온수 영천에서 창의, 영천 군위 청송 경주, 당교 등 많은 전투 참가
이우  청주에서 창의, 화왕산 회맹 참가, 괴산 군수 맡아 왜적과 싸움
이운李雲 12 종숙질 창의, 무계 성주 등 전투 참가
이운李芸 안동에서 창의, 화왕산 회맹 참가
이운룡 옥포11), 사천 등 해전에서 왜적을 물리치는 데 큰 공을 세움
이위  개전 초(1592.4.14.) 부산진 전투 때 정발 첨사와 함께 전사
이응벽 질 계수, 재종질 삼한, 눌 등과 경주에서 창의, 많은 전투 참가
이응성 정문부를 따라 경성 방어에 참가, 강쌍포 복구전 승리
이응원 부 청춘 공과 함께 동래 전투 참가(부친 전사), 양산 전투 참가

---

11) 임진왜란에서 조선이 처음 승리하는 때는 1592년 5월 7일이다. 이순신을 중심으로 한 조선 연합 수군은 옥포에서 26척의 적선을 부수었다. 이운룡은 옥포 해전 당시 옥포 만호였다. 이때 조선 수군은 전라 좌수영과 경상 우수영의 연합 부대였다. 전라 우수영 수군은 6월 5일 당항포 해전 때 처음으로 전투에 참가한다. 임진왜란 발발 즉시 해체되어 버린 경상 좌수영은 일본군이 종전 때까지 줄곧 부산을 점령하고 있었기 때문에 복원되지 못한다.

**옥포 대첩 기념탑** 거제시 옥포대첩기념공원

이의온 경주 복성, 팔공산 전투 참가, 이순신의 보좌관으로 수군 활동
이일장 영천성 복성 전투 참가, 경주성 복성 서천 전투 때 순절
이잠　제 철과 함께 청도에서 창의, 진주성에서 순절
이장　부 성춘공, 숙부 우춘 공, 응춘 공, 득춘 공과 함께 창의
이전　김각, 정경세와 상주에서 창의, 고모담 전투 참가
이정백 안동에서 의병대장 추대, 예천 밀양 문경 경주 등지 전투에 참가
이종인 12 종숙질 함께 창의, 초계 고령 무계 성주 등지 전투 참가
이주　대구 3대 의병 대장, 공산에서 창의
이준　상주에서 창의, 고모담 전투, 화왕산 회맹 참가
이진　안동에서 창의, 화왕산 회맹 참가
이질　형 돈과 함께 흥해에서 창의, 형 순절 후 삼척과 청하에서 활동
이철　형 잠과 함께 청도에서 창의, 화왕산 회맹 참가
이축　상주, 함창, 문경, 당교, 진주 전투, 화왕산 회맹 참가
이춘형 12 종숙질 함께 창의, 무계 의령 초계 등지 전투 참가
이팽수 문천 회맹 참가, 경주 복성 전투 참가, 서생포에서 순절
이태립 영천 창암 전투, 경주 복성 전투, 태화강 전투 등 참가
이함　공산에서 창의, 순찰차 한효순에게 군량 지원, 화왕산 회맹 참가
이해　권율 휘하에서 활동, 남원성 전투 때 순절
이홍인 70세 고령에 안동에서 창의, 안동 구담 전투 때 순절
이화　흥해에서 창의, 화왕산 회맹 참가, 전투 중 총상으로 순절
이휴복 진주에서 창의, 의령 함안 등지에서 전투, 화왕산 회맹 참가
이희남 거창에서 창의, 선산 가수假守(임시 수령)로 임명되나 사양
임응빙 산음에서 창의, 김면 의병대장 휘하에서 활동
장계현 영천 경주 당교 등의 전투와 팔공산 화왕산 회맹 참가
장형　곽재우 의병군에서 활동, 화왕산 회맹 참가
장희춘 경주에서 창의, 울산 개운포 선도산 창암 등지 전투 참가
전계신 예천 경주 인동 등지 전투 참가, 화왕산 회맹 참가
전영기 합천에서 창의, 김면 곽재우 의병군에서 활동
전영세 김면 의병군에서 형 영기와 함께 활동
전치원 초계에서 창의, 무계 성주 낙동강 등지 전투 참가
전팔고 거창에서 창의, 군량미 수백 석 조달, 용산리 방어산성 구축

정경세 상주에서 창의, 안령산 주둔 중 기습을 받아 어머니와 동생 순절
정광천 부 사철 공과 함께 창의, 하빈 남면 의병장으로 활동
정담　족제 대임 공과 영천에서 창의, 영천성 전투 찬획종사(작전참모)
정대유 삼 형제가 연일에서 창의, 백부 인헌 공 의진에 합류, 많은 참전
정대영 삼 형제가 연일에서 창의
정대인 삼 형제가 연일에서 창의
정대임 영천 지역 의병대장, 영천 복성 전투12) 등 많은 전투 참가
정대효 영천에서 창의, 자 천리와 함께 영천 복성 전투 참가
정득헌 영천에서 창의
정방준 정인홍 휘하에서 여러 전투 참가, 팔공산 화왕산 회맹 참가

**조양각** 영천 읍성의 중심부에 있었다.

12) 1592년 7월 8일, 권율이 이끈 육군이 충남 이치에서 왜적을 크게 물리친다. 같은 날, 이순신의 수군은 한산도에서 적선 66척을 격침시킨다. 10월 10일에는 김시민 장군이 진주 대첩을 달성한다. 이듬해 2월 12일, 권율은 행주 대첩을 이룬다. 이 승전들은 대략 임진왜란 4대 대첩으로 일컬어진다. 그런가 하면, 1592년 7월 27일의 영천 수복, 8월 2일의 청주 수복, 9월 9일의 경주 수복, 1593년 1월 9일의 평양 수복은 중요 거점을 적으로부터 되찾은 뜻깊은 승전이었다. 사진은 영천 읍성의 주요 건물이었던 조양각이다.

정사상 영천에서 창의, 거창 전투와 화왕산 회맹 참가
정사성 경주에 있던 이성계 영정을 안동으로 옮김, 화왕산 회맹 참가
정사악 영천에서 창의, 거창 전투와 화왕산 회맹 참가
정사진 공산에서 창의, 영천 복성 전투와 부산성 전투 참가
정사철 공산에서 대구 의병 창의, 대장으로 추대 받지만 병으로 사양
정삼외 제 삼계와 함께 흥해에서 창의, 영천 및 경주 복성 전투 참가
정삼효 안강 삼성산에서 부 형 공과 더불어 순절
정상례 형 유례와 함께 곽재우 의병군에서 활동, 무계 전투 등 참가
정석남 영천 복성 전투 참가, 경주 복성 전투 때 서천에서 순절
정세아 권응수, 정대임과 더불어 영천 지역 의병 3대 대장
정수번 부 세아 공과 함께 창의, 양천교 전투 및 화왕산 회맹 참가
정승서 영천 및 경주 복성 전투 참가, 팔공산 화왕산 회맹 참가
정안번 부 세아 공과 함께 네 부자가 창의, 팔공산 화왕산 회맹 참가
정여강 종숙 정사철 등과 함께 공산에서 창의, 대구 의병부대 우위장

**존경당** 정여강 재실, 경북 칠곡군 지천면 연호리 533

정연   상주 함창에서 창의, 함창 전투에서 순절
정약   재종조부 정사철 공 휘하에서 활동, 마현 전투 등 참가
정용   정여강의 아들로, 정사철 휘하에서 의병 활동
정유례  고령에서 창의, 제 상례와 함께 곽재우 의병군에서 활동
정유명  김면 의병군에서 활동

정윤해 상주13)에서 창의, 이성계 화상을 오대산 영감사에 피란시킴
정응기 영천 복성 전투, 박연 전투, 군위 겁림원 전투 등 참가
정응두 거창에서 창의, 창원성 전투에서 순절
정응룡 곽재우 의병군에서 활동, 진양 성당진 전투 때 순절
정의번 부 세아 공과 함께 창의, 경주 복성 전투 때 서천에서 순절
정이례 김면 의병군과 곽재우 의병군에서 제 준례와 함께 활동
정이홍 상주 안령에서 창의, 김각 의병군과 곽재우 의병군에서 활동
정인헌 형산강, 금호강, 금오산, 영천 복성, 경주 복성 전투 등 참가
정준　 고성, 사천, 창원, 거제 등 전투 참가, 진주 지역 전투에서 순절

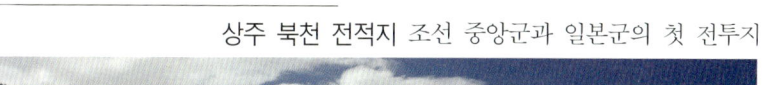

상주 북천 전적지 조선 중앙군과 일본군의 첫 전투지

13) 1592년 4월 23일 대장 이일이 단 60명의 군사를 데리고 상주에 왔다. 이일의 임무는 일본군의 북상을 막는 것이었다. 이일은 몇 백 명의 농민을 모아 군대를 보충했다. 그들이 상대해야 하는 일본군은 1만 8,700명 안팎의 정규군이었다. 4월 25일 전투가 벌어지자마자 아군의 대부분이 전사했고, 이일은 '머리도 풀어헤친 채 알몸으로 달아났다.(《징비록》의 표현)'

처참한 패배는 의병 창의의 걸림돌이 되었다. 상주에 '창의군'이라는 이름의 의병 부대가 태어난 때는 그로부터 두 달이나 지난 7월 30일이었다. 대구도 상주와 비슷했다. 4월 21일 읍성을 점령한 일본군의 위세에 눌려 대구 사람들은 7월 6일이 되어서야 팔공산 부인사에서 '공산 의진군'을 출범시켰다. 그에 비하면 일본군이 주둔하지 않았던 경산에서는 선비들이 5월 7일에 창의를 결의하고 5월 11일에 첫 전투를 치른다.

정준례 형 이례와 함께 곽재우 의병군에서 활동
정천리 아버지 대효공과 함께 영천 복성 전투 참가, 태화 등지 다수 참전
정호인 양산, 경주 등지 전투 참가, 포로로 일본에 끌려갔다가 돌아옴
정호의 백형 호인 등과 함께 창의, 문천 회맹과 화왕산 회맹 참가
제락　제 말, 질 홍록과 함께 창의, 당항포 해전 등에서 이순신을 도움
제말　고성, 진양, 문경, 정암, 현풍 등지 참전, 성주성 전투 때 순절
제홍록 고령, 고성, 사천 등지 참전, 이순신 휘하에서 수군 활동
조건　영양에서 창의, 팔공산 화왕산 회맹 참가
조검　팔공산 화왕산 회맹 참가
조광벽 상주 황량사에서 창의, 김각 의병장 부대에서 활동
조광의 팔공산 회맹 참가, 두 아들 건, 전, 질 검과 화왕산 회맹 참가
조기원 제 영원과 함께 도체찰사 류성룡 휘하 활동, 화왕산 회맹 참가
조동도 청송에서 창의, 팔공산과 화왕산 회맹 참가
조열　창녕에서 창의, 방어사 권응수 지휘 형산강 전투 참가
조영원 부 정 공의 명으로 십육 세에 도체찰사 류성룡 막하에서 활동
조익　속리산에서 창의, 성주 등지에서 활동
조임　곽재우 의병군에서 활동
조전　팔공산과 화왕산 회맹 참가
조정　상주 함창 황령사에서 창의, 상주 의병의 무기와 군량 조달
조종도 이로와 함께 김성일 휘하 활동, 황석산성에서 곽준과 함께 순절
조형도 제 동도와 함께 창의, 청송 의병장 활동, 화왕산 회맹 참가
채몽연 공산에서 창의, 대구 북면장 활동, 팔공산 화왕산 회맹 참가

경북 칠곡군 기산면 평복리 202-1
채몽연을 기리는 **소암서당**

압로정 : 채귀하, 채응린, 채선수, 채선견을 모시는 의현사義峴祠의 재실로, 북구 검단동 1325에서 금호강을 굽어보고 있다. 압로정 뒤에 서산서원西山書院 터(162쪽 참조)가 남아 있다.

채선수  공산에서 창의, 팔공산 및 화왕산 회맹 참가
채선길  서사원, 손처눌 등과 함께 공산에서 창의
채응구  황경림, 곽재우 등과 함께 창의, 팔공산 화왕산 회맹 참가
최강    백형 균과 함께 고성에서 창의, 사천, 진양, 웅천 등지 전투 참가
최경지  최문병 의병장의 아들로, 문천 팔공산 화왕산 회맹 참가
최계    중형 인, 조카 동보 등과 창의, 김성일이 대구의병 가장에 임명
최균    옥포, 고성, 당항포, 사량, 웅천, 진주성 전투 참가
최동보  대구 해안에서 창의, 영천성 등지 전투 참가
최문병  자인에서 창의, 경주 아화, 청도 두곡 등지 많은 전투 참가
최여설  곽재우 의병군에서 활동, 초계 등지 전투 참가
최인    공산 의병장으로 활동, 문천 팔공산 화왕산 회맹 참가

최인제 영천 복성 전투 참가, 경주 복성 전투 때 서천에서 순절
최희지 최문병 의병장의 아들, 문천 팔공산 화왕산 회맹 참가
한언호 경주 복성 전투 참가, 정유재란 때 도성 방위에 활약
한진　임진왜란 때 창의하여 활동 중 순절
허응길 곽재우 의병군에서 활동, 화왕산 회맹 참가
홍경승 군위에서 족숙 홍천뢰와 함께 창의, 권응수 의병군에서 활약
홍성해 팔공산 회맹 참가, 19세의 나이로 지개 전투 참전
홍약창 상주에서 창의, 상주 안령 전투에서 부자가 함께 순절
홍천뢰 족질 홍경승과 함께 창의, 영천 복성 전투 선봉장
황경림 초례산, 강상, 영천 복성, 팔조령 전투 참가

병암서원 달서구 용산동 521

병암서원屛巖書院은 바로 뒤에 성산 고등학교를 거느리고 있다. 서원 왼쪽 옆으로는 와룡산 정상부로 올라가는 등산로가 펼쳐진다. 와룡산 등산로 중 가장 많은 사랑을 받고 있는 이 길을 줄곧 따라 걸으면 병풍덤에 닿는다.

와룡산 중턱의 병풍덤은 거대한 바위들이 마치 병풍처럼 가로로 둘러져 있다고 해서 그런 이름을 얻었다. 병풍덤 바위 위에는 신선이 앉아서 글을 읽었다는 설화가 전해진다. 병풍덤의 한자어가 병암屛巖이다.

조선 시대 선비들은 자연을 벗 삼아 수양과 학문 연마에 힘썼다. 그런 그들이 신선의 공부터인 병암 아래에 서원을 아니 세웠다면 그게 오히려 이상한 일일 것이다. 1625년(인조 3) 성주의 선비 도경유가 낙음정사洛陰精舍를 세우고 제자들을 가르쳤다.

낙음정사는 뒷날 병암서당으로, 다시 병암서원으로 발전했다. 현재의 강당과 사당 등 우람한 각종 건물들은 새로 중건된 것들로, '2003년 대구광역시 우수 건축물'로 선정되어 상을 받은 '작품'들이다.

## 병암서원
### 십장생 꽃담에 깃들어 있는 '선비 정신'

    1589년 10월 선조에게 밀고가 접수된다. 정여립鄭汝立(1546~1589)이 도성을 공격하려고 준비 중이라는 반란 고발이었다. 정여립은 본래 서인西人이었는데 어느 날 갑자기 집권 세력인 동인東人을 자처하다가 서인의 공격을 받아 벼슬에서 물러난 인물이었다. 그러나 시골에 머무는 중에도 동인으로부터 계속 각광을 받아 그가 살고 있는 전북 진안 죽도마을은 방문객들로 법석였다.
    정여립은 군사적 성격의 대동계를 만들어 점점 전국 조직으로 키워갔고, '천하는 임금의 것이 아니다.' 등의 발언을 일삼았다. 결국 정여립은 체포되기 직전 자살하고, 선조는 서인 정철을 사건 조사 담당자로 임명했다. 그 이후 '3년가량에 걸쳐 (정여립 사건과) 연루되어 죽은 자가 1,000명 가까이 되었다.(《징비록》)' 정여립 사건에 매달린 선조와 조정은 임진왜란 대비에 소홀할 수밖에 없었다.
    병암서원에 가면 임진왜란 초기의 조선 사회를 생각하게 된다. 서원에서 제사지내는 도응유都應兪 선비의 생애가 임진왜란 초기의 시대 상황과 맞물려 있기 때문이다.

병암서원은 취애翠厓 도응유(1574~1639)와 낙음洛陰 도경유都慶兪(1596~1637) 두 분을 제향하고 있다. 두 사람의 나이 차이가 22세나 되는 것을 보면 짐작할 수 있지만 도경유는 도응유의 막내동생이다. 도응유는 1624년 이괄의 난과 1636년 병자호란 때 창의하여 의병 대장으로 활동하였다.

　도응유는 본래 무장이 아니라 선비였다. 그는 1613년 진사 시험에 합격했다. 임진왜란 직전 대구 일원 선비들의 최고 지도자였던 정사철, 그 뒤를 이어 서사원, 손처눌, 곽재겸, 류요신 등에 의해 계승된 선사재 강의에 참여한 선비들의 명단이 수록되어 있는 채선수의 《달서재집》에도 그의 이름은 빠지지 않고 나온다. 정사철, 서사원, 손처눌, 곽재겸, 류요신 등은 모두 임진왜란 당시 대구 지역의 창의를 이끈 의병장들이다.

　《병암서원지屛巖書院誌》의 「취애공翠厓公 휘諱 응유應裕 행장行狀」에도 도응유는 어릴 때 서사원의 선사재에 나아가 배운 것으로 나온다. 스승 서사원이 이황의 제자인 정구에게 배웠으므로 그 또한 정구에게도 배웠다. 1604년 도응유는 금호강 너머로 선사재가 바라보이는 푸른翠 언덕厓에 정자를 지어놓고 수양했다.

　2년 뒤 도응유는 화원에 인흥정사仁興精舍를 세워 제자들을 가르쳤다. 인흥정사는 현재 화원읍 본리리 510에 동계서당이라는 이름으로 남아 있다. 도응유가 지금의 동계서당 자리에 인흥정사를 건립한 것은 그곳과 정구의

동계서당

거처 사이가 '멀지 않다不遠'는 점 때문이었다.

　1592년 4월 21일 대구는 청도에서 팔조령을 넘어 쳐들어온 일본군에게 점령당했다. 뿔뿔이 흩어졌던 대구의 선비들은 7월 6일에 이르러 팔공산 부인사에서 회동, 대구 의병 부대를 창의했다.

대구 의병 부대 '공산 의진군'의 대장으로는 정사철이 추대되었다. 당시 정사철은 예순 넘은 고령에 병을 앓고 있었다. 그는 대장 직책을 수행할 사정이 못 된다고 사양했고(그는 몇 달 뒤인 이듬해 3월 4일 병사한다), 도응유의 스승 서사원이 초대 의병대장에 취임했다.

임진왜란 당시 도응유는 18세에 불과했지만, 스승 서사원 등 대구 일원 선비들로부터 큰 영향을 받은 결과 이괄의 난과 정묘호란 때 의병으로서 중요한 역할을 하게 된다. 도응유와 병암서원은 자연스레 임란 초기 상황을 떠올리게 하는 인물이자 공간인 것이다.

뿐만 아니라 도응유의 생애에는 임진왜란 직전의 조선 현실을 생각하게 해주는 또 다른 사건이 들어 있다. 도응유는 정여립 사건의 배후 조종자로 지목되어 1590년(선조 23)에 죽은 최영경崔永慶(1529~1590)의 명예를 회복하는 일에 적극 가담했다.

최영경은 조식의 제자로, 스승처럼 벼슬을 멀리한 채 지리산에서 학문 연구와 제자 양성에만 전념하던 선비였다. 도응유를 비롯한 선비들의 최영경 신원伸寃(억울함을 풂) 활동은 그가 매우 억울하게 죽었다는 여론을 만들어내는 데 성공했다.14) 정여립 사건 관련자를 찾아내어 죽이고 귀양 보내는 일이 진행 중15)이던 1591년에 최영경의 억울함을 풀었으니 대단한 성과였다. 덕분에 최영경은 1611년에 이르러 경남 산청의 덕천서원에 배향될 수 있었다.

---

14) 《선조실록》 1591년 8월 13일자 : 양사(임금과 대신들의 정치적 결정에 대한 옳고 그름을 따지는 사헌부와 사간원)가 '최영경은 본시 산림 처사山林處士(벼슬하지 않는 선비)로서 효도와 우애 등의 행실은 진실로 흠이 없으나 안정함을 지키는 데 어두운 탓으로 함부로 세상일을 말했지만 (중략) 그러나 그를 가리켜 길삼봉吉三峯(정여립의 배후 인물)이라 한 말은 전혀 근거가 없습니다. 그가 평소에 정철의 간사한 정상을 드러냄에 있어 조금도 가차 없이 하였기 때문에 정철의 무리가 역적의 변을 틈타 모함할 계책을 짜내었습니다. 그리하여 근거 없는 말을 지어낸 것입니다.' 하고 임금에게 아뢰었다.

15) 통신사 서장관으로 일본에 갔다가 돌아온 허성은 1591년 1월 28일 부산에 내리자마자 정여립 사건 관련 혐의로 체포되었다.

1624년에는 이괄이 반란을 일으켰다. 1623년 서인을 중심으로 한 세력이 광해군을 내쫓고 권력을 잡았는데, 논공행상에 불만이 많았던 이괄 등이 인조에게 반기를 든 것이었다. 인조는 한때 공주까지 도망갔다.

이 소식을 들은 대구의 선비들은 임진왜란 때처럼 창의를 결의했다. 임진왜란 당시 대구 지역 의병대장을 맡은 바 있는 72세의 손처눌(1553~1634)이 도응유를 실무 총책임자인 분의도유사奮義都有司로 천거했다.

도응유는 선화당宣化堂에 자리를 잡고서 의병을 모았다. 그가 경상 감영 관아인 선화당에서 군사를 모집하게 된 것은 임진왜란이 끝나면서 경상도 관찰사의 근무지가 대구로 바뀐 덕분이었다. 지금의 부산광역시, 울산광역시, 경상남도, 경상북도, 대구광역시 전역을 다스리는 경상감영이 대구에 자리잡은 것은 1601년부터였다. 도응유는 스무 살에서 쉰 살까지는 군사로 뽑고, 그 외는 쌀과 콩을 의병군에 제공하도록 했다. 그러나 이괄이 일찍 죽는 바람에 도응유 의병군은 전투에 참여하지는 못했다.

병암서원 강당

1627년(인조 5)의 정묘호란 때에도 도응유는 의병 창의에 앞장 섰다. 임금을 대신하여 의병 창의를 독려한 호소사號召使 정경세 (1563~1633)는 도응유를 상장上將에 임명, 장교들을 배치하고 군량 미를 관리하도록 했다. 이는 그가 평소에 사람들의 신임을 얻고 있었고, 또 복종하게 하는 능력이 있었다는 사실을 말해준다.

서사원이 1615년 타계한 뒤 도응유는 스승의 강학 장소였던 선사재에 사당을 짓기 위해 정성을 다했다. 서사원이 임진왜란 당시 대구 전역의 의병대장이었던 만큼 향토의 모든 선비들도 당연히 힘을 보탰다. 가까스로 완공 단계까지 갔던 사당은 1636년 병자호란이 터지는 바람에 중단되는 우여곡절을 겪기는 했지만 1639년 (인조 17)에 이르러서는 강당까지 건립되는 등 이강서원伊江書院으로 훌륭하게 창건되었다.

이강서원이 준공된 그해, 66세의 도응유는 스승을 서원에 모시는 훌륭한 임무를 완수했음에도 불구하고 인생의 마지막을 불우하게 마치고 말았다. 그는 2년 전(1637년) 동생 도경유가 원통하게 죽은 데서 받은 충격과 울분을 이기지 못해 병을 얻었었다. 그 병은 끝내 그의 삶을 단축하고 말았던 것이다.

병암서원 정자, 외삼문

동생 도경유는 22세 때인 1627년(인조 5)에 정묘호란을 맞이했다. 인조는 강화도로 피란을 가면서 세자로 하여금 남쪽 지방을 순회하며 군사와 백성들을 달래도록 했다. 세자를 모시고 다닐 호종扈從 담당자가 필요했다.

대신들은 인조에게 도경유를 추천했다. 인조가 허락을 하니 도경유는 세자를 호종하여 남원까지 이르렀다. 도경유가 임금의 인정을 받아 세자를 호종하고 있다는 소식을 들은 그의 어릴 적 스승 (대구 전역 제 2대 의병대장) 손처눌은 '착한 것을 좋아하므로 크게 쓰일 것'이라면서 기뻐했다.

전쟁이 끝나자 인조는 도경유를 특별히 불러 칭찬하면서 임금 직속 사법 기관인 의금부의 중간 관리 금오랑金吾郞에 임명했다. 그 무렵 창녕 사람 이여익이 반란 도모 혐의를 받고 체포되어 국문鞫問을 받는 일이 생겼다. 이여익과 친하게 지냈던 도경유는 땅에 엎드려 '이여익은 역모를 꾀할 인물이 아닙니다, 만약 그랬다면 어찌 신이 몰랐겠습니까? 반드시 모함입니다.' 하고 임금에게 그의 무죄를 주장하였다. 평소 도경유를 좋게 여겨온 인조의 명령으로 마침내 이여익은 풀려났다. 사람들은 모두들 용기와 실천의 의리를 보여준 도경유를 진심으로 크게 칭찬하였다.

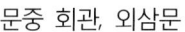

문중 회관, 외삼문

1628년(인조 6) 도경유는 영사 일등 공신寧社一等功臣에 올랐다. 인조반정(1623년)으로 몰락한 북인 일부의 모반 계획을 사전에 제압하는 데 큰 공을 세운 결과였다. 그 후 그는 은율 현감, 하양 현감, 봉산 군수를 역임했다.
　도경유가 봉산 군수 임기를 마치고 평양 서윤으로 옮겨가려 하자 봉산 백성들은「군수 도경유 만고암명萬古巖明 청덕비淸德碑」를 세워 그의 공덕을 잊지 않겠다고 다짐하였다.

莫潔者冰 크고 깨끗한 것은 얼음이요
莫白者玉 크고 흰 것은 옥인데
惟公之德 오직 공의 덕은
如冰如玉 얼음과 같고 옥과 같도다.

莫高者天 크고 높은 것은 하늘이요
莫厚者地 크고 두터운 것은 땅인데
惟公之德 오직 공의 덕은
如天如地 하늘과 같고 땅과 같도다.

　평양에서도 도경유는 근무한 지 1년도 안 되어 어사 조수익이 임금에게 포상을 신청할 만큼 뛰어난 능력을 발휘했다. 인조는 '어사의 장계를 보니 도경유는 정치를 공명하게 하고 청렴결백하여 백성들의 민폐를 분명하게 없앨 뿐만 아니라 군사 관계 일도 잘 처리하니 아름답도다.' 하며 관리가 입는 옷 한 벌을 하사했다. 도경유는 감격하여 눈물을 흘리면서 임금의 은혜에 보답할 것을 더욱 마음먹었다.
　그런데 도경유가 임금의 은혜에 보답하기 위해 스스로 나서기도 이전에 조정의 명령이 떨어졌다. 정묘호란 때 후금(청)에 포로로 잡혀갈 백성들을 귀환시키기 위해 사신을 파견하기로 한 조정이 그를 적임자로 지목한 것이었다. 그는 도차사都差使로 임명되어 갖은 선물을 싸 들고 청의 수도 심양으로 출발했다.

도경유는 심양에 가서 청의 관리들에게 옷까지 벗어서 주었다. 조정에서 마련해준 공식 선물을 내놓았지만 청의 부패한 관리들은 끝이 없었다. 조선과 중국 사이의 통로에 자리 잡고 있는 삭녕의 군수로 있으면서 중국 관리들을 상대해본 경험을 살려 그는 도차사의 임무를 훌륭히 완수할 수 있었다. 그는 우리나라 사람들을 모두 포로에서 해방시켜 무사히 조국으로 데리고 돌아왔다.

1636년에는 노모의 병환을 돌보기 위해 임금에게 간신히 요청한 끝에 집에 머물고 있었는데 전쟁이 일어났다. 도경유는 홀로 말을 달려 한양으로 향하던 중 길에서 경상 감사 심연을 만났다. 그는 감사의 손을 붙잡고 통곡하였다. 심연이 그에게 '공(도경유)의 충의는 이미 천지신명이 다 아는 바이지만, 맨손으로 그냥 뛰어들었다가는 헛되이 죽게 되니 나와 함께 돌아가 나랏일을 의논합시다.' 하고 말했다.

감사는 도경유를 작전 참모인 종사관, 우병사 민영을 선봉 대장, 좌병사 허완을 군대의 후방을 책임지는 후전後殿으로 삼았다. 1637년 정월 초사흘에 경기도 이천에 당도하니 충청 병사 이의배의 군대도 왔다.

병암서원 담장의 십장생

하지만 장수와 군졸들이 적병들의 위세를 보고는 겁을 낸 나머지 앞으로 나아가기를 두려워했다. 도경유는 '머뭇거리기만 하고 진격하지 않아 출전할 때를 그르치고 있으니 군대의 법률로 다스리지 않을 수 없다.'라고 꾸짖으면서 군관 박충겸을 본보기로 처벌했다.

그제야 군대가 앞으로 나아갔다. 아군은 쌍령에서 적과 맞붙어 대전을 벌였다. 전투 초반은 아군이 매우 우세하게 전개되어 승전을 눈앞에 두게 되었다. 그때 무슨 까닭에서인지 아군의 화약고에 큰 불이 났고, 혼란이 겹치는 와중에 싸움에서 밀려 마침내 패전하고 말았다. 싸움 끝에 좌병사 허완이 죽었고, 대구의 허득량, 허복량 형제 장수도 전사했다.

전투가 끝난 뒤 모친상을 당하여 다섯 달에 걸쳐 묘 옆에 사는 여묘廬墓살이를 중 갑자기 평해로 귀양을 가게 되었다. 쌍령 전투에서 패전을 한 책임이 그에게 있다는 모함을 받은 것이었다. 그후 화약고가 불탄 것이 군관 박충겸의 아들 소행임이 밝혀져 이내 유배에서 해제되었다.

귀양지를 떠나 한양으로 돌아오는 중 경기도 양지에 이르렀을 때 누군가가 '공을 암살하려는 자들이 매복을 한 채 기다리고 있다는 소문이 떠도니 예정된 여로를 바꾸어 다른 길을 이용하는 것이 좋지 않겠습니까?' 하고 귀띔했다.

그는 '나는 임금을 위하여 군법을 시행하였는데 저들은 나를 사사로운 원수로 여기고 있소, 나는 그동안 쌍령에서 죽지 못하고, 또 남한산성 아래에서 죽지 못한 것을 매우 부끄럽게 생각해 왔는데 오늘 죽은들 이 역시 임금을 위해 일하다가 죽는 것인데 무엇이 한이 되리오, 저들이 나를 죽이려 드는 것 또한 역모로서 임금을 욕보이는 짓인데 신하된 자가 어찌 구차스럽게 피하여 목숨을 구하리오.' 하며 길을 바꾸지 않았다. 마침내 그는 길에서 화를 당하고 말았다.

1637년, 고령으로 말미암아 건강 상태가 나빴던 형 도응유는 자신보다 22세나 어린 막내동생 도경유가 겨우 마흔둘의 나이에 암살당해 죽었다는 비보를 듣고 급속히 병세가 악화되었다. 동생은 '임금을 위해 일하다가 죽는 것인데 무엇이 한이 되리오!' 하고 말했지만, 형은 그 충격과 한스러움을 차마 말로 표현할 수 없는 지경이었다. 결국 형도 동생이 세상을 떠난 지 2년도 채 안 되어 눈을 감았다. 병암서원을 그 두 분을 모시고 있다.

　병암서원은 대구시 건축상을 받은 뛰어난 예술 작품이다. 건물이 지닌 아름다움 이상으로 우리 민족의 뛰어난 정신사를 보여주는 역사 유적이기도 하다. 나라를 위해 목숨도 버릴 수 있는 충의 정신, 배운 대로 실천하는 올곧은 선비 정신, 형제 사이의 우애가 넘치는 전통 문화의 공간이다. 뿐만 아니라 형제가 임금으로부터 받은 교지와 교서를 비롯해 1633년(인조 11) 황제의 조칙詔勅(명령 문서)을 들고 온 명나라 관료들을 맞아 개최한 행사를 그린 「황강연조도黃岡延詔圖」 등 문화재도 많다.

「황강연조도」 일부

무동재武洞齋 수성구 파동 581-129

　임진왜란 당시 대구 지역 의병장들은 대부분 채응린蔡應麟(1529~1584), 정사철鄭師哲(1530~1593), 전경창全慶昌(1532~1585)의 제자였다. 세 선비 중 전경창은 대구 최초의 서원인 연경서원硏經書院이 1565년(명종 20) 창건되는 데 크게 기여하였다. 그는 1635년(인조 13) 이래 연경서원 별사別祠(본 사당이 아닌 별도의 사당) 향현사鄕賢祠에 제향祭享(제사 지냄)되었는데, 1871년(고종 8) 대원군의 서원 철폐령을 맞아 연경서원이 훼철된 뒤부터는 수성구 파동 무동재에 모셔지고 있다.

　대구 지역 의병의 창의를 돌이켜볼 수 있는 무동재는 부산에서 시작된 임진왜란의 초기 상황을 생각나게 하는 곳이기도 하다. 1592년 4월 13일 부산 앞바다에 일본군 전함 700여 척이 몰려왔을 때 경상 좌수사 박홍은 '화살 한 발 날리지 않고不發一矢 가장 먼저 성을 버렸다首先棄城(1592년 6월 28일자 《선조실록》 김성일의 장계).' 그 바람에 좌수영성은 전투 한 번 없이 적의 손에 넘어갔다. 그때 박홍을 보좌하는 우후(대략 부수사)로 있던 전계신은 고향 파잠(파동)으로 돌아와 의병을 일으켰다. 무동재는 전계신도 모시고 있는 옥산 전씨 문중의 재실이다.

### 무동재, 연경서원
# 임진왜란 대구 의병 탄생의 역사

　1542년(중종 37) 우리나라 최초의 서원인 백운동서원이 세워진다. 그 후 경주 서악서원, 영천 임고서원, 해주 문헌서원 등이 연이어 설립된다. 이에 자극을 받은 이숙량李叔樑(1519~1592), 전경창全慶昌(1532~1585) 등 선비들도 대구의 서원 건립에 나선다.
　1563년(명종 18) 공사가 시작되고, 2년 만인 1565년(명종 20) 대구 최초의 서원인 연경서원이 완공된다. 창건 당시 연경서원의 건물은 모두 40여 칸이었다. 중앙에 정남향의 강당 인지당을 세웠고, 그 앞 좌우로 동재 보인재와 서재 시습재를 건립했다. 또 남문인 초현문의 서쪽에 동몽재를 두었으며, 그 외에도 애련당 등 여러 건물들을 설치했다.
　서원은 일반적으로 학문을 가르치고 배우는 강학 공간과 앞 시대의 뛰어난 선비들을 제사 지내는 제향 공간으로 이루어진다. 그에 비해 연경서원은 처음 세워질 때에 사당이 설립되지 않았다. 연경서원에 사당이 추가된 때는 개원 후 48년이나 지난 1613년(광해군 5)이었다.

즉 연경서원은 강학 공간만으로 출발한 특이한 서원이었다. 이는 대구 선비들이 연경서원 설립의 목적을 교육 기관 개설에 두었다는 사실을 증언한다. 구본욱은 논문 「연경서원의 경영과 유현儒賢들」에서 '(건립 당시에 사당이 없었던 것은) 연경서원이 선현을 추숭追崇하는 제향祭享보다는 강학講學에 중점을 두어 건립되었다는 것을 말해준다.'라고 평가한다.

연경硏經은 한자 뜻만 풀이하면 '유교 경전 공부' 정도로 읽힌다. 연경 두 글자는 문학적 비유가 녹아 있지도 않고, 자리잡고 있는 터에 서린 애환을 품고 있지도 아니한, 그저 딱딱한 느낌만 준다. 하지만 연경서원이라는 이름에는 그런 선입견과 정반대의 이야기가 깃들어 있다. 연경은 고려 태조 왕건의 옛일이 서려 있는 흥미로운 이름이다.

927년 포석정까지 진격하여 신라 경애왕을 죽인 후백제 견훤은 유유히 귀국 길에 오른다. 신라를 돕기 위해 출전하지만 고려 태조 왕건은 먼 길 탓에 그제야 팔공산 아래에 닿는다. 머잖아 동화사 아래 좁은 골짜기에서 대혈투가 벌어질 시점이다.

왕건은 잠시 짬을 내어 산책에 나선다. 넘치는 여유를 감당 못해 한가로이 서성댄 행동은 아니고, 전투를 앞둔 만큼 지형 정찰과 민심 다독이기에 주목적이 있었다. 왕건은 금호강 인접 들판 마을에서도 노老련하게 농사일을 해낼 남자 어른들을 볼 수가 없다不. 모두들 전쟁에 나간 탓이다. 왕건은 탄식을 한다. "논밭을 잘 다스릴 장정들이 이렇게 없다니!" 그 이후 불로不老마을이라는 이름이 생겨났다.

동화천 너머 산속 마을의 풍경은 불로동과 달랐다. 왕건이 지나갈 때 집집마다 선비들의 책經 읽는硏 소리가 낭랑하게 울려나왔다. 왕건은 선비들의 학구적 태도에 감동했다. 연경硏經마을이라는 이름은 그렇게 생겨났고, 마을 이름에서 다시 연경서원이라는 이름이 태어났다.

이숙량, 전경창 등 선비들은 서원 이름을 정하면서 고민할 필요가 없었다. 동화천의 화암 인근에 설립된 서원이라는 뜻에서 처음에는 화암서원이라 부르다가 뒤에 연경서원으로 이름을 바꾸었다. 연경이 '유학 경전을 공부한다'는 의미였으니 서원의 정체성을 나타내는 데에 아주 적합하기도 했다.

서원 완공을 앞두고 이숙량은 스승 이황에게 기문記文(서원 건립의 내력을 적은 글)을 부탁했다. 이황은 이숙량이 지은 기문을 그대로 쓰라고 했다. 그 대신 이황은 시와「화암서원 기후記後(발문)」를 보내왔다. 한시 원문과 구본욱 번역문을 함께 읽어 본다.

畵巖形勝畵難成
화암의 빼어난 모습 그림으로 그리기 어려운데
立院相招誦六經
서원을 건립하여 함께 모여 육경六經을 공부하네
從此佇聞明道術
이를 쫓아 도술道術을 밝혔다는 소식 듣기를 기다리노니
可無呼寐得群醒
몽매한 뭇사람을 불러 일으켜 깨우침이 없겠는가

이황은 최고의 화가가 나서도 그린畵 듯 빼어난 바위巖 화암畵巖을 실물만큼 그려내기는 어렵다고 노래했다. 사람이든 산수든 보통은 그림과 사진이 실물보다 더 멋진 법이지만, 화암은 자체가 워낙 빼어난 절경인 까닭에 아무리 뛰어난 시각 예술 작가라 하더라도 본래 모습보다 더 아름답게 그려낼 수 없다는 것이다.

화암 서변동과 지묘동 사이

이숙량도 「연경서원기」에 '화암은 연경서원의 서쪽을 지켜준다. 붉고 푸른 절벽이 우뚝하게 솟아 기이한 형상을 보여 그림 같이 아름다워 화암畵巖16)이란 이름을 얻게 되었다.'라고 기록했다.

연경서원은 임진왜란 때 불에 타서 없어진다. 세워진 지 불과 30년 만에 한 줌 재가 되어버린 것이다. 그래도 전경창과 이숙량은 자신들이 앞장서서 건립한 연경서원이 그토록 허망하게 화염에 휩싸여 소멸되는 장면을 직접 보지는 않았다. 전경창은 임란 발발 7년 전인 1585년에 이미 세상을 떠났고, 이숙량은 전쟁이 터진 그 해 74세나 되는 고령에도 불구하고 10월의 진주성 싸움에 참전했다가 진중에서 타계했기 때문이다.

이숙량은 「어부가」를 남긴 이현보의 아들이다. 그는 임진왜란이 일어나자 조목, 금응협 등과 함께 (임금이 있는) 북쪽을 바라보며 통곡한 후 바로 창의를 독촉하는 격문을 써서 선비들에게 배포했다. 그의 격문에 호응하여 스스로 의병이 된 사람 중에는 영천성 전투에서 공을 세운 이간李幹도 있다. 임진년 당시 불과 17세에 지나지 않았던 소년 이간은 이숙량의 제자였다.

### 대구 임진왜란 의병장 배출의 산실 연경서원

전경창은 이승을 떠났지만 제자들은 스승의 가르침을 실천하기 위해 적극 의병을 일으켰다. 1592년 7월 6일 팔공산 부인사에서 대구 선비들이 공산 의진군公山義陳軍을 조직했을 때 첫 의병대장을 맡아 활동한 서사원, 그의 뒤를 이은 손처눌, 3대 의병대장 이주, 의병장 곽재겸 등이 모두 전경창의 제자였다.

---

16) 화암은 하식애河蝕涯의 일종이다. 빙하기 이래 아득한 세월 동안 물河이 줄기차게 흘러 산과 땅을 깎아蝕 낮은 곳으로 쓸어내리면 마침내 거대한 암석만 물가에 절벽涯으로 남는다. 따라서 하식애 일대는 자연스레 뛰어난 경치를 자랑하게 된다. 우리나라 최대의 하식애는 경북 영양 남이포 절벽이다.

연경서원은 손처눌의 주도하에 1602년(선조 35) 중건되었다. 이때 모든 건물들을 한꺼번에 새로 짓지는 못하고 애련당만 건축하였다. 당시 53세이던 서사원은 '늘그막에 연경서원을 다시 찾을 수 있게 되니 감개가 무량하도다!' 하고 애련당 중건의 감격을 시로 써서 남겼다.

> 내가 이수(달성 이천)에서 부들 같은 돛 달고 배 타고 올라 와
> 화전畵田(화암 아래)에 닻줄 매고 화암정사(연경서원)로 들어왔네
> 당堂은 애련당부터 먼저 작게 지었는데
> 재齋에는 잡초가 무성하여 아직 다 베어내지 못했네
> 초현문과 양정당은 간절하지만 못 지어 이름만 남아 있고
> 몽매한 사람들을 깨치려니 나의 평범한 자질이 부끄럽네
> 늘그막에 거듭 찾으니 감개가 무량한데
> 바라건대 장차 한가한 날 서책을 보내리라

연경서원에는 1613년(광해군 5) 본 사당이, 1635년(인조 13) 별사別祠(별도의 사당)인 향현사가 세워졌다. 그 10년 뒤인 1645년(인조 23)에는 강당 인지당仁智堂도 건립되었다.

1744년(영조 50)에는 동재와 서재를 각각 2칸씩 갖추었다. 그 이듬해인 1745년에는 양정헌養正軒과 기타 부속 건물들까지 완공되면서 창건 당시의 면모가 모두 되살아났다. 그러나 1871년(고종 8) 대원군의 서원 철폐령을 맞아 훼철되었다.

1613년 사당이 처음 세워졌을 때에는 이황을 모셨다. 그 후 9년 뒤인 1622년(광해군 14)에 정구를 배향하였다. 손처눌의 《모당집》에는 정구가 '퇴계 선생의 적통嫡統으로서 선생의 가르침을 바르게 실천'하였고, 또 '(1609년) 서원을 방문하여 사당의 터를 잡아주셨고, 《심경心經》을 강의'하는 등 이황 및 연경서원과 깊은 관계를 가지고 있기 때문에 배향한다고 기록되어 있다.

1706년(숙종 32)에는 정경세를 배향했다. 1607년(선조 40) 대구 부사로 부임한 정경세는 1년 동안 재임하면서 대구 향교와 연경서원에서 직접 강학을 하는 등 대구 유학 진흥에 공로가 많았다.

향현사鄕賢祠에는 이름답게 지역鄕의 선비賢들을 모셨다. 1635년부터 전경창, 1707년(숙종 33)부터 이숙량을 제향했다.

연경서원은 지금 남아 있지 않지만 머지않아 그 실체를 보게 될 전망이다. 연경동 일대가 아파트 단지로 재개발되면서 연경서원 복원 계획이 수립되었다. 또 연경서원 터 인근의 인천 채씨 재실 구 강당九岡堂도 동화천 건너편으로 옮겨져 중건될 예정이다.

무동재와 「계동 선생 옥산 전공 유적비」

'동지섣달 꽃 본 듯이 날 좀 보소'라는 밀양 아리랑을 원용하자면, 연경서원을 보듯 답사해야 마땅한 곳이 있다. 연경서원 창건 주역 중 한 사람인 전경창을 기리는 무동재이다. 무동재는 대구 수성구 파동 581-129에 있다.

무동재는 옥산 전씨 가문의 여러 선현들을 모시는 재실이다. 무동재에서 모시는 분들 중에는 전경창 외에 또 다른 임진왜란 관련 인물이 있으니 바로 전계신全繼信(1562~1614)이다.

전경창의 집안 동생인 전계신은 임란 발발 당시 31세의 나이로 경상 좌수영 우후(정4품)였다. 그런데 수사 박홍이 전투가 벌어지기도 전에 도주하는 바람에 군대가 와해되는 기막힌 처지에 놓였다. 당시 경상 좌수영에는 뒷날 영천성 수복의 1등 공신이 되는 권응수도 근무하고 있었다.

박홍의 이탈 이후 전계신과 권응수 등은 고향에 가서 창의하기고 결의한다. 권응수는 경북 영천으로 가고, 전계신은 대구로 와서 의병을 일으킨다.

전란 중 많은 공을 세운 전계신은 종전 후에도 사절단으로 일본에 다녀오는 등 조정의 신임을 받는 관리로서 출중한 활동을 펼친다. 그는 경상 좌수사와 황해도 병사를 역임한 후 평안도 병사(종2품)로 근무하던 중 병영에서 타계한다. 1614년(광해군 8) 7월 22일, 향년 53세였다.

전계신이 세상을 떠나자 대구의 선비들은 크게 애통해 했다. 그의 15년 선배인 곽재겸(1547~1615) 의병장은 좋은 후배를 잃은 슬픔을 만사輓詞(죽은 이를 위한 글)에 다음과 같이 표현했다.

歷數風雲將 이력은 풍운의 장수였고
貞忠罕有君 곧은 충성 그대만한 이 드물었네.
講和重渡海 일본과 강화를 위하여 거듭 바다를 건너
揚武靜收氛 무용을 떨치고 나쁜 기운을 고요히 거두었네.
召募能扶國 군사를 모아 능히 나라를 지탱하게 하였고
屯耕以助軍 둔전을 경작하게 하여 군량을 도왔네.
嗚呼全節度 아! 전全 절도사여
位不滿酬勳 지위가 업적을 따르지 못하였네.

경상 좌수영성 남문과 박견 조형물

임진왜란이 시작된 1592년 4월 13일, 경상 좌수사 박홍은 단 한 번의 전투도 없이 부산 수영성을 버린다. 이때 부수사에 해당되는 우후로 재직했던 전계신은 대구로 돌아와 의병을 일으킨다.
위의 사진은 무지개 형상을 한 수영성 남문의 모습이다. 성문 좌우에는 왜구를 지키기 위해 세워둔 박견(조선 개) 조각이 아직도 남아 있다(빨간 ○).
임진왜란 당시 경상도는 군사 조직상 좌도와 우도로 나뉘어 있었다. 낙동강을 기준으로 동쪽은 경상 좌병영(울산)과 좌수영(부산), 서쪽은 우병영(창원)과 우수영(거제)의 군사들이 지켰다. 군대 본부가 경주, 대구, 안동, 상주 등지에 있지 않고 모두 남해안 일대에 주둔한 것은 왜구의 침략에 대비하기 위해서였다.

## 녹동서원
## 일본군 선봉장, 조선 장수 되어 왜적을 무찔렀다

**녹동서원 1**

달성군 가창면 우록리 585에 가면 녹동서원과 '달성 한일 우호관'이 있다. 우호관 전시실에 게시되어 있는 시 한 편을 읽는다. 임진왜란 중에 어느 장군이 쓴 「남풍 유감南風有感」의 일부이다.

南風有時吹 남풍이 건듯 불어
開戶入房內 문을 열고 방에 드니
悠然有聲去 문득 소리는 사라지고
消息無人來 소식 전하는 이도 없네

시를 읽으며 '죽고 죽이는 전쟁판에 장수가 한가롭게 시나 짓고 있었어?'라고 힐난하는 것은 적절하지 않다. 이순신의 '한산섬 달 밝은 밤에 수루에 홀로 앉아'도 전란의 피바람 속에서 태어났다. 하지만 어느 누구도 이순신 장군이 전쟁 중에 일기를 쓰고 시를 지은 사실을 비난하지 않는다.

「난중일기」를 남긴 이순신처럼 이 시 「남풍 유감」의 장군도 뛰어난 문장가로 이름이 높다. 그를 기려 건립된 달성 한일 우호관 내부에는 '남풍 유감, 술회가述懷歌' 등을 보면 장군은 무장이었지만 문인으로서도 뛰어난 재능이 있었음을 알 수 있다.'라는 해설이 게시되어 있다.

짐작하건대, 이 시를 짓기 직전 장군은 막사 바깥에 머물고 있었을 것이다. 그때 문득 바람이 불어와 장막 안으로 들이친다. 남풍이다. 남풍이라면 남쪽, 즉 장군의 고향에서 불어온 바람이다. 장군은 그 바람소리, 남풍이 문을 열고 장막 안으로 들어가는 기척을 멀리 고향에 떨어져 있는 가족 소식을 가져온 전령傳令의 재빠른 몸놀림으로 착각한다. 너무나 반가운 마음에 장군은 바람을 뒤쫓아 장막 안으로 달려든다. 하지만 아무도 없다. 아! 아무도 없다.

가만히 오는 비가 낙수 져서 소리하니
오마지 않은 이가 일도 없이 기다려져
열릴 듯 닫힌 문으로 눈이 자주 가더라

이 시조의 화자는 빗소리가 떨어지는 마루 끝에 쓸쓸히 앉아 있다. 화자는 "오마!" 하고 언약한 적도 없는 그 사람이 지금 너무나 사무치게 그립다.

그가 불쑥 대문을 열고 들어오지는 않을까······.

그런 기대를 품고 응시하면 대문은 홀연 '열릴 듯'도 하다. 하지만 굳게 '닫힌' 문은 미동도 없다. 그저 내 눈만 자꾸 그리로 향할 뿐이다.

「남풍 유감」을 노래한 장군의 애잔한 심정은 최남선의 시조 「혼자 앉아서」를 연상하게 한다. 아니, 「남풍 유감」이 「혼자 앉아서」보다 300여 년 앞선 작품이니 최남선이 장군의 문집에서 얻은 시흥을 현대적 언어로 형상화했다고 말해야 옳겠다.

장군은 자신에게 가족 소식을 전해줄 사람이 있을 리 없다는 사실을 전쟁 발발 때부터 진작 알고 있었다. 왜냐하면 부모와 아내를 조국 일본에 버려둔 채 적국 조선의 장수가 되었기 때문이다. 게다가 일본군을 무찌르는 데 앞장선 무공으로 조선 정부로부터 정2품의 신분까지 부여받았다. 그런 '배신자'에게, 이 전쟁통에 바다까지 건너와 가족 소식을 전해줄 '정신 나간' 일본인은 상식적으로 있을 수 없다.

　「남풍 유감」의 장군은 사야가沙也加라는 본명 대신 조선 이름 김충선金忠善을 역사에 남겼다. 명분 없는 전쟁에 온몸으로 항거한 사야가는 부산에 상륙한 즉시 조선에 귀화했고, 그 결과 사야가와 김충선은 한일 양국의 평화를 염원하는 상징으로 두 나라에 차차 각인되어 왔다. 일본에서는 1972년 이래 김충선에 관한 언론 보도, 장편소설 출간 등이 줄을 이었고, 한국에서는 1794년(정조 18) 김충선이 여생을 보낸 가창면 우록리에 녹동서원과 사당을 세우고, 2012년 5월에는 다시 한일 우호관까지 건립했다.

김충선(1571~1642)은 어떤 인물인가? 한일 우호관 내부에 부착되어 있는 게시물 「모하당 김충선」을 읽어본다. 「모하당 김충선」은 김충선의 초상과 간략한 소개를 담고 있다.17)

> 모하당慕夏堂 김충선은 (1) 본래 일본인으로 (2) 어릴 때부터 조선의 문물과 인륜 중시 사상을 흠모하였다. 임진전쟁 때 가등청정加藤淸正(가토 기요마사) 휘하의 우선봉장右先鋒將으로 조선에 출병하였다. 그러나 부산항에 (3) 도착하자마자 조선 침략의 부당함을 지적하면서 부하 3,000명을 이끌고 평소 예의지국으로 흠모하던 조선에 귀화했다.
> 
> 그 후 김충선은 경주, 울산 등지의 전투에 참가하여 큰 공을 세웠으며, 조총 제작 기술과 사용법을 조선에 전수하였다. 또한 임진전쟁이 끝난 이후 대구 우록동에 거주하다가 자청하여 10년 동안 북쪽 변방을 지키다가 돌아왔으며, 이괄의 난과 병자호란 때에도 큰 공을 세웠다.
> 
> 이러한 공으로 삼란공신三亂功臣으로 불렸으며, 품계가 정헌대부(정2품)에 올랐다. 또한 김충선이라는 이름을 하사받고 '사성(임금이 내려준 성씨) 김씨'의 시조가 되었다. 노후에는 우록동에서 가훈과 향약을 지어 자손과 주민들에게 가르치다가 1642년(인조 20)에 별세하였다.

한국고전번역원의 《모하당집》 해제는 김충선을 '임진왜란 때 명분 없는 침략 전쟁을 거부하여 귀화한 일본인'으로 정의하고 있다. 김충선에 대해 소상하게 알아보기 위해 「모하당 김충선」의 내용을 낱낱이 풀어가며 읽어본다.

---

17) 귀화 동기와 과정 부분에 매겨진 번호는 인용자가 풀이를 위해 임의로 배치한 것이며, 귀화 이후 활동에 대해서는 이 글 후반부에서 다룸.

김충선은 (1) **본래 일본인**이었다. 김충선은 본인 스스로 많은 글을 썼음에도 불구하고 조선에 귀화하기 전 일본에서 어떤 인물로 살았는지에 대한 기록이 남아 있지 않다. 1571년 1월 3일 일곱 형제의 막내로 태어났고, 조선으로 출병하기 전에 이미 결혼하여 부인이 있었으며, 아버지는 익益, 할아버지는 옥국沃國, 증조할아버지는 옥鎣이었다는 《사성賜姓 김해 김씨 세보》의 내용이 전해지는 내력의 전부이다.

사야가의 일본 생활에 대한 증언이 남아 있지 않은 까닭은 대략 두 가지로 추정된다. 첫째, 그가 남긴 글들이 집에 보관되어 오다가 전쟁 와중에 대부분 소실되었다는 점이다. 둘째, 본인이 일본에서 살았을 때의 일에 대해 별로 주위에 언급하지 않았을 것이라는 점이다.

두 번째 이유가 성립되는 까닭은 김충선이 본래 가등청정의 선봉장이었기 때문이다. 침략군 선봉장에서 돌연 조선군 장군으로 변신하여 조국 일본군과 맞서 혁혁한 군공을 세웠지만 「술회가」에서 '(그토록 열망했던 조선에서 살게 되었다 하더라도) 친척과 형제와 아내를 다 떠나면서 슬픈 마음 서러운 뜻이 없었다면 거짓'이라고 속마음을 토로했다. 사야가는 조국이자 고향에 남겨둔 가족들이 자기 때문에 처형당하거나 고통받는 경우는 상상조차 하기 싫었을 터이다. 그는 자기 신분이 노출되면 바로 가족에게 피해가 발생할 것을 우려했을 것이고, 일본에서 살 때의 생활에 대해 다른 사람에게 좀처럼 말하지 않았을 것이다.

그 결과 조선에서도 사야가와 김충선이 동일 인물이라는 사실은 1761년(영조 37) 11월 12일에 이르러서야 《승정원일기》에 처음 기록된다. 임진왜란이 끝난 지 무려 164년 뒤, 본인 사망 후 120년이나 지나서야 비로소 사야가와 김충선이 동일 인물이라는 사실을 정부가 공식적으로 인정한 것이다. 그만큼 사야가는 조선이 보호해주어야 마땅한 국제 정치적 인물이었다.

그런 사정으로 인해 사야가의 실체에 대한 여러 설이 생겨났다. 김충선이 조총과 화약 제조 기술을 조선군에게 가르쳤다는 사실에 주목하여 일본 와카야마현 철포 부대의 영목손일鈴木孫一(스즈키 마고이치)을 사야가로 추정하기도 한다. 일부에서는 '영목손일이 풍신수길과 대립한 반대 세력 인물인데 어떻게 가등청정 군대의 선봉장이 될 수 있었겠느냐?'면서 원전신종原田信種(하라다 노부타네)을 사야가로 보기도 한다.

또 임진왜란 중 조선에 귀화한 강본월후수岡本越後守(오카모토 에치고노카미)를 사야가로 추정하는 견해도 있다. 그 외에 《한나라 여행》을 써서 임진왜란 참전 일본군 장군의 조선 귀화 사실을 처음으로 일본에 알린 사마요태랑司馬遼太郞(시바 료타로)은 '사야가는 대마도 출신'이라고 주장하기도 했다. 사야가가 누구인가를 두고 논란이 많다는 것은 그만큼 본인 그리고 조선 조정이 실체를 감추려 했던 인물이었다는 사실을 말해준다.

김충선은 (2) 어릴 때부터 조선의 문물과 인륜 중시 사상을 흠모하였다. 이는 사야가가 부산 상륙 직후 조선 백성들에게 뿌린 「효유서曉諭書(알리는 글)」에 명확하게 나타난다. '내 일찍이 조선이 예의의 나라라는 것을 듣고 오랫동안 조선의 문물을 사모하면서 한번 와서 보기가 소원이었고, 이 나라의 교화에 젖고 싶은 한결같은 나의 사모와 동경의 정은 잠시도 떠나본 적이 없었다.' 이어서 그는 '지금 나는 비록 다른 나라(일본) 사람이고 (가등청정 군대의) 선봉장이지만, 일본을 떠나기 전부터 이미 마음으로 맹세한 바 있었으니, 그것은 나는 너희 나라(조선)를 치지 않을 것과 너희 (조선인)들을 괴롭히지 않겠다는 것이었다.'라고 선언했다. 사야가는 어릴 때부터 조선의 문물과 인륜 중시 사상을 흠모했었기 때문에 일본의 침략 전쟁 도발을 자신이 조선인으로 살 수 있는 기회로 삼았던 것이다.

사야가는 (3) 부산항에 도착하자마자 부하 3,000여 명을 이끌고 귀화했다. 사야가가 조선인들을 살상한 적이 없다는 사실은 그가 경상 병사 박진朴晉에게 보낸 「강화서講和書」에 잘 밝혀져 있다.

'아직 한 번의 싸움도 없었고 승부가 없었으니 어찌 강약에 못 이겨서 강화를 청하는 것이겠습니까? 다만 저의 소원은 예의의 나라에서 성인의 백성이 되고자 할 뿐입니다.' 자신의 귀화가 목숨을 구하기 위한 투항이 아님을 당당하게 강조하고 있다.

'제가 지금 귀화하려 함은 지혜가 모자라서도 아니요, 힘이 모자라서도 아니며, 용기가 없어서도 아니고, 무기가 날카롭지 않아서도 아닙니다. 저의 병사와 무기의 튼튼함은 백 만의 군사를 당할 수 있고 계획의 치밀함은 천 길의 성곽을 무너뜨릴 만합니다.'

사야가의 조선 귀화 이유는 국사편찬위원회의 《신편 한국사》를 새삼 읽어보게 한다. 이 책은 '임진왜란 중 왜군이 조선에 투항한 직접적 동기'를 '왜군 진영의 기근 극심, 조선 정부가 항왜降倭(조선에 항복한 왜군)를 후대한다는 소문이 왜군 진영에 전파된 것, 일본이 이길 수 없는 전쟁이라는 것을 깨닫고 본국으로 철수했을 때에 겪어야 할 생활고에 대한 걱정'의 세 가지로 설명한다.

사야가의 귀화는 세 가지 중 어느 경우와도 무관하다. '부산항에 도착하자마자' 조선에 귀화했으니 굶주림에 시달렸을 리 없고, 사야가 본인이 최초의 귀화 인물인즉 조선이 항왜를 우대한다는 소문은 아직 생겨나지 않았다. 개전 초기는 일본군이 부산진성과 동래성을 각각 몇 시간 만에 가볍게 점령해 기세가 하늘을 찌르고 있었으므로 패전 후 귀국했을 때의 생활고를 걱정할 시점도 아니었다.

부산진성 순절도 1592년 4월 14일

게다가 '조선은 아직 항왜 수용을 위한 대책이 없었고, 적의 투항을 불신하여 투항자가 오면 무조건 살해하겠다는 것이 정론이었던 반면 명군은 항왜를 받아들여 후대하겠다는 입장을 취하고 있었기 때문에 왜군이 처음 투항한 곳은 조선 진영이 아니라 명군 진영이었다.'라는 《신편 한국사》의 증언과, '부산항에 도착하자마자' 사야가가 명군 아닌 조선의 경상 병사 박진을 찾았다는 기록은 앞뒤가 맞지 않다.

「효유서」와 「강화서」에 이미 천명하였지만, 김충선은 자신이 지은 「술회가」에서도 '남쪽 오랑캐 땅'에서 태어난 것을 한탄하면서 '조선의 좋은 문물 한번 보기 원했는데 하늘이 그 뜻 알고 귀신이 감동하여 가등청정이 어리고(당시 22세) 무식한 나를 선봉장 삼았네' 하고 술회하였다. 뿐만 아니라, 김충선의 글을 모아 간행된 《모하당 문집》의 「녹촌지」에도 그가 단 '한 번의 싸움도 없이' 조선에 귀화한 까닭이 거듭 밝혀져 있다.

'내가 귀화한 것은 잘되기 위해서도 아니요, 명예를 취함도 아니다. 처음부터 두 가지 계획이 있었으니, 그 하나는 요순 삼대의 유풍을 사모하여 동방 성인의 백성이 되고자 함이요, 또 하나는 자손을 예의의 나라에 남겨서 대대로 예의의 사람을 만들고자 함이라.'

국사편찬위원회의 《신편 한국사》는 '조선에서는 물론이고 일본의 유학자들도 풍신수길이 "명분 없는 전쟁을 도발하였다"고 비판하고 있다. 일본 학자들 사이에서도 임진왜란의 원인으로 풍신수길의 개인적인 공명심과 영웅심, 대명 무역 확대, 해외 발전 또는 봉건 영주들의 세력 약화 등을 들고 있다.'라고 기술하고 있다.

국사편찬위원회의 《한국사》도 풍신수길의 '① 공명심과 영웅심, ② 조선이나 명에 대한 무역과 결부된 해외 발전 추구, ③ 일본 국내 영주들의 세력 약화 도모'를 전쟁 발발의 원인으로 적시한다.

「모하당 김충선」은 사야가가 조선에 귀화한 또 하나의 까닭을 말해준다. 그가 '조선 침략의 부당성을 지적하면서' 부하 3,000명을 이끌고 귀화했다는 대목이 바로 그것이다. 사야가도 우리나라 국사편찬위원회 및 일부 일본 사학자들과 동일한 인식, 즉 '임진왜란은 명분 없는 전쟁'이라는 생각을 가지고 있었다는 말이다.

사야가의 귀화 이유는 세 가지로 요약된다. 첫째, 그 자신이 문화국 조선에서 살 수 있기를 어릴 때부터 염원했다. 둘째, 자식들을 예의 나라에서 예를 아는 사람으로 키우고 싶어했다. 셋째, 일본의 조선 침략에 아무런 명분이 없다고 생각한 평화주의 사상 때문이었다.

우리 역사에도 전쟁 중 적국에 붙은 인물의 유례는 그리 드물지 않다. 가장 널리 알려진 인물이 연개소문의 장남 남생이다. 아버지가 죽은 후 권력을 차지했던 남생은 동생들과 암투에서 밀리자 당나라에 붙어 조국 고구려의 멸망에 크게 기여(?)한 뒤 적국에서 높은 벼슬까지 한다. 남생은 일신상의 욕심을 위해 조국을 버린, 말 그대로 배신자일 뿐이다.

그에 견주면 사야가는 차원이 다르다. 임진왜란은 아무런 명분도 없는 전쟁이었다. 1592년 전쟁을 일으킨 일본은 아메리카 인디언의 99%를 학살하여 2,000만 명이던 그들을 20만 명만 생존하게 만들고, 1500년 당시 아메리카 대륙의 8,000만 본토인들을 불과 50년 뒤인 1550년에 단 1,000만 명만 남게 만든 유럽인들과 조금도 다를 바 없는 흉포한 야만인들이었다.

게르하르트 슈타군은 《전쟁과 평화》에서 '전쟁은 전염병처럼 저절로 생기는 것이 아니라 권력자나 사회집단이 의도적으로 부추기고 일으킨다.'라고 지적했다. 인간 소외의 가장 단적인 주범 전쟁, 그것도 명분 없는 전쟁은 조국이 일으킨 것이라도 반대해야 한다.

그런 점에서, '행동하는 양심'은 때로 조국도 배신해야 한다. 사야가는 정권 차원의 국가보다 인류 전체의 공동체를 위해 사는 것이 참된 사람의 道라는 가르침을 역사에 새긴 진짜 위인이다.

### 녹동서원 일원 답사 순서

　대구광역시 달성군 가창면 우록리 585 일원의 김충선 장군 유적지에 도착, 주차를 하고 나면 충절관이 먼저 보인다. 가장 왼쪽 건물로, 전에는 기념관이었지만 지금은 강연장 등으로 사용되고 있다. 충절관은 대체로 문이 잠겨 있다.
　답사자는 (1) 한일우호관(가장 오른쪽의 현대식 건물)부터 둘러본다. 김충선에 대한 이해도를 높인 다음 이곳저곳을 둘러보는 것이 바람직하다. (2) 한일우호관 왼쪽의 신도비, 녹동사(사당), 녹동서원 강당을 순서대로 둘러본다. (3) 우호관에서 뒤로 300m 정도 산길을 걸으면 김충선 장군 묘소가 있다. 산책로를 닦고 손잡이와 다리까지 설치되어 있는데다 숲그늘이 짙어 걷기에 아주 좋다.

녹동서원 한일우호관 김충선 묘소 오르는 길에서 본 모습

## 녹동서원 2

우록리友鹿里는 행정 구역상 대구시에 있지만 '사슴鹿을 벗友하며 사는 마을里'이라는 이름만 보아도 면 단위 산촌 마을이라는 사실을 짐작할 수 있다. 그러나 산촌에 있어도 녹동鹿洞서원은 대구에서, 아니 전국적으로도 임진왜란 유적지를 답사할 때 결코 빠뜨리면 안 되는 중요 방문지이다.

보통의 서원은 선비를 모시지만 녹동서원은 전혀 다르다. 장군을 모신다. 김유신을 모시는 경주 서악서원, 이운룡을 모시는 청도 금호서원, 권율을 모시는 고양 행주서원 등처럼 우리나라의 일반 명장을 제향하는 것도 아니다. 가등청정의 선봉장으로 전쟁에 참전했다가 '한 번도 싸우지 않고' 곧장 조선에 귀화하여 오히려 일본군을 무찌르는 데 큰 무공을 세운 김충선을 기린다.

김충선은 어떤 공을 세웠기에 일본군 장수 출신인데도 조선의 서원에 배향되는 영광을 누리게 되었을까? 서원 옆 한일우호관 내부에 게시되어 있는 「모하당 김충선」의 내용을 통해 김충선의 업적을 살펴본다. (번호, 주석, 문장 부호는 모두 필자가 임의로 붙인 것임.)

> (1) 경주, 울산 등지의 전투에 참가하여 큰 공을 세웠으며, (2) 조총 제작 기술과 사용법을 조선에 전수하였다. 또한 (3) 임진전쟁이 끝난 이후 대구 우록동에 거주하다가 (4) 자청하여 10년 동안 북쪽 변방을 키다가 돌아왔으며, (5) 이괄의 난과 (6) 병자호란 때에도 큰 공을 세웠다.
> 
> 김충선은 이런 공으로 삼란 공신三亂功臣(임진왜란, 이괄의 난, 호란에 모두 공을 세운 공신)이라 불렸으며, 품계가 정헌 대부(정2품)에 올랐다. 또한 (7) 김충선이라는 이름을 하사받고 '사성賜姓김씨'의 시조가 되었다.

김충선은 귀화 이후 여러 전투에 참전하여 많은 공을 세운다.

1593년 4월 경주 이견대 싸움에 참전하여 일본군 300여 급을 참살했고, 1597년 12월 22일부터 이듬해 1월 4일까지 조명 연합군이 울산성을 공격할 때 100여 군사를 거느리고 성을 넘어 들어가 수십 명의 적군을 참살했다. 「모하당 김충선」이 '(1) 경주, 울산 등지의 전투에 참가하여 큰 공을 세웠다.'라고 기술한 것은 그 때문이다.

이견대(사적 159호)가 경주시 감포읍 대본리 661 언덕에 서서 문무왕 설화가 전해지는 대왕암을 바라보고 있다. 이견대는 본래 신문왕이 아버지 문무왕을 기려 세웠지만 그 후 없어졌고 현존 건물은 1979년에 지어졌다. 사야가는 이곳 전투에서 일본군을 크게 제압한 공로를 인정받아 선조로부터 높은 벼슬과 '김충선'이라는 이름을 얻는다.

선조는 사야가를 크게 포상해야 한다는 도원수 권율, 어사 한준겸 등의 주청을 받아 그를 정2품 자헌 대부資憲大夫로 대우하는 한편 성姓과 이름名을 하사한다.

선조는 '바다를 건너온 모래沙를 걸러 금金을 얻었다.' 하고 기뻐하며 '김해 김씨'를 성으로 삼으라 한다. 일본명 사야가沙也加에 모래沙가 있는 것을 보고 착상한 선조의 기발한 작명이었다.

이름은 충성스럽고 착한 인물이라는 뜻에서 '충선忠善'이라 정해졌다. 이를 「모하당 김충선」은 '(8) 김충선이라는 이름을 하사받고 사성 김씨賜姓金氏의 시조가 되었다.'라고 표현하고 있다.

유력 호족들에게 성씨를 주는 방법으로 세력을 확장한 왕건의 고려 창업 과정이 말해주듯, 임금에게서 성姓씨를 받는賜 것은 엄청난 '가문의 영광'이었다. 사성 가문은 바로 상류층에 편입되었고, 본인과 후손들에게 큰 벼슬길이 펼쳐졌다. 선조로부터 성명을 하사받은 김충선 역시 「술회가」를 지어 뜨거운 감회를 토로했다.

자헌계姿憲階 사성명賜姓名이 일시에 특강特降하니
어와 성은聖恩니야 깁기도 망극다.
이 몸 가리된들 이 은혜 갑플소냐!

[현대석] 자헌대부라는 높은 품계와 성명을 한꺼번에 특별히 내리시니
아, 임금의 은혜는 깊고도 끝이 없도다.
이 몸이 가루가 된들 어찌 그 은혜를 다 갚을 수 있으랴!

김해 김씨는 수로왕과 김유신으로 대표되는 오랜 전통의 명문 거족이다. 따라서 사야가에게 주어진 임금의 하사품은 더할 나위 없이 빛나는 역사의 광영이었다.

김충선 가문은 '임금이 내려준 성씨'라는 뜻의 '사성賜姓' 두 글자를 덧붙여 스스로를 '사성 김해 김씨'라 부른다. 그런 호칭은 임금으로부터 성씨를 하사받은 김충선의 후손이라는 영예를 당당하게 자랑하는 데 절묘하게 도움이 된다. 물론 본래의 김해 김씨와 구분이 되지 않는 문제도 덩달아 해소된다.

녹동서원 전경

김충선의 업적 중 한 가지는 '(2) 조총 제작 기술과 사용법을 조선에 전수했다'는 점이다. 본래 조선 정부는 조총의 제조와 사용법, 염초의 채취 및 화약의 제조법 등을 아는 항왜들로부터 그 기술을 전수받으려 했다. 그래서 그들에게 관직도 주었다.

전문 능력을 갖춘 대표적 항왜 사야가는 조총 등 일본 무기 제조 기술을 전수하는 일에 힘을 쏟았고, 곽재우, 권율, 김성일, 이덕형, 이순신, 정철과 편지를 주고받으며 조총 보급 등의 현안에 관해 논의했다. 그가 이순신에게 보낸 답서에 등장하는 '하문하신 조총과 화포에 화약을 섞는 법은 (중략) 이미 각 진영에 가르쳤습니다. 이제 또 김계수를 올려 보내라는 명령이 있사오니 어찌 따르지 않겠사옵니까.' 같은 기록도 그 사실을 증언하는 하나의 사례이다.

**녹동서원** 한일 우호관 앞 도로에서 본 전경

김충선은 '(3) 임진왜란이 끝난 후 대구 우록동에 거주한다.' 그가 우록에서 살기로 마음먹은 까닭은 《모하당 문집》에 밝혀져 있다. 그는 1600년 '산중에 우거하는 사람은 대개 사슴鹿을 벗友하며 한가로움을 탐하는 것이다. 우록의 뜻은 내 평생토록 산중에 숨어 살고자 하는 뜻에 부합한다. (중략) 그러므로 한 칸의 띠집을 세워서 자손에게 남기노니 이곳이 곧 나의 원하는 땅'이라면서 마을 이름을 우록友鹿으로 바꾼다. 본래 우록 마을의 한자 표기는 지형이 소牛 굴레勒를 닮았다고 하여 본래 우륵牛勒으로 내려져왔다.

우록에 살던 김충선은 '(4) 자청하여 (1603년부터 1613년까지) 10년 동안 북쪽 변방을 지킨다.' 임금(광해)은 그 공을 칭찬하여 정헌대부(정2품)의 교지와 '자원하여 줄곧仍 지켰으니防 그 마음 가상하도다自願仍防其心加嘉'라는 여덟 글자의 어필御筆을 하사한다. 그가 남긴 시 「잉방시仍防詩」는 이 어필에서 유래했다.

이 몸이 장성長城(국경을 이루는 긴 성) 되야
만리변새萬里邊塞(먼 곳의 국경 요새)에 칼을 베고 누웠으니
봉황성鳳凰城 산해관山海關(중국 국경의 관문)은 / 말발의 티끌이요
십만호병마十萬胡兵馬(10만의 오랑캐 군사)는 / 칼 끝의 풀잎이라
대장부 천추千秋(평생) 사업 / 이른 때에 못 이루고
그 언제 이뤄보랴
진실로 황천黃泉(하늘)이 내 뜻을 아신다면
우리 성상聖上(임금) 근심 풀까 하노라

김충선 묘역 한일 우호관 뒤

김충선은 '(5) 이괄의 난 때에도 큰 공을 세운다.' 1623년(광해 15) 인조반정 때의 공신 이괄李适은 논공행상에 큰 불만을 가지고 있던 차에 외아들 전栴이 모반 누명을 쓰는 상황이 벌어지자 1624년(인조 2) 반란을 일으킨다. 임진왜란 때 전투 경험이 있는 항왜 출신들을 선동하여 전투력을 크게 키운 이괄에 밀려 한때 인조는 공주까지 도망가는 치욕을 당한다. 이때 54세의 노장 김충선은 이괄의 부장副將인 항왜 서아지徐牙之를 김해에서 참수하는 혁혁한 무공을 세운다. 조정은 김충선의 큰 공을 인정하여 사패지賜牌地(임금이 공신에게 내린 땅)를 하사한다. 김충선은 땅을 받지 않고 수어청守禦廳의 둔전屯田으로 바친다. 수어청은 임금御을 지키는守 관청, 즉 조선의 중앙 군영이었다. 인조가 김충선을 얼마나 좋아했

**공주성** 인조 피란 장소

이괄을 피해 공주까지 도망친 인조는 두 그루 나무 아래에서 반란이 진압되기를 기다렸다. 두 그루 나무가 있던 자리에는 1708년(숙종 34) 정자 쌍수정이 건립되었고(사진 뒤쪽 건물) 그 아래에는 인조가 이곳에 온 사실과 6일간 머물 때 있었던 일, 공산성의 모습 등을 새긴 '쌍수정 사적비'(유형문화재 35호)도 세워졌다. 사진은 쌍수정 사적비를 보호하고 있는 비각 주변의 겨울 풍경이다.

을지는 아래의 1628년(인조 6) 4월 23일자 《승정원일기》를 읽어보지 않아도 곧장 헤아려진다.

김충선은 용맹이 출중할 뿐만 아니라 성품 또한 매우 공손하고 조심성이 있습니다. 이괄의 난에서는 도망친 항왜들을 추

> 포하는 일을 당시 감사가 모두 이 사람에게 맡겨서 힘들이지
> 않고 해결할 수 있었으니, 진실로 가상합니다.

  1627년(인조 5) 정묘호란 때에도 자원군으로 참전하여 큰 공을 일구었던 김충선은 '(6) **병자호란 때에도 큰 공을 세운다.**' 1636년(인조 14) 호란이 일어나자 아직 왕의 출전 명령이 하달되지 않았는데도 66세나 되는 고령의 김충선은 곧장 한성으로 출발한다.
  북향 중 왕이 남한산성으로 파천한다는 소식을 들은 그는 바로 광주 쌍령雙嶺에 진을 친 다음 경상 좌·우 병영 군사들과 나누어서 청군을 공격한다. 150여 명 선봉군을 이끈 김충선은 청군을 대파한다. 전쟁이 끝난 뒤 임금은 '김충선의 자손에게는 대대로 벼슬을 주고 복호復戶(조세나 부역의 면제)를 하라.'라고 조정에 지시한다.
  전란이 모두 끝난 뒤 김충선은 다시 우록동으로 돌아온다. 일본에 갈 수 있는 몸은 아니었으니 그가 이때 우록동으로 돌아온 것은 '영원한 귀향'이었다. 그는 향약을 제정하여 마을 사람들의 공동체 정신을 북돋우는 한편, 제자들을 가르치면서 스스로 산골 선비가 되어 여생을 보냈다. 「우흥寓興」은 그의 유유자적한 우록 생활을 잘 보여준다.

산중의 기약 두고 우록촌에 돌아드니
황학봉黃鶴峰(우록의 산 이름) 선유동仙遊洞(우록의 골짜기 이름)은
일일상대日日相對(날마다 대하는) 내 벗이요
자양紫陽(주자가 제자를 가르친 곳)과 백록동白鹿洞(우록의 마을)은
도道 닦는 마당 되어
자손의 현송絃誦(음악 소리, 글 읽는 소리) 소리 들리난고
한천寒川(가창면 냉천) 말근 물의
진심塵心(세상에 찌든 마음)을 씻어볼까 하노라

일본군 선봉장으로서 바다를 건너왔지만 이내 조선군 장군이 되어 22세부터 66세까지 45년 내내 전쟁터를 누빈 무장 김충선.

시와 문장을 짓고 향약을 마련하여 향촌 살리기까지 실천한 선비 김충선.

영조(1724~1776) 말기에 이르러 조선의 유림은 김충선을 기리는 서원의 필요성을 임금에게 상소한다. 1789년(정조 13)에도 선비들은 재차 서원 건립을 청원한다.

이윽고 1794년(정조 18) 그가 살았던 우록동에 녹동서원이 세워진다. 녹동서원은 그 후 1864년(고종 1) 대원군의 서원 훼철 때 화를 당하지만 1885년(고종 22) 영남 유림과 문중의 합심에 힘입어 재건된다. 일본인인데도 조선의 서원에 제향되고 있다는 점에서 김충선은 대단한 인물임에 틀림없지만, 귀화한 일본인을 기려 서원을 세우느라 진력한 이 땅의 유림들 또한 열린 마음을 가진 진정한 선비였다고 할 것이다.

녹동서원의 정문에는 향양문向陽門이라는 현판이 걸려 있다. 해陽가 뜨는 곳을 향向해 서 있는 문이라는 뜻이다. 물론 임진왜란 당시 경주읍성의 동문 이름이 향일문向日門이었던 것을 보면 양陽과 일日이 일본을 의미하는 것은 아니다. 다만 녹동서원의 외삼문에 향일문이라는 현판을 건 조선 선비들의 마음에는 고향 일본과 두고 온 가족들을 내심 그리워했을 김충선의 고통을 잊지 아니한 따뜻한 배려가 있었으리라.

2012년 5월, 녹동서원 옆에 '달성 한일 우호관'이 새로 건립되었다. 김충선의 평화 정신을 오늘에 되새겨 한일 두 나라 사이의 우호를 더욱 돈독히 하자는 뜻이다.

녹동사 녹동서원 사당

\* 임진왜란 발발에서 대구에
  의병이 일어나기까지

일본군은 팔조령을 넘어 대구로 쳐들어왔다.

1592년 4월 14일 부산에 상륙한 일본군은 불과 7일만에 청도를 지나 4월 21일에 팔조령을 넘었다. 4월 13일 일본 전함들이 부산 앞바다를 덮는 것을 본 경상 좌수사(부산과 동해안 일대의 수군 책임자) 박홍은 전투도 없이 수영성을 포기하고 달아났다. 그 바람에 군대가 해산되자 우후 전계신은 고향에서 의병을 일으키기 위해 대구로 출발했다.

가로막는 조선군은 없었고, 일본군은 싸움도 없이 줄기차게 행군했다. 1592년 5월 3일자 《선조실록》은 경성京城에 들어온 일본군들이 '발이 부르터서其足盡繭 겨우 걸음을 옮겼다十寸僅步云矣.'라고 증언한다. 전투 후유증으로 못 걷는 것이 아니라 싸움 없이 너무 걷는 바람에 발이 부르터서 행군을 못할 지경이었다는 이야기이다. 밀양에서 잠깐 박진이 맞섰지만 300여 명에 불과한 군대가 1만 8,700명에 이르는 적의 대군을 상대할 수는 없었다.

침략군이 밀려오자 대구 선비들은 황급히 피란을 갔다. 일본군은 대구에 병력을 남겨두고 북상했다. 그 탓에 대구 선비들 사이에는 연락망이 끊겼고, 그만큼 창의도 늦어졌다.

7월 6일 '공산 의진군'이라는 이름의 대구 지역 의병 부대가 창설되었다. 가장 많은 피란민이 몰린 팔공산 일대는 채응린, 정사철, 전경창 세 선비의 제자들이 이끄는 대구 의병군의 근거지가 되었다. 의병 본부는 부인사에 두었다. 읍성에서 물러선 관군은 동화사를 본부로 사용했다.

대구 의병의 특징은 다른 지역 의병장들이 일반적으로 각개 전투를 벌인 것과 달리 총본부를 두고 일사분란하게 적에 맞섰다는 점이다. 또 관군 본부와 인접해 있으면서 합동으로 작전을 수행했다는 점에서도 특별하다. 대구의 관군과 공산 의진군은 1592년 임진왜란 때 팔공산을 사수함으로써 지역민들의 안전을 지켰다는 점에서 각별한 의의가 있다.

봉산서원 수성구 상동 340-1

### 봉산서원
## 임진왜란 당시 일본군의 대구 진입 경로

　팔조령八助嶺은 경북 청도군 이서면과 대구시 달성군 가창면을 잇는 고개이다. 도적들이 들끓기 때문에 여덟八 사람 이상이 서로 도와야助 넘을 수 있는 고개嶺라 해서 그런 이름을 얻었다. 또는 한양에서 부산까지 내려가는 중에 넘어야 하는 여덟 번째 고개라 해서 팔조령이라 부르게 되었다는 지명 유래설도 있다. 두 설은 모두 팔조령이 사람들의 왕래가 많은 고개였다는 사실을 말해준다.

2000년에 터널이 개통되기 전까지 팔조령을 넘는 유일한 자동차 길은 굽이굽이 911호 지방도로였다. 조선 시대 사람들이 걸어서 넘은 팔조령 고갯길은 911호 도로와 달랐다. 석주사 천불전 뒤편에서 봉수대 사이의 오르막이 그 길이었다.

  1592년 소서행장의 일본군은 경산을 지나 대구로 온 것이 아니라 청도를 거쳐 대구로 들어왔다. 청도에서 경산을 거쳐 대구로 들어온 것이 아니라 청도에서 바로 대구로 진입했다. 청도와 경산 사이의 남성현이 아니라 청도와 대구 사이의 팔조령을 넘었다.

  소서행장의 1군은 청도 남봉대와 팔조령 북봉대를 통과했다. 영남대로가 팔조령 고개를 넘는 청도군 이서면 팔조리 산76-1 북봉대는 다른 봉수대들과 마찬가지로 '변방을 침범하는 적의 동태와 지방의 민정을 봉수로써 중앙에 알렸던 고대의 군사적 통신(현지 안내판의 표현)' 시설이었지만 1만 명이 넘는 소서행장의 대군을 저지하는 데에 아무런 역할도 하지 못했다. 총과 칼로 맞서 그들을 멈추게 하지도 못했고, 봉화를 올려 대구 읍성의 관군이 전투 준비를 할 수 있는 시간을 벌어주지도 못했다.

  이는 당시 팔공산에서 창의한 '공산 의진군'의 초대 의병 대장 서사원의 《낙재 일기》에 기록되어 있다. 1592년 4월 22일자 《낙재 일기》는 '아침에 (팔공산) 응봉에 올라 멀리 바라보니 (청도에서 팔조령을 넘으면 가장 먼저 나타나는 마을인) 파잠(파동)과 상동에서부터 自巴岑上洞 불꽃이 이어지기 시작하여 烟焰始連 (중략) 이윽고 수성현 안에 불꽃이 매우 치열하다가 얼마 후 읍내(대구 시내)에서도 일어났다俄然邑內亦起.'라고 증언한다.

  일본군이 청도-팔조령 고개-대구의 침입로를 선택한 것은 그 길이 현재의 경부 고속도로에 해당되는 영남대로였기 때문이다. 약 540m 봉화산과 670m 상암산 사이에 있는 398m 팔조령은 가창과 이서를 오가는 여섯 고개 중에서 가장 낮다. 그래서 팔조령은 영남대로의 일부가 되었다.

북봉대에는 지금도 산돌을 사방에 쌓고, 중앙에 화구를 설치했던 흔적이 남아 있다. 북봉대의 규모는 담 두께가 0.8m, 둘레 20m 정도였다. 북봉대라는 이름은 '1872년에 제작된 조선 후기 지방지도(서울대 규장각 소장)에 나온다.' 북봉대 주변에는 봉군(봉수대 근무 군인)들이 기거하던 집터와 영남대로를 오가는 행인들을 품어주던 주막이 있었던 것으로 추정된다.

북봉대 봉군들은 청도 남봉대로부터 받은 급한 소식을 대구 파동 뒤쪽 법이산 봉수대에 전하는 역할을 했다. 밤이면 홰를 이용했는데, 홰炬는 '불을 켜서 서로에게 알리는 것으로 불빛은 싸리나무 다발 속에 관솔을 넣어 만들었다.' 낮에는 수를 통해 급보를 전했다. 수燧는 '낮에 연기를 올려 통신하는 형태로, 재료는 섶나무를 태우고 그 위에 가축 똥으로 연기를 피웠다.'

임진왜란 당시 이곳에서 일본군의 진입을 막는 조선 관군은 없었다. 의병도 없었다. 팔조령 봉수대에도 없었고 대구 읍성에도 없었다. 거침없이 대구를 점령한 일본군은 북진하면서 주둔군을 읍성에 남겨두었다. 그 탓에 대구의 선비들은 움직이지 못했고, 7월 6일이 되어서야 팔공산 부인사에서 의병을 일으킬 수 있었다.

뒷날 '파동 복병장'으로 이름을 떨치는 전계신全繼信(1562~1614)의 활약도 이때에는 아직 없었다. 임진왜란 발발 당시 31세의 나이로 경상 좌수영 우후(정4품)였던 전계신은 수사 박홍이 전투가 벌어지기도 전에 도주하면서 군대가 와해되자 고향으로 돌아와 의병을 일으켰다.

전계신도 4월 14일 부산에 상륙하여 불과 8일 후 대구를 점령한 일본군의 질주를 따라잡지는 못했다. 일본군은 가볍게 팔조령을 넘었고, 석주사를 지나 가창으로 들어섰다. 일본군은 신천 물길을 따라 파동으로 행군했다. 적들은 가창 고인돌 옆을 지나쳤고, 물길이 절벽 아래를 휘돌아 흐르면서 멋진 절경을 자아낸 냉천 아래 아름다운 길도 짓밟았다. 적은 파동을 지나 이윽고 상동에 닿았다.

'파잠과 상동에서부터 불꽃이 이어지기 시작하여 (중략) 이윽고 수성현 안에 불꽃이 매우 치열하다가 얼마 후 읍내(대구 시내)에서도 일어났다.'라는 《낙재 일기》의 기록은 일본군들이 무차별 방화를 저질렀다는 사실도 말해준다. 일본군은 파동과 상동에서부터 불을 지르고, 나아가 수성구 전역에 방화를 일삼고, 마침내 시내 중심부에도 불길이 치솟아 오르게 했다.

《낙재 일기》는 대구 읍성이 얼마나 손쉽게 일본군의 손에 넘어갔는지도 증언해준다. 일본군이 대구 전역을 완전히 점령하기 하루 전인 4월 21일 일기에 사사원은 '말을 타고 (대구 읍성) 서문 밖으로 달려가니 문은 활짝 열려 있고 (중략) 한 사람도 성에 남아 있는 자가 없었다.'라고 썼다. 무혈입성, 적들의 대구 읍성 접수는 그렇게 네 글자로 요약할 수 있을 만큼 손쉬운 성취였다.

다만 왜군들 중 몇 명은 상동에서 기이한 경험을 했다. 손린孫遴(1566~1628)과의 대면이었다. 일본군이 팔조령을 넘어 들이닥친 줄 몰랐던 손린은 서재에서 공부를 하고 있었다.

팔조령 북봉대 터

갑자기 기이한 복장을 한 외적 6~7인이 뜰 안에 들이닥쳤다. 손린은 놀란 중에도 그 외적들이 왜적임을 알아보았다. 이 조용한 정자에 갑자기 조선 관군도 아닌 자들이 전투복에 총칼을 들고 출현했으니 왜적이 아니고서야 어느 누가 이런 짓을 할 것인가! 일본이 침략해올 것이라는 풍문은 이미 두어 해 전부터 퍼져 있었다. 1590년 3월 정사 황윤길, 부사 김성일, 서장관 허성 등의 통신사가 일본으로 떠난 것도 그 때문이었다.

왜적들은 흰 칼날을 겨누면서 둘러서서 손린을 노려보았다. 손린은 낯빛도 변하지 않고身色不變 태연히 독서를 계속했다耽讀自若(손린 《문탄집》의 표현). 손린은 대구에 들이닥친 일본군들이 처음으로 마주친 지식인이었다.

무슨 까닭인지는 알 수 없으나 적병들은 한참 손린을 지켜보더니敵兵相與熟視 마침내 물러갔다終無害意而去. 아마 대군의 행진에서 잠시 벗어났던 부류인 모양이다. 손린은 이때의 일을 회상한 시「암면巖面」을 자신의 문집 《문탄집》 첫머리에 실었다. 그만큼 일본군과의 조우는 놀랍고 황당한 경험이었다.

　　白刃環相立 흰 칼을 들고 둘러서서 서로 노려보았는데
　　猶解讀書人 적들은 선비를 해치지 못하고 돌아섰네
　　恨未孫吳學 손견과 오기의 병법 못 배운 것이 한스러웠네
　　爲國掃腥塵 나라 위해 더러운 먼지를 쓸어버릴 수 있을 텐데

손린은 뒷날 과거에 급제하여 예조 좌랑, 병조 좌랑, 단성 현감 등 여러 벼슬도 역임하지만 관직에 물러난 뒤인 정묘호란 때에는 의병장으로 활동하기도 했다.

그는 시인으로도 이름이 높아「문탄 십경聞灘十景」등을 남겼다. 「문탄 십경」은 문탄(손린의 호) 손린이 열 곳의 아름다운 경치를 읊은 시를 가리킨다. 그 10편 중 한 편이 파동을 노래한「파촌 취연

巴村吹烟이다. 파잠 마을의 저녁밥 짓는 연기를 노래한 「파촌 취연」의 원문과 국역시를 읽어본다.

冪冪依依點點家 점점이 다닥다닥 붙어 있는 집들은
隨風飛染白雲多 바람 따라 물들어 핀 흰 구름 같아라
姸光何處庀難狀 고운 빛은 어디쯤서 어지러운 자태 감추려나
暮入芳州細柳和 꽃다운 땅에 으스름 드니 실버들과 어울리네

왜적들이 팔조령을 넘어 대구부로 침략해오던 때의 파동 풍경과는 너무나 다르다. 손린은 종전 이후 시간이 흐르자 다시금 이렇듯 평화로워진 파동의 풍경을 시로 나타내고 싶었던 듯하다.

앞산 아래로 고가 도로가 나기 이전의 파동 풍경(신천 오른쪽이 영남대로)

손린이 이 시를 창작한 시기가 임진왜란 종전 후라는 사실은 문헌을 살펴 정확하게 규명하지 않고도 가늠할 수 있다. 그 근거는 바로「문탄 십경」중 다른 한 편인「옥야 농가沃野農歌」이다.

옥야 농가는 '기름진 들판'과 '농부들의 노래'의 합성어이므로, 기름진 들판에서 일하는 농부들의 노래라는 뜻이다. 본문까지 눈길을 돌리지 않고 제목만으로도 종전 후 평화가 찾아오자 백성들이 옥토에서 일하며 기뻐하는 모습을 노래한 시라는 사실이 헤아려진다. 구본욱의 번역을 참조하며 시를 읽어본다.

原隰畛畇小洞平 언덕과 습지 개간하니 작은 골짜기 평야 되고
歸農民物喜休兵 군 복무 쉬고 귀농하니 백성들 기뻐하네
厭厭落日黃雲畔 누런 구름가로 뉘엿뉘엿 해가 지는데
風送南薰一兩聲 바람은 남쪽 향기 타고 농부의 노래 실어오네

의병장 손처눌이 손린의「옥야 농가」를 보고 감동했다. 손처눌은「옥야 농가」와 비슷한 시를 지어 세상에 내놓은 방법으로 그 감흥을 표현했다.

손처눌의 시도 손린이 임진왜란이 끝난 뒤에「문탄 십경」을 창작했다는 사실을 증언해준다. '땅이 다시 평온해진 것을 기쁘게 보노라'라는 1행, 소나기가 지나간 것을 두고 '백 만의 군사가 지나며 들을 덮었었지'로 비유한 2행의 표현 등은 전쟁의 불길이 지나간 옥토에 백성들의 노랫소리가 가득한 풍경을 연상하게 해준다.

喜看今日地更平 기쁘게 보노라. 땅이 다시 평온해 진 것을
蔽野曾經百萬兵 일찍이 백만의 군사가 지나며 들을 덮었었지.
滿眼菑畬民有樂 눈에 가득한 전답은 백성들의 즐거움이니
依然記得舊時聲 완연히 옛 시절 노랫소리가 들리는 듯하네.

손린의 본관은 일직一直이다. 손린은 만년에 이르러 상동에 봉산재鳳山齋를 지었다. 옥산서원, 도산서원, 도남서원, 회연서원, 병산서원의 선비들이 1764년 선생의 사당을 세워야 한다고 의견을 모은 끝에 대구 수성에 1766년 사당을 건립하고, 1803년(순조 3) 선생의 위패를 사당 봉암사鳳巖祠에 모신 후 묘액廟額(사당의 현판)을 청풍당淸風堂, 당액堂額(강당의 현판)을 지행당砥行堂이라 이름붙인 것이 봉산서원의 모태가 되었다. 1844년(헌종 10) 봉암사는 봉산서원으로 승격되었다. 손린의 집안은 차남 처신處愼과 손자 단湍이 과거에 급제함으로써 3대에 걸쳐 대과에 오른 것으로 더욱 이름이 높아졌다.

대구 수성구 상동 340-1 봉산서원을 찾으면 정문 옆에 세워져 있는 「문탄 손 선생 유허비」를 보게 된다. 봉산서원 정문의 현판은 지행문砥行門이다. 강당 당호堂號(집 이름)도 지행당砥行堂이다. 현대 사회에서 잘 사용되지 않는 '지행'은 무슨 뜻인가?

봉산서원의 현판

손린의 장남 처각處恪이 선생의 문집 《문탄집》에 남긴 「유사遺事」는 당호와 문호門號(문 이름)가 지행당과 지행문으로 정해진 사연을 증언해준다. 손처각은 '아버지께서 일찍이 손수 지려명행砥礪名行 네 자를 자리 우측에 써 붙이시고, 불초不肖(부족한 아들) 등에게 "이것은 우리 가문에 대대로 전하는吾家世傳 의발衣鉢(옷처럼 꼭 지녀야 할 교훈)이니 너희들은 반드시 부신符信(가족임을 서로 확인할 수 있는 표시물)을 차듯이 해야 할 것이다."라고 하셨다.'라고 전한다.

지행은 「문탄 십경」 중 「유연 입석柳淵立石」의 1~2행에도 나온다. '연보 당년에 여왜씨의 손길을 벗어난 것을鍊補當年脫女媧 하늘의 지주를 시켜 무너지는 물결을 진정시켰네天敎砥柱鎭頹波.'

아득한 옛날 하늘에는 서북쪽이 없었다. 여자 황제 여왜가 오색 돌을 다듬어 서북쪽이 없는 하늘을 완전하게 보완했다. 그때 여왜는 황하 가운데에 기둥柱처럼 서서 물길을 바꾸는 바위砥를 다듬어서 썼다. 황하 한복판의 그 지주砥柱는, 시의 3행에 따르면 '세상이 백 번 뒤집어져도 변하지 않는白戰山河依舊樣' 바위이다. 즉 봉산서원 정문과 강당의 현판은 어지러운 세상을 꼿꼿하게 살아가는 선비, 즉 지사志士의 표상이다. 봉산서원은 지행문과 지행당의 이름을 통해 사람이 어떻게 살아야 하는지를 강조하고 싶은 것이다.

이에 대해서도 손처눌은 같은 제목의 시 「유연 입석」을 지어 해설을 해준다.

誰道巉巖歷女媧 뉘 말했나, 험준한 저 바위 여왜 손 거쳤다고.
自天成柱截橫波 하늘이 기둥을 만들어 사나운 물결을 꺾었지
凝然不動無如汝 굳건히 부동한 자세 너 같은 것 없으리라
堪笑春花逐浪多 우습구나, 물결 따라 춤추며 흘러가는 봄꽃들

손처눌은, 세상 사람들은 흔히 '물결 따라 춤추며 흘러가는 봄꽃들'처럼 살지만 손린만은 '굳건히 부동한 자세'를 지키며 당당하게, 선비답게 살아가고 있다면서, 손린은 '하늘이 만들어' 준 인재임에 틀림이 없다고 상찬한다.

물론 손린 본인이 그렇게 살았음은 말할 나위도 없다. 가장 단적인 사례는 임진왜란 종전 뒤 정권을 잡은 북인이 이언적과 이황을 성균관 문묘文廟(공자 등 중국의 성현들과 우리나라 김굉필, 정여창, 조광조, 이언적, 이황 등을 모신 국가 사당)에서 제외하고 조식을 제향하려 할 때 극력 반대하다가 그 후 벼슬길이 막힌 일이다.

'후손 손삼헌孫三憲이 삼가 적은謹記' 서원 정문 앞 안내판은 이에 대해 '회재(이언적), 퇴계(이황) 양 선생의 문묘 종사文廟從祀를 반대하는 정인홍을 직척直斥(직접 비판)하여 양 선생을 종사從祀(계속 제사

지냄)하게 하고, 이로 말미암아 유안십재儒安十載를 삭탈(10년 동안 선비 명단에서 삭제)당하였다.'라고 소개하고 있다.

또 손린은 1627년 정묘호란 때 의병장으로 활동했지만 그 후에는 벼슬길에 다시 나오라는 권유를 물리치고 상동에 살면서 학문과 제자 양성에 전념했다. 어지러운 세상을 꼿꼿하게 살아가는 선비의 전형적 면모를 손린은 잘 보여주었던 것이다.

1608년(선조 41)은 손린의 생애에 있어 상당히 뜻깊은 한 해로 여겨진다. 당시 손린은 42세였는데, 그해 정월 문탄 정사聞灘精舍를 완공하여 「문탄소와聞灘小窩」 편액과 「문탄 십경」 시 및 기문記文을 걸었다. 대구 부사 정경세는 정무를 보는 중에 여가가 날 때마다愚伏每於簿領之暇 문탄 정사를 찾아와서 쉬었다源源作過從之遊.

1592년 4월 일본군은 팔조령을 넘어 파동에 가장 먼저 들어왔다.

2월에는 선조가 승하했고, 4월에는 「사호도」 병풍을 만들었다. 사호도는 동원공東園公, 하황공夏黃公, 녹리선생甪里先生, 기리계綺里季 네 명의 사호, 즉 상산사호商山四皓를 그린 그림이다.

사호는 중국 진秦과 한漢의 교체기에 상산商山에 은거한 채 세상을 한탄하는 내용의 「자지가紫芝歌」를 부르면서 밖으로 나오지 않았다. 손린의 가문에는 이 그림이 대대로 귀하게 물려져 내려오고 있었다. 물론 손린 가문이 이 그림을 자자손손 고이 모셔온 것은 무릇 선비는 사호처럼 지조를 지키며 살아야 한다는 가르침을 전하려는 데 그 뜻이 있다.

손린은 그림을 액자에 넣어 소중히 보관하려 했다. 그래서 정경세에게 글을 부탁했다. 《문탄집》에 실려 있는 정경세의 「부사호도발附四皓圖跋(사호도에 붙인 발문)」 전문을 읽어본다.

> 벗 손계진(손린)이 「사호도四皓圖」를 보여 주면서 "이것은 나의 선군자先君子(돌아가신 아버지)께서 일찍이 좋아하시던 수택手澤의(손때 묻은) 물건이다. 병화兵火(전쟁)를 겪으면서 청전青氈(푸른 담요, 집안 대대로 물려져 내려온 물건의 상징) 중 남아난 것이 하나도 없는데 이 한 폭이 완전하니, 이를 보면 사물의 수명에도 길고 짧음이 있다고 할 것이다. 그런데 오래 묵은 종이라서 쉽게 부스러지므로, 공인工人에게 맡겨 배접한 다음 작은 병풍으로 만들어 보배로 여겨 잘 간수하고자 한다. 그대가 몇 마디 말을 써 주어서 이를 빛내주면 좋겠다." 하고 말하였다. 내가 대답하였다.
> 
> "좋다. 공은 현재 맑은 시대에 책명策名(이름을 명부에 올림)되어 백성들에게 은택을 끼쳐 주는 것으로 스스로를 기약하고 있는 바, 어찌 이 세상을 피해 영원토록 숨어 사는 것을 깊이 흠모하여 이렇게 간절하게 말하는 것이랴?

> 생각건대 이는 선인께서 남겨 주신 바라서 반드시 오래도록 지켜 잃어버리지 않으려는 것이니, 효자의 마음이다. 더군다나 남겨주신 것이 큰 뜻이라면 계진이 어찌 감히 소홀히 할 수 있겠는가?
>
> 일찍이 듣건대 '벼슬하지 않으면 의義가 없다.'라고 하였으니, 벼슬살이하는 것은 참으로 군자가 급하게 여기는 바이다. 혹 벼슬길에 나아갈 줄만 알고 물러날 줄은 몰라서 끝내는 성명性命을 버리고 부귀를 탐하는 데에 이른다면, 이 또한 그림 속의 사람에게 죄인이 되는 것이며 선인께서 남겨 주신 바의 큰 뜻에 대해서 해가 됨이 심하다 할 것이다. 이런 점을 힘써 주기 바라노라."
>
> 계진이 좋다고 하였다. 병풍이 완성되었기에 드디어 그 아래에다 써서 돌려보낸다. 필세筆勢가 기이하고 고졸古拙(예스럽고 소박)하지만 보는 사람들이 다 알아볼 것이다. 나는 그림에 대해 잘 모르므로 논평은 하지 않겠다.

참고로, 손처각의 「유사」에 실려 있는 손린의 일화 두 가지를 소개한다. 어릴 때부터 문장가로서의 뛰어난 자질을 드러내었다는 내용과 그의 효성을 말해주는 두 기록이다.

손린은 '어려서부터 총명하고 재빨랐으며 겨우 입으로 말을 배우실 때부터 문자를 한번 들으시면 문득 기억했다. 6세에 종질從姪(조카) 모당慕堂(손처눌) 공께서 독서하는 것을 보고 매우 흥미를 느껴 배우기를 청했다.' 마침 그때 책상에 도연명의 시가 있었다. 모당이 이것을 시험 삼아 주었는데 손린은 날마다 그것을 소리내어 읽었다. 하루는 손처눌에게 「귀거래사歸去來辭」를 배우는 제자가 '農人告予以春及(농부가 내게 봄이 왔음을 알리니)' 부분을 읽고 있는데, 곁에서 묵묵히 듣고 있던 손린이 웃으면서

"심하도다, 도연명의 취함이여!"

하고 탄식했다. 제자가 무슨 뜻에서 그런 말을 했느냐고 손린에게 물었다. 어린 손린이 또박또박 대답했다.

"도연명이 날마다 취하여 다섯 그루의 버드나무에 봄이 온 줄도 모르니, 농부가 봄이 왔음을 알려주어야 했던 것입니다."

제자가 어린 손린의 식견에 놀라 신기하게 여겼다.

손린은 8세에 어머니 상을 당했는데 가슴을 치며 곡하는 것이 성인과 같았다. 사람들이 어린 나이에 몸을 상할까 염려하여 하루는 고기를 억지로 조금이라도 먹이려 하니 물리치면서 '어머니께서는 아무 것도 잡수시지 않은 지 오래인데, 밥 먹는 것도 차마 못할 내가 어찌 고기를 먹겠는가?' 하였다.

계동溪東 전경창全慶昌 공께서 이 말을 듣고 '대대로 효도하는 가문에 다시 효자가 태어났구나!' 하면서 《시경》의 효자불궤孝子不匱 영석이유永錫爾類(효자가 효성을 다하면 자손에 다시 효자가 태어난다)라는 구절이 손씨 가문을 두고 말한 것이다.' 하고 크게 감탄하였다.

그 이후 이웃과 고을 일원에는 손린을 두고 효자 아이라고 칭찬하는 소리가 가득했다. 뒷날 그가 한강寒岡 정구鄭逑 선생을 찾아뵈었는데, 선생께서 '그대가 일찍이 세상에 효자 아이라고 칭하던 그 아이인가?' 하고 물으셨다.

1588년에 형 손섬이 문과에 급제했으나 미처 창방唱榜(합격자 명단 발표)이 되기도 전에 타계했다. 형수 정鄭씨가 남편을 따라 죽을 결심을 하니 손린이 밤낮으로 울면서 간곡한 지성으로 말렸다.

"연로하신 부모님께서 살아계신데 어찌 차마 이렇게 거듭 마음을 아프게 하십니까?"

형수가 마침내 마음에 느낀 바가 있어 자결할 마음을 버리셨다.

1589년에 아버지 상을 당했다. 손린은 묘소 옆에서 3년 동안 슬픔에 잠겨 살았는데, 거의 몸을 지탱 못할 지경에 이르렀다.

용암산성 옥천 동구 도동 산35

　대구시 기념물 5호인 용암산성은 해발 382m를 올라오느라 목이 탄 답사자에 물을 주는 '착한' 임진왜란 유적이다. 샘은 산성 정상부에서 남동쪽으로 150m가량 떨어진 지점에 있다.
　임진왜란 당시 이곳 백성과 의병들은 왜군에 맞서기 위해 이 산성에 들어 대항했다. 장기간 항쟁을 위해서는 식수 공급이 꼭 필요했다. 사람들은 산꼭대기이지만 꼭 물이 솟아나리라 기원하면서 정성껏 우물을 팠다. 아, 샘물이 솟아올랐다! 사람들은 '항상 옥같이 맑고 찬 물이 솟아난다(현지 안내판의 표현)' 하여 이 샘에 옥천玉泉이라는 이름을 붙였다.
　용암산성 아래에 우리나라 천연기념물 1호 측백수림이 있다. 측백수림 앞을 흐르는 냇물 건너편에는 임진왜란 당시 부산까지 오가며 식량을 구해 할머니와 어머니를 봉양한 '15세 소년 가장' 서시립을 기리는 백원서원이 있다. 또 비슬산에는 아버지를 구하려다 죽은 네 아들의 슬픈 실화가 서려 있는 사효굴이 있다. 대구의 임진왜란 대표 '피란' 유적이라 할 만한 백원서원(동구 도동 487)과 사효굴(달성군 유가면 양리 360)을 찾아본다.

**백원서원**

# 부산까지 오가며 식량 구한 15세 소년 가장

백원서원은 대구시 동구 도동 487에 있다. 하지만 그렇게 안내하면 대구 지리를 잘 아는 사람도 백원서원이 어디에 있는지 가늠하기 어렵다. 가장 알기 쉬운 소개는 '우리나라 천연기념물 1호 도동 측백수림 앞'이라고 안내하는 것이다. 그렇게 말하면 측백수림에 가본 많은 사람들이 '아!' 하고 고개를 끄덕일 터이다.

백원서원은 효자로 이름난 서시립徐時立(1578~1665) 선생을 기려 1692년(숙종 18)에 세워졌다. 물론 1864년(고종 5) 대원군의 서원 철폐령 때 훼철된 역사는 여느 서원이나 다를 바 없다. 백원서원은 재실 기능을 하던 강당 전귀당이 1945년 화재로 소실되면서 큰 위기를 맞지만 이듬해에 재건되는 저력을 보였다. 1991년 사당인 경덕사도 건립되어 서원의 면모를 일정하게 복원했다.

백원서원에는 묘정비廟庭碑(서원의 내력을 새긴 비)도 있지만 대문 오른쪽 담장 안에 「전귀당全歸堂(서시립의 호) 서 선생徐先生(서시립) 모부인母夫人(어머니) 강씨 효행비康氏孝行碑」가 있어 호기심을 자극한다. 서원 안에 부인을 기리는 비석이 있다니?

서시립이 어떤 인물인지부터 알아본다. 서시립은 임진왜란 초 왜적의 침탈로 불에 탄 대구 최초의 서원 연경서원을 종전 후 복원하는 데 크게 기여한 선비이다. 그는 당시 연경서원 원장이었다.

또 서시립은 효자로 널리 알려진 선비이다. 그의 효행이 사람들에게 회자된 것은 임진왜란 발발 당시부터였다. 1592년 4월 21일 청도 팔조령을 넘어 대구로 진입해온 왜군은 이틀 뒤인 23일 팔공산 아래까지 몰려왔다. 당시 열다섯 살이던 서시립은 할머니와 어머니를 모시고 팔공산 서봉 턱밑의 삼성암으로 피란을 갔다.

어린 그가 할머니와 어머니를 모시고 부인사 뒤편의 가파른 오르막 끝자락에 있는 삼성암으로 간 것은 할아버지와 아버지가 의병에 참가한 때문이었다. 4월 13일 부산 앞바다에 출현한 왜적들이 불과 8일 만에 파잠(수성구 파동)에 나타났으니 대구 사람들로서는 어느 누구 가릴 것 없이 모두들 경황이 없었다. 대구 사람들이 얼마나 놀랐는지는 서사원의 《낙재 일기》 1592년 4월 23일자 기록이 잘 증언해준다.

**팔공산 삼성암 터** 15세 서시립이 할머니와 어머니를 모시고 피란 갔던 곳

전귀당 백원서원 강당

서사원의 일기는 '정오에 왜구 10여 명이 팔거(칠곡) 도덕봉 고개로부터 용진 파계사 아래로 들어왔다. (중략) 대포 소리가 산을 진동시키니 아버지와 아들이 숨을 곳을 서로 다투고 여자들이 모두 풀을 잘라 햇볕을 가렸다. (저녁에 적들이 소와 말을 끌고 돌아간 후에야) 비로소 바위구멍에서 밖으로 나올 수 있었다.'라고 당시 상황을 말해준다.

당시 서시립은 열다섯에 지나지 않았지만 조금도 겁내지 않고 혼자 산 안팎을 돌아다니며 먹을거리를 구해와 할머니와 어머니를 봉양했다. 서시립은 어릴 때부터 어머니 강씨로부터 지극한 효성을 본받으며 자란 아이였다.

강씨도 진작부터 대단한 효부로 이름난 며느리였다. 시어머니는 노령으로 병석에 누워 지냈는데 어느 추운 겨울날 '아가야, 꿩고기가 먹고 싶구나.' 하고 탄식하였다. 사람이 뭔가가 먹고 싶은 것은 몸이 그것을 필요로 하기 때문이라는 사실을 강씨는 알고 있었다.

강씨는 꿩고기가 시어머니의 병을 낫게 하는 데에 큰 도움이 된다고 판단했다. 강씨는 맹추위에 폭설까지 유별한 혹한에도 아랑곳없이 며칠 내내 산과 들을 돌아다녔다. 꿩을 구하기 위해서였다.

하늘을 날아다니는 꿩이 걸어다니는 강씨 손에 저절로 잡힐 리는 없었다. 까닭도 없이 꿩이 땅 위를 엉금엉금 기어 다니거나 쓰러진 채 누워 있다가 강씨에게 발견될 턱도 없었다. 이윽고 강씨는 지치고, 손발도 얼고, 드디어 주저앉고 말았다.

강씨는 꿇어앉아 '천지신명이시여, 시어머님의 병을 낫게 하려면 꿩이 있어야 합니다. 제발 저에게 꿩을 내려주시어 시어머님의 약으로 쓸 수 있게 해주시고, 며느리로서 맡은 임무를 다할 수 있도록 도와주소서.' 하고 기도를 올렸다.

그때 하늘에서 꿩 한 마리가 강씨의 무릎 앞에 툭 떨어졌다. 아까부터 하늘에는 매가 빙빙 돌고 있었다. 착한 강씨를 돕기 위해 하늘이 보낸 매였다. 하늘의 명령을 받은 매는 자신의 임무를 완수하기 위해 꿩 한 마리를 채서 강씨에게 선물로 내려주었던 것이다. 꿩고기를 고아 먹은 시어머니는 병석에서 툴툴 털고 일어섰고, 사람들은 모두 강씨의 효성에 하늘이 감복한 결과라고 칭송해 마지않았다.

전설을 알고 나니 서원 안에 「강씨 효행비」가 세워져 있는 까닭이 저절로 헤아려진다. '그런 어머니에게 교육을 받으며 자란 서시립이었으니 겨우 열다섯밖에 안 된 나이에도 겁도 없이 왜적들이 활보하는 팔공산 아래를 돌아다니면서 할머니와 어머니를 부양할 식량을 구할 수 있었구나!' 하는 생각이 저절로 일어난다.

물론 서시립의 효행은 전쟁이 끝난 뒤에도 한결같이 계속되었다. 연로하신 부모를 위해 얼어붙은 겨울 강의 두꺼운 얼음을 깨어 물고기를 잡고, 찬바람이 쌩쌩 부는 한겨울 야산을 돌아다니며 약초를 캐는 일도 힘들지 않고 해냈다.

음식을 씹을 수 없을 만큼 노쇠해진 할머니를 위해 서시립은 갖은 노력을 다했다. 서시립은 호리병을 들고 마을을 돌아다니면서 부인들로부터 젖을 얻어 할머니의 일용할 양식으로 삼았다. 젖은 액체이므로 씹을 수 있는 이빨이 없어도 누구나 쉽게 먹을 수 있는 유용한 건강식이다.

1597년에 다시 정유재란이 일어나 서시립의 가족은 재차 산 속에 숨어서 살았다. 이번에는 식량 구하기가 지난 1592년의 임진왜란 때보다 훨씬 더 힘들었다. 국사편찬위원회의 《한국사》가 '전란에다 기근이 겹쳐 경기, 전라, 경상도에서 굶어죽는 자가 속출하는 등 백성들이 곤경에 처해 있어 의병에게 군량을 내려는 사람이 없었다.'라고 증언하고 있듯이, 오랜 전쟁과 거듭된 흉년 탓에 농산물이 거의 생산되지 않았기 때문이다.

왜군들이 1592년과 아주 다르게 움직인 점도 서시립과 조선인들의 식량 조달 활동을 어렵게 했다. '임란 초기에는 일본군의 전선이 거의 전국적으로 확대되어 병력이 분산되었으나 정유재란에서는 일본군이 항상 대군으로 작전을 하였기에 소수의 의병으로서는 성과를 올리기가 극히 어려워 의병 활동이 미미하였다(《한국사》).' 그 결과 정유재란 중에는 경상도 일대가 온통 왜군 천지였다.

서시립은 가까운 곳에서 양식을 구할 수 없었다. 그는 멀리 부산의 동래까지 걸어서 왕복하며 양식을 구해 어른들을 봉양했다. 예조 판서 이호민李好閔(1553~1634)이 연경동 뒤 태봉에 있는 광해군 태실 관련 일로 대구에 왔다가 서시립의 효행을 들었다.

이호민은 전쟁 7년 동안 변함없이 지극정성을 다한 서시립의 효행에 감동했다. 그는 임금께 가져가던 고기, 꿀 등을 서시립에게 선물로 내려 할머니를 봉양하는 데 보태게 했다. 그러면서 서시립의 집을 '全歸堂전귀당'이라 부르는 것이 좋겠다고 했다. 이호민의 말은 유교의 인륜적 가치관에서 볼 때 서시립에 대한 최고의 찬사였다.

이호민의 말은 자식으로서 더 이상 잘할 수 없을 만큼 서시립이 효자로 살았다는 평가였다. '전귀'는 부모로부터 받은 몸을 상하지 않고 잘 유지하였다가 죽을 때에 온전穩하게 부모께 돌려歸주어야 한다는 뜻이다. 전귀는 증자가 '전귀함으로써以全歸 내 걱정이 없어졌다爲免矣.'라고 한 데서 유래했다.

물론 이호민이 전귀를 원용한 것은 서시립이 평생에 걸쳐 몸을 잘 보존하였다가 죽음에 이르렀을 때 아무 데도 다친 데 없이 고운 신체로 하늘나라의 부모에게 돌아갔다는 소극적 평가가 아니다. 이호민이 말한 전귀는 서시립이 온몸을 바쳐 부모를 봉양했다는 사실, 다른 사람들이 감히 흉내내기 어려울 만큼 온 정성을 다하여 효도를 실천했다는 상찬이다.

서원 이름 백원百源 역시 마찬가지이다. 서시립이 죽자 조정에서는 큰 효자로 인정하여 정려를 내려보냈고, 선비들은 1692년(숙종 18) 서원을 건립하여 그를 모셨다. 서원에는 백원서원이라는 현판이 걸렸다. (서원이 세워진 곳에는 백원동이라는 이름이 생겨났는데, 그 후 부르기 쉬운 백안동으로 바뀌었다. 지금의 공산초등학교 뒤편이다.)

경덕사 백원서원 사당

나라 안의 모든百 성姓씨의 사람들을 백성百姓이라 한다. 원遠은 근원, 원천이다. 즉 백원은 모든 것의 근원이다. 백원은 《효경》과 《동몽선습》 등에 나오는 '사람의 행실은 오륜에서 벗어나지 않아야 하지만 특히 효가 모든 행실의 근원이다唯孝 爲百行之源'라는 가르침에서 태어난 말이다. 서시립도 「효행잠孝行箴」에서 '효는 모든 행실의 근원'이라고 강조했다.

이호민은 서시립과 대구 사람들에게 시 한 편을 남기고 한양으로 돌아갔다. 「삼성록」에 실려 있는 그의 시를 읽어본다.

   達城孝子徐時立 달구벌의 효자 서시립을
   其孝人稱類厥慈 사람들은 어머니의 효라고 말하네
   今日偶看三省錄 오늘 우연히 삼성록을 읽어보니
   有慈如此有兒宜 그 어머니에 그 아들을 느끼겠네

「삼성록」은 서시립 부자가 팔공산 부인사 뒤편 삼성암에서 피란 생활을 하면서 겪은 임진왜란의 실상을 기록한 글이다. 이호민은 시를 통해 서시립과 그의 어머니 강씨의 2대에 걸친 지극한 효성을 칭찬하고 있다. 서시립을 모셔 건립된 백원서원 안에 그의 어머니 강씨를 기리는 효행비가 세워진 까닭을 이제야 분명히 알겠다.

### 사효굴
# 아버지를 구하려고 네 아들이 죽은 비극의 현장

사효굴四孝窟은 대구시 달성군 유가면 양리 360번지에 있다. 이름만으로도 짐작이 되지만 이곳은 네 명의 효자로 말미암아 빚어진 슬픔이 깃들어 있는 굴이다. 때는 1592년 임진왜란 당시, 일본군의 학살을 피해 비슬산 기슭의 이 동굴로 피란 온 아버지와 네 아들에 얽힌 이야기이다.

사효굴에 관한 안내문은 비슬산까지 오지 않고도 읽을 수 있다. 도동서원으로 가기 위해 현풍 IC에서 내리면 도로 오른쪽에 '현풍 곽씨 12정려각'이 서 있다. 대구시 문화재자료 29호인 이 문화 유산은 한 집안에서 정려를 12개나 받은 것을 기념하기 위해 현풍 곽씨 문중에서 세운 대규모 정려각이다. 정려 열둘과 효자비 둘을 한 지붕 아래 모두 모시려니 자연스레 정려각의 규모가 커졌다.

12정려각 앞 안내판에는 '임진왜란 때 비슬산 자락의 사효자굴에서 병든 아버지를 대신하여 목숨을 바친 곽재훈의 네 아들인 결, 청, 형, 호가 사효자공四孝子公(네 명의 효자)으로 정려(충신, 효자, 열녀를 기리기 위해 조정에서 내린 표창)'되었다는 설명이 쓰여 있다. 정려각 안에 12개나 되는 정려기旌閭記(정려 내용을 적은 나무조각)를 걸어두어야 하는 관계로 안내판에도 사효자에 관한 해설은 간략하다. 사효굴 앞 안내판을 읽어본다.

---

**사효굴四孝窟**

　사효굴의 유래는 망우당 곽재우의 사촌형인 곽재훈의 네 아들과 관련 있다. 곽재훈의 슬하에는 결, 청, 형, 호의 네 아들이 있었다. 임진왜란이 일어나자 이들은 병환 중인 부친을 모시고 비슬산 중턱에 있는 동굴에 숨어 피란 생활을 하였다.
　부친의 천식이 심해 기침소리가 끊이지 않았다. 어느 날 굴 밖을 지나던 왜병들이 기침소리에 굴 안에 사람이 있음을 알고 밖으로 나오라고 하였다. 이에 효성이 지극한 큰아들이 부친을 대신해 나갔다가 죽임을 당했고, 같은 방법으로 나머지 세 아들 또한 차례로 살해당했다.
　결국 마지막에는 곽씨가 굴 밖으로 나가게 되었는데, 이에 그 간의 정황을 알게 된 왜장은 네 형제의 효성에 감동하여 곽씨의 등에 '四孝子之父(네 효자의 아버지)'라는 글을 써 붙여 석방하였다. 그 후 마을사람들은 이 곳을 '사효굴'이라 이름하여 네 형제의 효성을 추모하였고, 나라에서도 이 사실을 알고 정려를 내렸다.

---

　굳이 해설을 붙이지 않아도 누구나 그 뜻을 헤아릴 수 있는 내용이다. 언뜻 읽으면 '일본군들에게도 자비심이 있었구나!' 하고 해

석할 수도 있겠지만, 그것은 아니다. 깊은 산 속까지 돌아다니며 무고한 조선 백성들을 학살했고, 이곳에서도 이미 네 명이나 되는 죄 없는 아들들을 처참하게 죽인 자들이다. 그들에게 무슨 '인간에 대한 예의'가 있으랴.

안내문에 '네 형제의 효성에 감동'한 왜장이 아버지 곽씨의 등에 '네 효자의 아버지'라는 글을 써 붙여 석방함으로써 다른 왜군들이 그를 다시 죽이지 않도록 했다는 문장은 일본군들의 자비심을 강조하려는 의도에서 쓰인 것이 결코 아니다. 그 자들조차도 마음이 움직이지 않을 수 없을 만큼 사효굴의 네 아들이 너무나도 지극한 효심을 보여주었다는 강조일 뿐이다.

사효굴은 차도에서 150m 정도 떨어진 산비탈에 있다. 유가사가 있는 비슬산 쪽이 아니라 그 맞은편인 초곡산성 아래의 계곡에 얹혀 있다. 지금은 바로 앞으로 도로가 나 있지만 옛날에는 사람이 거의 접근할 수 없는 지점이었고, 아버지와 네 아들도 그래서 그곳에 숨었을 것이다.

국사편찬위원회의 《한국사》는 '임진란 초기에 관군이 연전연패를 당하니 일반 백성들의 불안감은 극도에 달했다. (중략) 일본군의 침입이 없는 곳에 거주하는 백성들도 깊은 산속으로 피란하는 소동을 일으켰다.'라고 기술하고 있다. 소문만 들고도 백성들이 산중으로 숨어든 때였으니 왜적들이 주둔 중인 대구에 살면서 병든 아버지를 보살펴야 하는 네 아들이 사효굴을 찾은 것은 당연한 일이다.

**사효자각** 달성군 현풍면 지리 1348-2의 '현풍 곽씨 12정려각' 중 사효굴 부분인 '사효자각'의 모습

지금은 총칼을 들고 뒤를 추격해오는 왜군들도 없고, 길도 평이하다. 비슬산에 간 이상, 아니 아직 한 번도 비슬산에 가보지 않은 사람일지라도 한번은 마음을 내어 사효굴을 찾을 일이다. 비슬산은 땀 흘려 오르지 않더라도 가볍게 닿을 수 있는 사효굴만은 꼭 답사를 해보자는 제안이다.

　사효굴에 가서는 누군가가 암벽에 새겨놓은 '四孝窟' 세 글자를 반드시 찾아보자. 사효굴에서 아버지를 대신하여 같은 날 함께 죽은 네 아들의 효심, 네 아들의 죽음 앞에서 무력함과 슬픔으로 몸을 가누지 못했을 병든 아버지의 고통, 세월이 흐른 뒤 '잊지 않겠습니다'라는 뜻에서 암벽에 매달려 '四孝窟' 글자를 새긴 사람의 착한 마음, 그것을 헤아려 보는 과정이 바로 인성 교육이다.

달성군 유가면 가태리 539
예연서원 가는 길의 봄 풍경.
예연서원은 홍의장군 곽재우와
황석산성의 곽준을 모시는 곳이다.

## 예연서원
## 홍의장군 곽재우와 황석산성의 곽준

예연서원은 대구시 달성군 유가면 가태리 539에 있다. 붉은 옷을 입고 신출귀몰하게 왜적을 물리친 홍의紅衣장군 곽재우를 기려 세워진 이 서원은 1618년(광해군 10) 솔례마을(대리)에 처음 건립되었다. 그 후 1674년(현종 15) 당시 현감 류천지가 규모를 키웠다.

서원은 1715년(숙종 41) 현재 위치로 옮겨졌다. 6·25를 겪으면서 불에 타 무너지는 비극을 맞지만 1977년과 1984년 두 차례에 걸쳐 복원 공사가 이루어졌다.

예연서원의 핵심 건물은 외삼문을 들어서면 곧장 나타나는 강당 경의당과, 그 뒤편의 사당 충현사이다. 앞에 교육 공간 강당을 두고 뒤에 제사를 지내는 사당을 배치하는 전학후묘前學後廟의 일반적인 서원 구조를 보여주는 예연서원은 대구시 기념물 11호로 지정되어 있다.

마을 입구에 닿으면 신도비가 먼저 반겨준다. 신도비가 하나가 아니라 둘인 것이 이채롭다. 「홍의장군 신도비와 충렬공 신도비」라는 제목의 안내판이 신도비가 둘인 까닭을 풀어서 설명해준다.

홍의장군 신도비는 1592년(선조 25) 임진왜란 때 우리나라 역사상 최초로 의병을 일으켜 국난 극복에 큰 공을 세웠던 홍의장군 망우당 곽재우 선생의 업적을 기록한 비석이다. 충렬공 신도비는 1597년(선조 30) 정유재란 때 안음 현감으로 재직하면서 경남 함양의 황석산성을 지키다가 순절한 충렬공 곽준 선생의 업적을 기록한 비석이다.

곽재우(1552~1617) 신도비는 1761년(영조 37) 이곳에 건립되었다. 곽준(1551~1597) 신도비는 1634년(인조 12) 현풍 대리(솔례리)에 세웠던 것을 곽재우 신도비를 건립할 때 이곳으로 옮겨 함께 모시기 시작했다.

두 신도비를 보호하고 있는 비각은 나무로 제작되었다. 다만 지금 보는 비각은 17~18세기 건물이 아니다. 본래 비각은 6·25 때 전소되었다. 비각 옆에는 2010년 12월에 세워진 '충렬, 충익공 신도비각을 새로 짓고 나서'라는 작은 빗돌이 신도비와 비각의 역사를 해설해 준다.

곽재우, 곽준 두 분의 신도비가 한 비각 안에 나란히 서 있다.

1950년 6·25 때 비각이 소실됨에 따라 신도비도 함께 전화를 입어 손상되었다. 손상된 신도비는 1957년 탁본, 집자 등을 통해 원형에 충실하게 정부 주관으로 복원하였다. 이에 유림에서도 신도비가 풍우는 피해야 마땅하다고 여겨 비각을 재건했다. 이제 그 비각마저 노후화하여 신도비와 함께 서쪽으로 6.3m 옮겨 새로 지었다.

비각 앞에는 더 재미있는 안내판이 서 있다. 「땀 흘리는 신도비' 이야기」라는 제목부터 호기심을 잔뜩 자극한다.

곽재우, 곽준 신도비는 '땀 흘리는 신도비'로도 유명하다. 비각이 비 맞는 곳도 아닌데 국난이 있을 때 두 분의 비신에는 땀이 난다고 해서 붙여진 이름이다. 실제로 2006년 2월 14일에는 신도비가 땀을 흘린다는 주민들의 신고가 유가면 면사무소에 접수되었고, 확인 결과 두 비석의 표면에 수십 개의 물줄기와 물방울, 물기 등이 발견되었다. 동네 노인들의 말에 의하면 한일합병 때, 2차대전 때, 6·25 한국전 때도 땀이 났으며, 전쟁으로 신도비가 소실되어 다시 복구하였는데 4·19와 5·16 때도 땀이 났다고 전해진다.

두 분의 신도비는 언제 또 땀을 흘릴까? 내심 궁금하지만 알 수 없는 일이다. 이제 신도비 옆의 거대한 느티나무에 눈길을 준다. 보호수로 지정된 고목으로, 수령 400년, 높이 15m, 둘레 398cm를 자랑한다. 398cm이면 일반적인 성인 두 명이 양팔을 벌려 감싸 안아도 품에 들어오지 않는 크기이다. 어른 두 명과 어린 아이 한 명이 동시에 나무 둘레를 싸안아 보면 재미있을 것이다.

이 나무에는 이름이 붙어 있다. 달성군은 이 나무에 '곽재우 장군 나무'라는 이름을 붙인 까닭을 안내판을 세워 설명해준다. 안내판의 앞부분은 '곽재우(1552~1617) 장군은 외가인 경남 의령에서 출생했다. 임진왜란이 일어나자 가장 먼저 의병을 일으켜 현풍, 창녕, 진주까지 작전 지역으로 삼고 스스로 홍의장군이라 하며, 밝은 지리를 이용하여 위장 전술과 유격전을 펼쳐 적을 섬멸하는 전법으로 많은 전공을 세웠다'로 시작된다.

'서원 앞을 수문장처럼 지키고 있는 수령 400년 정도 된 이 느티나무는 임진왜란 때 신출귀몰한 전략과 전술로 가는 곳마다 왜군을 무찔러 대승을 거둔 장군을 기리기 위해' 달성군에서 '곽재우 장군 나무'라 이름을 붙였다.

마을 안을 지나 서원 입구에 닿는다. 외삼문 앞에 작은 주차장이 마련되어 있다. 커다란 은행나무 고목이 시원한 그늘을 만들어 주차장을 덮어주고 있다. 보호수인 이 나무에도 이름이 있다. 수령 300년, 높이 20m, 둘레 314cm를 뽐내니 보호수 지정을 받은 것은 당연해 보인다. 안내판은 '곽준 나무'의 내력을 설명해준다.

> 곽준(1551~1597) 선생의 본관은 현풍, 호는 존재存齋이며, 조선 중기 문신으로 시호는 충렬忠烈이다. 임진왜란이 일어나자 전투에 참가하여 많은 공을 세웠으며 정유재란 때에는 영남과 호남의 길목인 함양의 황석산성에서 왜군과 격전을 벌이다가 아들 이상履常, 이후履厚와 함께 장렬히 전사하였다. 그 뒤 병조 참의에 추증되고 1618년(광해군 10) 건립된 예연서원에 봉안되었다. 수령이 300년 정도 된 이 은행나무는 본인은 물론 두 아들과 며느리까지 함께 전시에 죽어 일문삼강一門三綱을 이룬 선생을 기리는 뜻에서 '곽준 나무'라 이름 지었다.

일문삼강은 한 집에서 충신, 효자, 열녀가 다 탄생했다는 뜻이다. 아버지 곽준과 두 아들이 왜적과 싸우다가 죽었으니 나라의 충신이요, 두 아들은 아버지의 도와 전투에 참가했다가 부친의 전사를 보고 더욱 분기탱천하여 마침내 죽음에 이르렀으니 효자이며, 남편의 죽음을 듣고 스스로 죽음을 선택한 며느리는 열녀이니, 그래서 일문삼강인 것이다.

계단을 올라 외삼문으로 들어서면 뜰이 나오고, 강당이 웅장한 모습을 과시하며 서 있다. 강당 오른쪽으로 보이는 좁은 협문으로 들어서면 전사청이 있고, 서적 등을 보관 중인 장판각도 건립되어 있다. 사당은 강당 뒤편에 있다.

예연서원 강당

예연서원을 찾는 이들이 흔히 놓치고 돌아오는 곳이 있다. 이름은 경충재景忠齋다. 끝에 '재'가 붙은 것으로 짐작되듯이 이 건물은 곽재우 장군을 추모하기 위해 지은 재실이다. 본래 현풍면 대리에 있었는데 1875년에 이곳으로 이전, 신축되었다. 하지만 세월이 많이 흘러 건물이 노화되었으므로 1992년에 전면적으로 보수했다.

경충재에서 보면 오른쪽 담장 너머로 서원 지붕이 보인다. 통로는 경충재에서 곽준나무로 곧장 이어진다. 관리소로 쓰이는 주택의 마당을 지나치는 길이다. 일반 가정집이라서 걸어가기가 조금 미안지만 곽재우 장군과 곽준 장군이 너그러이 용서해 주시리라. 이내 곽준 나무 아래에 닿는다.

독자들의 이해를 돕기 위해 《국역 망우 선생 문집》 중 서문의 일부 내용을 여기 옮겨서 소개한다. 서문은 허목(1595~1682)이 썼는데, '임진왜란이 일어나 여러 성이 무너지고 임금이 계시는 서울마저 지킬 수가 없게 되자 공(홍의장군)은 분개하고 탄식하면서 "나는 대대로 국록國祿을 받은 분들의 후손이므로 나라가 파멸의 지경에 이른 지금 왜적을 토벌하여 원수를 갚으면 죽어도 여한이 없을 것"이라면서 사재私財를 털어 장사를 모집하였다. 먼저 수백 명을 거느리고 기이한 전술을 발휘하여 적을 공격, 연전연승을 거두었다.'라고 기술했다.

또 허목은 '(홍의장군이) 계책을 써서 낙동강 연안 여러 곳에 진을 치고 있는 적군을 파멸시킴으로써 멀고 가까운 곳에서 의병들이 다투어 따르니 아군의 세력이 크게 불어났다. (중략) 임금께서 (홍의장군의 소식을 듣고) 장하게 여겨 공의 이름을 늦게 들음을 한탄하였다. 이로써 여러 지방의 의병들이 일어나게 되었다.'라고 썼다.

특히 허목은 서문에서 홍의장군 곽재우의 공로를 아주 간결하게 요약해준다. 홍의장군이 '왜적과 더불어 수십 회의 교전을 벌인 결과 낙동강 오른쪽 지방이 안전을 얻을 수 있었으니 온 나라가 함락과 패전에 직면했는데도 영남 일대는 공(곽재우)을 장성長城과 같이 의지하였다.'라는 부분이 바로 그 대목이다.

예연서원 사당

홍의장군 곽재우 선생, 황석산성에서 장렬한 죽음을 맞이한 곽준 장군을 기리며 서원을 둘러본다. 서원의 강당과 사당, 마을 입구 신도비, 두 그루 나무, 경충재, 어느 하나 놓쳐서는 안 될 답사지이다. 두 분의 신도비가 다시 땀을 흘리지 않아도 되도록 후손들이 잘해야겠다는 생각이 저절로 드는 곳, 예연서원은 바로 그런 역사 유적이다.

황석산성 경남 함양 황석산 정상

## 부인사
## 대구 의병의 본부 '대장경'의 부인사

 팔공산 부인사는 1232년 몽고군의 2차 침입 때 전소된다. 이때 대장경 판각板刻(글자를 새긴 나뭇조각)도 몽고군의 방화로 불에 타 사라진다. 역사에서 '그때 그렇게 되지 않고 이렇게 되었더라면' 하는 식의 가정법은 한낱 무의미한 상상에 지나지 않지만, 해인사에 보관 중인 팔만대장경 판각이 세계문화유산으로 지정된 사실을 생각하면 그보다 약 200년이나 앞서 제작된 부인사 대장경 판각이 그처럼 허망하게 소실된 것은 참으로 안타까운 일이다.
 고려는 무려 70년이라는 세월을 바쳐 대장경 판각을 만들었다. 1011년부터 판을 짜기 시작하여 1078년에 이르러서야 비로소 완성했다. (해인사의 '재조' 대장경을 만들게 될 줄 상상하지 못했으므로) '초조初雕(처음 새긴)' 대장경 판각을 만든다는 생각도 없었다. 그저 거란의 침략을 호국 불교의 힘으로 막아보려는 종교적 신앙심에만 빠져 있었다. 하지만 몽고군은 이를 무참히 불살랐고, 해인사 '재조再雕' 대장경 판각이 다시 만들어지면서 부인사 판각은 초조 대장경이라는 새 이름을 얻었다.

부인사는 경내가 두 구역으로 나뉘어져 있다. 사찰 입구는 대구시 기념물 3호로 지정된 '부인사 터'18) 구역이다. 이곳에는 몽고군에 의해 처참하게 부서진 고려 시대 법당의 잔재들, 1964년에 복원된 서탑(유형문화재 17호), 통일신라 시대 작품인 석등(유형문화재 16호) 등이 남아 있다. 다른 구역은 '부인사 터'를 지나면 나오는 대웅전 등 현대의 부인사 경내이다.

　부인사는 절 이름도 한자로 두 가지이다. '夫人寺'와 '符仁寺'이다. 부夫를 쓴 경우는 958년의 옥룡사 동진대사 보운비, 1530년의 《신동국여지승람》, 1920년대 이후의 《대구부 읍지邑誌》에서 볼 수 있고, 부符로 나타낸 사례는 1241년의 《동국이상국집》, 1382년의 《진각국사비문》, 1453년의 《고려사절요》, 1454년의 《고려사》, 1486년의 《삼봉집》에서 확인된다. 부夫를 사찰 이름으로 쓴 것은 부인사가 '7세기 중반 선덕여왕에 의해 창건되었다는 설이 유력(부인사 안내판의 표현)'하기 때문이다. 부인사夫人寺의 '부인'을 선덕여왕으로 보는 것이다.

　부인사 초조 대장경이 몽고군의 방화로 불탔다는 사실은 국사 교과서에 실려 있다. 하지만 대부분의 사람들은 고교 졸업 이후 그 사건을 까맣게 잊고 지낸다. 2012년, 많은 이들의 기억 속에 부인사를 되살려준 텔레비전 연속극이 방영된다. 고려 무신 정권 시대를 형상화 한 「무신」이었다.

---

　18) '절터'에 가면 안내판에 흔히 '寺址'라 쓰여 있다. '황룡사 터'를 '황룡사지'로 표현하는 식이다. 물론 '황룡사지'가 아니라 '황룡절터'가 옳다고 주장하는 것은 아니지만 '황룡사 터'로 적어야 하는 것은 당연하다. 그래서 이 책에서는 문화재청 공식 명칭 '부인사지' 대신 '부인사 터'로 적는다. 부인사에 있는 문화재자료 22호 '일명암지 석등'도 마찬가지이다. 일명암지 석등은 이름名을 잃어버린逸 암菴자 터址에 있던 석등이라는 뜻이다. 이를 '이름을 잃어버린 암자터에서 발견된 돌로 만들어진 등'이라고 풀어서 표기할 수는 없지만 '일명암 터 석등'으로 나타내는 것은 가능하고, 또 필요하다.

그보다 전인 2009년에도 부인사를 국민들에게 널리 홍보해준 연속극이 있었다. 「선덕여왕」은 우리나라 최초의 여왕 선덕이 창건한 것으로 전해지는 팔공산 부인사로 많은 방문객들을 보내주었다. 대구시 동구 팔공산로 967-28에 있는 부인사는 선덕여왕의 원당願堂(소원을 빌기 위해 세운 절)답게 여승들이 수행을 하면서 절을 이끌어가고 있는 비구니比丘尼 사찰이다.

부인사에는 선덕여왕을 제사 지내는 선덕묘善德廟(현재 이름은 숭모전)가 지금도 남아 있다. 아무리 왕이지만 일반인일 뿐 승려는 아니다. 사찰에서 일반인을 매년 음력 3월 보름마다 꼬박꼬박 제사 지내는 경우는 예삿일이 아니다. 아무튼 여왕을 만나고 싶으면 음력 3월 15일을 기다려 성심껏 부인사 선덕묘를 방문할 일이다.

부인사에는 대장경과 선덕여왕 외에도 뜻깊은 역사가 한 가지 더 서려 있다. 결론을 먼저 말하면 텔레비전 연속극이 한 편 더 제작되어야겠다. 1592년 임진왜란 초 의병소義兵所(의병 지휘부)가 설치되었던 부인사는 일본군이 남해안으로 철수한 1594년까지 줄곧 대구 의병 총본부로 사용되었다. 이만한 정신사의 유적이면 한 편의 드라마를 찍기에 충분한 곳 아닌가.

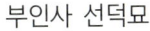
부인사 선덕묘

> 저녁에 부인사로 가서 (경북 경산) 자인 손생원, 이승종, 청도 박경선 등의 통문通文(알리는 글)을 보았는데, 자못 적을 토벌하려는 적개敵愾(적을 향한 분노)한 기상이 있었으니 사람으로 하여금 찬복贊服(찬성하고 따름)을 그치지 않게 하였다. 우리 고을은 비록 거대한 도호부이지만 한 사람도 창의하지 못했으니 개탄과 부끄러움을 견딜 수 없었다.

서사원의 《낙재 일기》 1592년 5월 28일자 내용 중 일부이다. 일기는 세 가지를 말해준다. 첫째, 경산과 청도 지역에서 창의한 의병장들이 부인사로 글을 보내왔다는 사실이다. 이는, 대구 둘레에 있는 경산, 청도 등지의 인사들이 부인사를 대구 일원 선비들의 왜란 대책 논의 장소로 인지하고 있었음을 증언한다.

둘째, 서사원이 저녁에 부인사로 간 것 또한 그곳이 대구 선비들의 왜란 대책 논의 장소였다는 점을 말해준다. 당일 일기를 보면 서사원은 낮에 '대가大駕(임금의 가마)가 나간 이후의 일변日邊(임금의 주변) 소식을 들었다.' 선조가 서울을 떠난 뒤 지금 처해 있는 상황에 대해 누군가로부터 들었다는 뜻이다.

당시 대구 부사의 거처였던 동화사에서 들었을 가능성이 높지만 확실하지는 않고, 부인사가 아닌 것은 분명하다. 다만 왕의 현황과 같은 중요 소식을 들은 서사원이 (다른 곳 아닌) 부인사로 간 것은 그곳이 유력 인사들의 회동 장소였기 때문이라는 추정은 충분히 가능하다.

셋째, 서사원은 '거대한 도호부'인 '우리 고을' 대구에 아직도 의병을 일으킨 사람이 없다는 점을 개탄하고 부끄러워했다. 물론 이 감정을 서사원 혼자만의 것으로 해석할 일은 아니다. 비록 그가 가장 먼저 그러한 개탄과 수치를 느꼈다 하더라도 부인사에서 만난 여러 선비들에게 그 마음을 토로했을 것이며, 다른 선비들 역시 마찬가지의 생각을 가졌고, 또 밝혔을 터이기 때문이다. 즉, 부인사는 왜란에 어떻게 대응할 것인가 하는 현안을 놓고 대구 선비들이 고민을 거듭하던 공적 논의 공간이었음에 틀림없다.

그렇다면 5월 28일 부인사에서 회동한 선비들은 개탄과 수치심만 주고받은 뒤 그냥 헤어졌을까? 그들은 이미 지난 4월에 임금으로부터 의병을 일으키라는 교서를 받은 처지였다(《낙재일기》에는 날짜 없이 '4월 일 임금의 교서가 왔다四月日有旨'라고 기록되어 있다). 게다가 대구 선비들은 곽재우, 김면, 우배선, 장몽기, 정인홍, 조성 등 대구 외곽에서 분연히 일어선 의병장들의 창의 소식과 그 활약상에 대해서도 잘 듣고 있었다.

뿐만 아니라, 그 무렵은 이미 대구 선비들의 개별적 창의가 시작된 이후였다. 최동보가 고을 사람 70여 명을 모아 의병 부대를 편성한 것이 4월 19일이었고, 해안(대구 비행장 일원) 금호강변 화담에 머물고 있는 왜적을 기습하여 총과 장창 50자루를 빼앗은 때가 4월 26일이었다. 최동보는 5월 4일에도 경산 임당에서 접전을 벌여 총 32자루, 장창 27자루, 말 12마리를 탈취했다.

부인사 석탑

또 정여강이 맏아들 정용과 함께 고을 장정 및 노복 100여 명을 모아 창의한 때도 5월 28일보다 한참 이전인 5월 6일이었고, 왜적이 약탈을 벌이는 하빈 이천(정사철의 선사재 일원)으로 출전하여 왜적과 전투를 벌인 때도 5월 7일이었다.

그런가 하면, 이주의 《태암집》에 '(정사철이) 아들 정광천을 팔공산에 보내어 서사원, 이주, 채응홍, 서행원, 이상문, 은복홍 등과 창의를 논의하게' 한 날짜가 6월 1일로 기록되어 있는 것도 같은 해석을 가능하게 한다. 당시 대구 지역 유림의 최고 지도자였던 63세의 정사철이 5월 28일보다 불과 사흘 뒤인 6월 1일에 그같은 조치를 취한 것은 '5월 28일 부인사 회동'에서 창의 문제가 구체적으로 논의되었다는 사실을 짐작하게 해준다는 뜻이다.

그런 점에서 구본욱의 논문 「대구 유림의 임진란 창의와 팔공산 회맹」은 《태암집》의 기술을 근거로 '팔공산으로 피란을 온 대구 지역의 인사들은 5월 28일에 이르러 팔공산 부인사에서 회합하여 창의를 발의하였다.'라고 규정한다. 개별 창의는 진작부터 시작되었지만 5월 28일에 이르러서는 대구 전역을 아우를 수 있는 대규모 창의를 위한 결의가 이루어졌다는 해석이다. 이날의 의의를 구본욱은 다음과 같이 정리한다.

> 대구 지역의 의병은 다른 지역과 달리 개별적인 의병 활동보다는 대구의 전 지역에 의병을 조직하려고 하였다. 그래서 향회鄕會(대략 '대구 유림 총회'를 의미)를 개최하여 공산 의진군公山義陳軍(팔공산에 본부를 둔 대구 의병 총군)을 결성하게 되었다. 이러한 것을 가능하게 하였던 원동력은 임진란 이전에 연경서원 등의 강학을 통하여 형성된 인재들의 존재였다.

구본욱의 논문에 정리된 바를 따르면, 대구 지역의 대규모 창의 준비는 5월 28일 이후 계속된다. 읍성이 적에게 넘어간 지 한 달 이상이나 지나 창의 논의가 시작된 것이다. 그렇게 늦어진 데에는 일본군이 대구 읍성에 주둔군을 남겨둔 채 북상하였기 때문이다. 대구 선비들은 뿔뿔이 흩어졌고 서로 연락도 제대로 되지 않았다.

일본군이 대구를 점령한 경과를 잠깐 돌이켜본다. 4월 13일 부산포에 진입한 침략자들은 며칠도 지나지 않은 4월 21일 팔조령(대구와 경북 청도군 경계의 고개)을 넘어 대구의 남쪽 마을 파잠(수성구 파동)에 들이닥쳤다. 적은 이내 대구 읍성과 대구 향교 등을 점령했고, 23일에는 무태(대구 서변동) 뒷산 도덕봉을 넘어 팔공산 중턱 파계사까지 몰려 왔다. 파계사는 부인사 바로 아래에 있다. 대구 사람들은 그저 피란에 급급할 수밖에 없었다.

다만 팔공산에 많은 사람들이 피란을 온 것은 그나마 다행이었다. 다른 곳으로 숨은 이들과는 연락이 끊겼지만 팔공산 일원으로 피란 온 선비들끼리는 좀 더 수월하게 통신이 되었다. 5월 28일 이래 창의 논의가 물꼬를 틀 수 있었던 것도 그 덕분이었다.

'고려 시대 부인사'의 흔적

6월 2일 서사원, 정광천, 서행원, 이주, 은복흥 등은 동화사에 머물고 있는 대구 부사 윤현을 만났다. 창의 문제를 논의하기 위한 회동이었다. 이들은 그 후 곽재겸, 손처눌, 전길, 이상문, 채몽연 등과도 의병을 일으킬 방안에 대해 의견을 교환한다.

　6월 14일에는 서사원, 류요신, 서사술 등이 팔공산 정상 공산성에 많은 피난민들이 올라와 있는 광경을 살펴본다. 6월 22일, 6월 27일, 6월 28일에도 많은 선비들은 동화사에 모여 의병 창의를 논의한다. 동화사에서 회의를 가졌다는 것은 이때 대구 부사도 이 논의에 줄곧 참여하고 있었다는 사실을 짐작하게 해준다.

　그 사이 6월 22일에는 김면의 의병 격문이 부인사에 도착했고, 곽준, 문위, 이승이 연명으로 작성한 통문도 왔다. 26일에는 경상도 관찰사 김수가 보낸 관문關文(공문)도 왔다. 7월 1일 서사원이 의병 창의를 외치는 격문 「초집 향병 통문招集鄕兵通文」 초안을 작성했고, 그 이튿날 초안을 팔공산 주변의 유력 가문에 회람시켰다. 초안을 유력 선비들에게 두루 읽힌 것은 '중지를 모아 결속력을 높이려는 의도'로 해석된다(우인수 논문 「대구 지역 임란 의병의 성격과 선비 정신」).

부인사에는 대구시 기념물 3호인 '부인사 터'와 유형문화재 17호인 서탑 외에도 (사진 왼쪽부터) 석등(유형문화재 16호, 통일신라 시대 작품, 1964년 복원), 일명암 터 석등(문화재자료 22호, 고려 전기 작품 추정), 부도(유형문화재 28호, 조선 전기 작품 추정) 등의 문화재가 있다.

　이윽고 7월 6일 부인사에서 향회(대구 유림 총회)가 열렸다. 이날 격문과 '향병 입약鄕兵立約(의병 참가자들이 지켜야 할 규칙)'을 확정짓고, 의병장을 비롯한 참모진 구성에 대한 인선을 했다.

참석자들은 대구 지역 전체 의병을 이끌 향병 대장鄕兵大將19)으로 정사철을 선임하는 등 모두 49명을 주요 직책에 배치했다. 63세의 고령이었던 정사철이 병으로 향병 대장 직책을 맡을 수 없다며 스스로 사양하자 7월 18일 서사원이 후임자로 정해졌다.

그날 일기에 '(선비들이) 보잘 것 없는 나에게 정상사鄭上舍(정사철)를 대신하라'고 하였으므로 '사양하였지만 부득이 (향병 대장을) 맡았다.'라고 기록했던 서사원은 왼팔 마비 현상이 나타나는 등 온몸이 만신창이였지만 승중손承重孫(아버지를 여읜 뒤 조부모의 타계를 맞이한 손자)으로서 할머니의 장례를 치르게 되는 8월 29일까지 향병 대장으로 활동했다.

서사원의 후임은 손처눌이 맡았다. 손처눌은 1593년 2월 부친상을 당할 때까지 향병 대장으로 일했다. 그는 '대구 향병의 창의가 일어날 당시 수성현 지역을 맡는 의병장으로 임명될 정도의 위상을 가지고 있었으며, 더욱이 의병 초집 활동과 관련하여 매우 성의 있는 태도와 적극적인 자세를 견지함으로써 서사원과 의기투합한 바 있던 인물'이었고, '그 이전부터 서사원과는 학문적으로 대구 지역을 대표하던 존재로서의 위상을 가지고 있었기 때문에 서사원에 이어 의병장으로 추대될 수 있었다(우인수 논문).'

손처눌의 뒤를 이어서는 이주가 1595년 2월 모친상을 당할 때까지 직무를 수행했다. (대구 의병 부대 '공산 의진군'의 초대, 2대, 3대 대장이 모두 장례와 관련하여 바뀐 점이 특이하다.) 이주가 자신의 《태암집》에 남긴 '내가 본래 재주가 없는데 홀로 여러 일을 거느리자니 "사람은 가벼운데 책임은 무겁다"는 탄식을 감당할 수 없다'라는 소감은 '임진란 당시의 어려웠던 상황과 이주의 고뇌를 엿볼 수 있게 해준다(구본욱 논문).'

---

19) 대구의 의병대장은 의병장들이 남긴 문집에 '향병 대장'으로 나온다. 우인수는 '당시 상당 지역의 의병들은 스스로를 의병으로 자칭하는 것이 외람되다고 생각하여 향병으로 자칭했다.'라고 풀이한다.

## 자율성이 돋보인 대구 의병대장 선임

김성일의 서명
안동 국학진흥원 게시물

부인사의 대구 의병소가 향병 대장으로 정사철을 선임하는 등 의병 조직을 어느 정도 마무리한 뒤인 7월 24일 경상도 초유사 김성일의 공문이 도착한다. 대구가장大丘假將(임금의 결재를 받기 이전에 초유사가 임시로 임명한 대구 의병 대장)에 최계, 소모관召募官(의병 모집 책임관)에 서사원과 정사철, 유사有司(실무 책임관)에 박충후, 류요신, 채선행, 정여강, 이주를 임명한다는 내용이었다.

최계는 1591년 무과에 급제한 26세의 젊은 장수였다. 우인수는 '의병장은 군대를 직접 이끌고 앞장서서 싸워야 하는 자리여서 (김성일이) 무과 출신의 용력이 있는 사람을 임명한 듯하다.'라고 해석한다. 또 '소모관과 유사는 대구 지역의 명망 있는 가문의 인사들로서 대구 지역 사족들을 모두 아우르는 차원에서 진용을 짠 듯하다. 초유사 김성일의 고심의 흔적이 보이는 부분'이라고 본다.

김성일이 보내온 공문의 인선은 《정만록》에 실려 있는 그의 장계 중 '신(김성일)이 각 읍에 통문하여 그 자제들 중에서 유식한 자를 가려서 소모관으로 삼고, 무관들 중에서 가장으로 삼으라고 하였삽더니(하략)' 라는 대목과 일치한다. 그러나 이 문서가 도착했을 때는 이미 대구부의 의병진이 자체적으로 완성되어 있었으므로 초유사의 지시를 그대로 따르기가 어려웠다.

이에 부인사 의병소는 8월 4일 초유사에게는 양해를 구하는 답서를 보냈다. 《낙재일기》 8월 4일자에 '답장을 써서 초유사에게 올렸다.'라는 대목이 나온다. 김성일도 대구 지역에서 자율적인 향회를 통해 인선을 끝낸 의병진에 대해 이런저런 다른 말을 할 필요가 전혀 없었을 것이고, 오히려 무척 다행스럽게 생각하였을 것이다.

결과적으로 대구는 의병 창의가 매우 늦었다. 그 까닭에 대해서는 《경산 시지》의 '경산, 하양, 자인 지역은 여타 지역에 비해 비교적 빨리 의병 활동을 전개했다. 이는 대구, 경주 등지가 적에 의해 장악되어 의병 활동이 여의치 않았던 것과 달리 이 지역은 적이 약탈을 자행하기는 했으나 주둔하지 않아 의병 모집이 상대적으로 쉬웠기 때문'이라는 기술이 참고할 만하다. 또 최효식의 논문 「임란기 경상좌도의 의병 항쟁」에도 '왜적의 주력 부대가 이곳을 통과하였고, 후방 보급로로 많은 군대를 주둔시켰기 때문'으로 분석되어 있다.

구본욱과 우인수의 견해도 이들과 일치한다. 구본욱은 논문 「임진란 이후 대구 지역의 전후 복구와 사회 재건」에서 '대구 지역에서 의병의 결성이 늦어진 이유는 부내府內(대구 시내)가 일찍이 왜적들에게 점령을 당하여 서로 교통을 할 수 없었기 때문'이라고 진단한다. 우인수도 '일찍 의병이 일어난 지역보다는 다소 늦은 감이 있지만 지역마다 여건이나 처지가 달랐기 때문에 창의 날짜만 놓고 단순 비교할 수 없는 면이 있다. 대구는 주통로 상에서 침략을

부인사 대웅전

혹심하게 받았을 뿐만 아니라 점령 상태가 지속되고 있는 지역이었다.'라고 설명한다.

또 우인수는 '구심점이 되는 수령(대구 부사)이 군사를 거느리고 관내에 건재해 있는 상황이었음을 충분히 감안한 상태에서 (대구 지역의 의병 창의가 늦은 사정을) 이해해야 마땅하다.'라고 지적한다. 다른 지역들은 수령이 도망가고 없고 관군도 해산한 지경이었지만 대구는 관군이 건재하고 부사가 지역 유력 인사들과 팔공산에 함께 있었으므로 자연스레 창의가 늦어질 수밖에 없었다는 해석이다. 의병은 관군이 없는 상황을 맞아 창의한 백성의 군대인 것이다.

우인수 논문의 마지막 결론을 읽는다. 우인수는 '대구 의병의 전공이 혁혁하지는 않았지만 의병의 존재 자체만으로도 일본군을 견제하는 효과는 충분하였다. (중략) 관민이 협력 체제를 구축하여 대구 지역을 떠나지 않고 머물면서 부민(시민)의 생명과 재산을 보호한 것은 높이 평가받아야 할 것'이라고 말한다.

구본욱의 「대구 유림의 임진란 창의와 팔공산 회맹」도 대구 선비들의 부인사 창의가 가지는 의의를 두고 '공산 의진군은 부인사

부인사 대웅전 지붕 뒤로 팔공산이 보이는 풍경

에 의병을 두고 동화사의 관군과 유기적인 연락을 취하면서 조직적으로 활동하였다. 그래서 정유년(1597) 이전에는 왜적들이 팔공산 안으로는 침입하지 못하였다.'라고 평가한다. 팔공산 골짜기와 정상 공산성으로 몰려들었던 대구 부민들이 부인사에 본부를 둔 공산 의진군의 활약에 힘입어 무사하였다는 것이다.

부인사!

공산 의진군의 존재와 의의에 대해 알고 난 뒤 다시 보면, 선덕여왕과 대장경은 물론 임진왜란과 연관해서도 꼭 찾아보아야 할 중요 유적지라는 사실을 깨닫게 된다. 부인사 대웅전 지붕 위로 아스라이 보이는 팔공산 정상도 지금껏 무심히 관상해 오던 것과 다르게 느껴져, 아련하게 흘러가는 하얀 구름마저 된바람 휘몰아치는 한겨울을 그곳에서 사뭇 떨며 지냈던 조선 백성들의 창백한 얼굴빛으로 느껴진다. 그래서인가, 문득 팔공산 비로봉의 청색 그림자가 내려오더니 부인사 범종각을 등진 채 하염없이 서 있는 내 얼굴에 서늘한 그림자를 드리운다.

팔공산 부인사 뒤 서봉에서 본 풍경

대구 사람들은 고려 때도 팔공산으로 피란을 갔다. 그러나 '(몽고군의 학살로) 늙은이와 어린이의 시체가 골짜기를 메웠다(《고려사》).' 1592년은 달랐다. 대구 의병 '공산 의진군' 일본군을 부인사 아래에서 막아 피란민들을 안전하게 지켰다.

대구 사람들의 피란처였던 팔공산의 주봉 비로봉이 멀리 보이는 풍경

**팔공산**
# 대구의 역사와 문화를 상징하는 '얼굴'

    영남일보가 2011년 5월 3일 보도한 여론 조사 결과에 따르면, 외지인들은 '대구' 하면 섬유 도시(17.8%), 사과(17.2%), 보수성(15.9%), 덥다(12.3%), 팔공산(6.4%)을 떠올린다고 한다.
    하지만 섬유 도시와 사과를 대구의 상징으로 보는 인식은 고정관념일 뿐이다. 1979년을 기준으로 대구의 제조업체 중 섬유 관련 업체 비중은 37%였지만(뿌리깊은나무 《경상북도》 1986년판) 2016년 대구시청 누리집의 '최종 수정 정보(6월 22일)'에 따르면 대구 지역 완제품 생산 기업 중 섬유 관련 업체는 10%에 지나지 않는다.
    사과도 마찬가지이다. 온난화 탓에 열매가 제대로 달리지 않는 대구 일원의 사과나무들은 톱날에 잘려나간 지 이미 오래되었다. 1979년부터는 아예 능금협동조합이 시장에 내놓는 사과 포장지의 상표도 '대구 능금'에서 '경북 능금'으로 바뀌었다. 낮과 밤의 심한 온도 차이와 물이 잘 빠지는 비탈진 모래자갈밭이 만들어내는 과일 사과는 기후 변화와 대도시 개발에 밀려 대구에서 한반도 중부 지대로 서식지를 옮겼다.

다만 보수성과 무더위, 팔공산은 지금도 명실상부한 대구의 상징으로 남아 있다. 이 셋 중 자연의 상징인 팔공산이 대도시의 상징이 된 것은 기이한 일로 여겨진다. 그 까닭을 살펴본다.

팔공산은 본래부터 유명했다. 본명이 공산인 팔공산은 예로부터 대구 사람들의 진산鎭山이었다. 옛날 사람들은 거주 지역에 있는 큰 산이 자신들을 보호해 준다고 믿어 그 산을 신성시했는데, 대구에서는 팔공산이 바로 그 진산이었다. 그래서 최고의 존칭인 공公을 산 뒤에 붙여 공산公山이라 불렀다.

공산은 신라 5악의 하나였다. 신라 5악은 동악(토함산), 서악(계룡산), 남악(지리산), 북악(태백산), 중악(공산)을 가리킨다. 신라 사람들은 이 다섯 산의 산신에게 국가 차원의 공식 제사를 지냈다. 이 산들을 신령스러운 영산靈山으로 믿었던 것이다.

특히 공산은 국토의 중심에 있는 가장 신령스런 산, 즉 중악中岳으로 숭배했다. 그런 까닭에, 공산을 아버지처럼 여겨 부악父岳이라 부르기도 했다. 선덕여왕이 팔공산 부인사를 소원을 비는 원당願堂으로 삼은 것도 중악, 즉 부악에 있는 절이기 때문이었을 듯하다.

오늘날에도 팔공산은 100여 곳에 이르는 등산로 입구를 거느리고 있어 전국 등산 애호가들의 넋을 빼놓는 명산으로 손꼽히고 있다. 뿐만 아니라 수많은 국가 보물들을 가슴에 품고 있어 문화 유적지로도 그 어느 곳에 결코 뒤지지 않는 품격을 자랑한다.

팔공산은 앉은 면적이 122㎢, 능선 길이가 20km나 된다. 공산은 둘레에 여덟八 고을公이 있다고 해서 이름이 팔공산으로 바뀌었다고 생각되기도 했다. 하지만 그것은 사실이 아니다.

공산이 팔공산이라는 새 이름으로 불리기 시작한 것은 조선 초부터이다. 그 당시 공산 둘레에는 해안(대구 동구 중 금호강 동편), 하양(경산시 하양읍), 신녕(영천시 신녕면), 팔거(대구 북구 칠곡 지역), 부계(군위군 부계면) 등 다섯 고을만 있었다. '오'공산이라면 몰라도 '팔'공산이 될 수는 없다는 말이다.

927년 견훤과 왕건의 '동수(동화사) 대전' 이후 팔공산으로 이름이 바뀌었다는 견해도 있다. 동수 대전에서 순절한 신숭겸, 김락 등 여덟 장군을 기려 팔공산이라 부르기 시작했다는 이 견해 역시 설득력이 없다. 여덟 장군이 순절했다는 증거가 없기 때문이다. 그러나 견훤과 왕건 사이의 최대 전투라 할 만한 동수 대전은 팔공산과 동화사의 이름을 휘날리는 데에는 엄청나게 기여를 했다.

한반도 최초의 실질적 통일을 이루는 왕건이 거의 목이 달아날 나락까지 떨어졌다가 구사일생으로 살아나는 흥미진진한 이야기까지 깃든 공산! 그 공산이 팔공산으로 바뀐 계기는 무엇이었을까.

문경현은 「팔공산의 지명 유래」를 통해 '사대주의 모화慕華 사상가들이 중국 지명에서 따온 것으로 추정'된다고 말한다. 중국 안휘성 봉대현 동남쪽에 있는 팔공산에서 북조 전진왕 부견과 남조 동진 효무제 사이에 대전투가 벌어져 부견이 참패를 했는데, 왕건이 견훤에게 처참하게 진 것을 이에 견줘 공산을 팔공산으로 바꾸어서 부르기 시작했다는 견해이다.

**한천서원** 동수 대전 때 전사한 전이갑, 전의갑 형제를 기리는 곳이다.

팔공산이 전국적 지명도를 얻게 된 세 번째 사건은 1232년(고려 고종 19)의 몽고군 침입 때 일어난다. 몽고군은 팔공산까지 들이닥쳐 6,000여 권의 초조대장경을 소장하고 있던 부인사를 모두 태워버린다. 세계문화유산인 해인사의 팔만대장경보다 200년 전에 만들어진 대장경을 지키고 있었고, 전국에서 유일하게 승려들만 참여하는 승시僧市가 섰으며, 39개 부속 암자에서 2,000여 승려들이 수도 생활을 하던 부인사가 적군에 의해 한 줌 재로 변해버렸다. 임금으로부터 산골 백성에 이르기까지 고려 사람이라면 어느 누구 가릴 것 없이 팔공산의 참사를 되뇌며 탄식을 거듭했을 것이다.

흔히 '갓바위'라 부르는 '관봉冠峰석조여래좌상'의 존재도 팔공산의 지명도를 획기적으로 높이는 데 크게 공헌했다. 신라 말인 9세기 작품으로 여겨지는 높이 4.15m, 좌대 포함 높이 5.6m의 이 돌부처는 850m 높이의 관봉 정상에 있는데, 나라 안에 하나밖에 없는 '산봉峰우리의 갓冠쓴 돌부처'로 유명하다.

신라 때 관봉석조여래좌상이 처음 만들어졌을 무렵에는 부처상만 조각되었고, 갓은 고려 때 썼다. 고려인들이 이 석불 머리 위에 두께 15cm, 지름 180cm의 넓적한 돌모자를 씌운 까닭은 분명하지 않다. 아무튼 갓바위 돌부처는 순수 종교의 차원을 넘어 현실 세계의 복을 비는 한국 불교의 기복祈福신앙적 성격을 상징한다. 팔공산 뒤편 선본사로 가는 도로 입구에는 '한 가지 소원은 꼭 이루어주는 갓바위'라는 커다란 조형물이 세워져 있다.

지금까지의 내용을 요약하면 첫째, 팔공산은 신라의 중악이었다. 둘째, 927년 동수 대전의 전쟁터였다. 셋째, 팔공산에는 몽고군이 쳐들어 와 불태워 없애기 전까지 해인사 팔만대장경보다 200년 앞서 제작된 초조대장경이 보관되어 있었다. 넷째, 갓바위라는 이름을 가진 전국 유일의 산꼭대기 갓 쓴 약사불이 있다. 덕분에 팔공산은 전국적으로 유명해졌고, 지금도 '대구' 하면 외지인들이 떠올리는 대구의 상징 중 하나가 되었다.

이제 팔공산이 전국적 지명도를 누려야 할 새로운 이유 한 가지를 말하려 한다. 아니, 이미 유명했었는데 잊혀져버린 근거 한 가지를 다시 밝히려 한다.

현재의 부산광역시, 울산광역시, 경상남도, 경상북도, 대구광역시 전체를 관리하는 경상감영이 대구에 설치된 것은 1601년이었다. 임진왜란을 겪으면서 조선 조정은 대구의 지리적, 군사적 중요성을 깨닫게 되었고, 상주, 경주, 안동 등지를 떠돌던 경상감영을 나라가 망할 때까지 계속 대구에 두었다. 그런데 임진왜란 동안 대구의 관군과 의병들이 머문 곳은 대구 읍성이 아니라 팔공산이었다. 관군은 동화사에, 의병은 부인사에 주둔했다.

**염불암** 대구 읍성이 일본군에게 점령된 뒤 대구부 하급 관리들의 근무 장소

전쟁 발발 불과 9일 만인 1592년 4월 21일 대구는 일본군에게 넘어갔다. 일본의 주력 부대는 한양을 향해 북진했다. 그러나 일본군은 대구가 한양과 부산을 잇는 영남대로의 중심부라는 지리적 중요성을 감안, 명석즉실明石則實(아카시 노리자네)과 제촌정광齊村政廣(사이무라 마사히로)을 수장으로 1,600명의 군대를 남겨두고 갔다.

경상 좌병사 이각의 명령에 따라 4월 15일 (울산) 경상 좌병영을 향해 군대를 이끌고 출전했다가 4월 24일 퇴각해온 대구 부사 윤현은 대구 읍성으로 돌아갈 수가 없었다. 윤현은 동화사를 대구 관군의 본부로 삼았고, 대구부의 관리들은 동화사 소속 암자인 염불암으로 들어갔다. 이 상황은 대구 지역 의병장 서사원의 《낙재 일기》 1592년 4월 24일자에 '성주(대구 부사)는 내상(병영)에서 동화사로 피해 돌아갔고 아리(낮은 벼슬아치) 일행은 염불암에 들어갔다.'라고 기록되어 있다.

《낙재 일기》에 따르면 서사원은 그 다음날인 4월 25일 '동화사로 가서 성주를 만났다.' 서사원 외의 다른 선비들도 동화사를 방문하여 대구 부사 윤현을 만났을 터이다. 윤현은 울산의 좌병영성으로 출전했다가 경상 좌병사 이각이 도주하는 바람에 하릴없이 대구로 돌아왔으므로 전쟁 상황에 대해 여러 가지를 알고 있었을 것이고, 대구 선비들을 그를 통해 이런저런 이야기들을 많이 들었을 것이 분명하다.

서사원의 5월 3일자 일기에는 광해군을 세자로 책봉한 선조가 '내가 죽음을 무릅쓰고 도성을 지켜 떠나지 않을 것을 널리 다짐하노라.' 하고 선포했다는 기사가 실려 있다. 선조가 광해군을 세자에 책봉한 것은 4월 29일이고, 한양을 버리고 압록강을 향해 피란을 떠난 것은 바로 그 다음날인 4월 30일이다. 선조는 불과 하루 뒤에 뒤집을 약속을 백성들에게 공언했던 것이다.

난리를 피해 팔공산으로 숨어들었던 대구의 선비들은 6월 2일 동화사의 윤현 부사를 찾아 창의 문제에 대해 논의하기 시작했다.

이 회동은 크게 기대에 미치지 못했던 듯하다. 《낙재 일기》는 이 날 일을 '정광천, 서행원, 이경임, 은복흥 등과 함께 동화사에 가서 성주를 만났다. 부로(대구부의 원로)들이 스스로 몸을 굽히고 찾아가 절을 한 것은 오직 나라를 위한 작은 충성의 발로였건만, 토주(대구 부사)는 도무지 기쁜 기색도 없고 분개하는 생각도 전혀 없고, 민심을 위로하지도 못했으므로 실망하여 돌아왔다.'라고 전한다.

6월 13일자 일기도 대구 부사가 창의에 별로 적극적이지 않았다는 사실을 증언한다. 서사원은 '성주가 비록 군사를 모았으나 분개하여 적을 토벌할 뜻이 전혀 없었으며, 무기를 안고 자신만 지키고, 나라를 잊고 자신이 살기만을 구하며 나라의 두터운 은혜를 저버리니 염치가 없는 자라 할 만하다.'라며 윤현을 힐난하고 있다.

서사원, 서사술, 조계맹, 유이안, 서발, 승려 일혜, 강의중, 서지숙, 도경응, 강충립, 강흘, 도진효, 도진성 등 대구 선비들은 뜻을 굽히지 않고 6월 14일 팔공산 정상의 공산성을 둘러보는 등 준비에 박차를 가한다.

**동화사 대웅전** 대구 관군은 동화사에 본부를 차리고 일본군에 대항했다.

7월 6일, 대구 선비들은 공산 의진군公山義陳軍이라는 이름의 대구 지역 의병 부대를 결성한다. 이때 의병 부대의 이름이 팔공산 의진군이 아니라 공산 의진군으로 정해진 것은 당시만 해도 공산이라는 호칭이 일반적으로 사용되었다는 사실을 말해준다.

《선조실록》 1593년 11월 7일자 기사에도 팔공산은 공산으로 표현되어 있다. 비변사가 선조에게 '경상좌도의 공산은 지형이 더없이 험하다.'라고 말하는 대목이 그것이다.

창의 과정에는 곡절이 있었지만 그 이후 대구 관군과 공산 의진군의 협조는 원활했다. 팔공산의 대구 군대는 경주성 탈환 전투에도 함께 참여했다. 특히 대구 관군과 공산 의진군은 대구 일원에서 여러 차례 합동으로 기습 작전을 펼쳐 팔공산의 피란민을 도륙하려고 시도하는 일본군을 거듭 무찔렀다.

대구 주둔 일본군은 동화사의 조선 관군과 부인사의 의병군에 막혀 1592년 팔공산을 점령하지 못했다. 덕분에 팔공산으로 피란 와 있던 대구부 사람들은 피해를 입지 않고 무사할 수 있었다.

당시 의병장이었던 정광천의 《낙애 일기》에 따르면 동화사가 일본군에게 처음 점령된 때는 1593년 1월로 전해진다. 일본군의 공격에 밀린 대구 부사 윤현은 부인사 뒤편의 팔공산 서봉 턱밑 삼성암으로 피신했다. 이때 이후 팔공산은 항전 거점으로서의 역할을 잠시 중단하게 되었다(김진수 논문 「임진왜란 시기 팔공산의 전황과 역사적 의의」). 팔공산의 일본군은 1593년 5월 15일 철수했다.

그 이후 정유재란을 앞둔 조선 조정은 대구와 팔공산의 중요성을 깊게 깨달았다. 국사편찬위원회의 《신편 한국사》에 따르면 조선 조정은 '왜란의 장기화에 대비, 왜군이 조기에 개전하여 올 경우 산성을 거점으로 청야전淸野戰을 전개할 계획 하에 왜군의 진격로를 제어할 수 있는 요해처에 산성을 수축하였다.'

이는 '임진왜란 개전 이후 조총이라는 신무기를 사용하면서 대규모의 군사력으로 공격해 들어오는 일본군을 낮은 성벽의 평지성인

읍성에서는 막아낼 수 없다는 교훈과, 행주산성을 비롯한 인천산성, 수원 독산성 등 산성에서 승리를 거둔 사례가 있었고, 한편으로는 수군과 달리 육군은 일본군에 비해 매우 열세하다는 전략적 판단에 따른 것이었다(김진수).' 조선 조정은 일본군의 진출로 중요해처의 산성을 미리 지킴으로써 적의 예봉을 꺾고, 적이 퇴각하더라도 보급로가 차단되었을 뿐더러 약탈할 것이 없어 스스로 물러가게 하려고 생각했던 것이다. 명군 총사령관 송응창도 조선 조정에 같은 내용의 권유를 해왔다.

《선조실록》 1593년 11월 7일자에 보면 비변사는 '중요한 곳에 방어 진지를 설치하는 일은 송경략(송응창, 명나라 총사령관)이 여러 번 의견을 말해온 바 있기 때문에 공조工曹 등의 관원을 보내어 살펴보게 했습니다. (중략) 송경략은 대구(공산산성)와 인동(구미 천생산성)을 거론하였습니다. (중략) 경상좌도의 공산은 (중략) 지형이 더없이 험하기 때문에 지난해 왜적이 산 밑에 가득하였으면서도 꼭대기에 있는 많은 피란민을 보기만 하고 올라오지 못해 많은 백성들이 온전히 살아났습니다.' 하고 선조에게 보고한다. 이 기사는 그만큼 대구와 팔공산의 전략적 중요성을 조선 조정이 깨닫기 시작했다는 사실을 말해준다.

공산산성은 1596년(선조 29) 들어 본격 축성에 들어간다. 공산성 축성에 대해서는, 직접 공사에 참여했던 신녕 현감 손기양孫起陽의 《공산지公山誌》가 잘 증언해준다. 《공산지》의 내용 중 특별히 눈길을 끄는 대목이 있다. 1595년(선조 28) 겨울, 용기산성(성주 가야산성)에 머물고 있던 사명대사의 승병들이 공산산성을 쌓기 위해 팔공산으로 이동했다는 기록이다. 그 이후 유정은 팔공산 주봉(비로봉, 1192m) 아래에 군막軍幕(군대용 막사)을 설치하고 지냈다.

1596년 3월 3일, 일본군의 재침략에 대비하기 위해 영남 지역의 의병들과 관군이 팔공산에서 회맹會盟(모여서 다짐)한다. 9월 28일에는 2차 회맹도 가진다.

1597년 9월 20일, 문경을 지나 내려온 가등청정加藤淸正(가토 기요마사)의 별대가 팔공산으로 몰려왔다. 양산 주둔 일본군의 북상에 맞서 싸우다가 대패한 순찰사 이용순은 의성 향교 북산에서 일본군을 기다렸지만 가등청정 군은 곧장 공산성을 공격했다. 보관해 두었던 엄청난 무기와 수만 석 곡식을 송두리째 빼앗겼고, 관청 건물과 창고들도 모두 불에 타 무너졌다.

　팔공산으로 달려온 경주의 류정柳汀 의병군은 9월 22일과 23일에 걸쳐 일본군과 치열한 전투를 벌였다. 이 전투에서 류정, 이눌李訥 등 무수한 의병들이 부상을 입거나 전사했다. 일본군도 800여 명이 죽었고, 포 130자루를 조선 의병들에게 빼앗겼다. 9월 16일에는 공산성으로 달려오던 경상도 방어사 권응수의 관군이 달성에서 일본군을 격퇴하기도 했다. 결국 일본군은 울산과 서생포 쪽으로 남하했다.

　동화사와 부인사를 비롯한 팔공산은 임진왜란 유적지로도 전국적 지명도를 누려야 한다. 임진왜란 당시 임금과 조정, 백성들, 명군과 일본군까지 모두가 주목했던 곳이 바로 팔공산이다. 동화사와 공산산성에는 경상좌도 관찰사 김성일, 도원수 권율, 우의정 겸 사도四道(경상, 전라, 충청, 강원) 도체찰사都體察使(왕권을 대신하는 군대 지휘권자) 이원익 등이 머무르기도 했다.

　그런 팔공산의 역사를, 팔공산이 임진왜란 중요 유적지라는 사실을 아는 사람이 별로 많지 않다. 향토사 교육이 세심하게 이루어지지 못했기 때문에 빚어진 결과이다. 팔공산은 신라 때의 중악, 동수 대전의 현장, 초조대장경이 보관되어 있던 곳, 갓바위를 거느린 산으로도 유명해야 하지만, 임진왜란의 뜨거운 현장으로도 대구 시민들에게, 나아가 모든 국민들에게 두루 알려져야 한다!

갓바위(보물 431호)

이 책 《**대구** 임진왜란 유적》은 몽고의 난입으로 인한 대장경 소실의 아픔과 임진왜란 때 대구 부민들을 지켜낸 의병 정신이 서려 있는 부인사가 최고의 답사지로 각광받을 때 비로소 '역사 바로 세우기'가 완성된다고 생각한다.

## 금암서당, 이강서원, 삼충사
## 대구 의병 초기의 역사를 증언하는 곳들

　임진왜란이 일어난 1592년 4월, 팔공산에 피란 중인 대구 유지들에게 선조의 교서敎書가 도착한다. 창의倡義(의병을 일으킴)를 재촉하는 이 교서의 내용은 대구 지역 초대 의병 대장 서사원徐思遠(1550~1615)의 《낙재 일기》 중 '壬辰임진四月4월日일有旨유지'라는 제목 아래에 실려 있다.
　유지有旨는 '임금의 말씀旨이 있었다有'는 뜻이다. 따라서 '임진 사월 일 유지'는 1592년 4월 어느 날 (대구 지역 선비들에게) 선조의 교서가 도착했다는 말이다. 선조는 4월 30일 서울을 버리고 북쪽으로 몽진蒙塵(피란)을 떠나 5월 1일 개성에 당도했으므로 대구 의병장들이 교서를 받을 즈음에는 아직 서울에 있었거나, 아니면 경기도 어느 행재소行在所(임금의 임시 처소)에 머물렀을 것이다.
　교서는 임금의 명령을 담고 있는 문서이므로 대구 선비들은 이 날 무릎을 꿇고 교서를 받았을 터이다. 또, 명령에 복종하려는 충심으로 마음을 불살랐을 터이다. 임하林下 정사철鄭師哲(1530~1593)도 '눈물을 흘리며' 교서를 대한 뒤 '노구를 이끌고 창의를 도모'하게 된다.

구본욱의 저서 《임하 정사철과 낙애 정광천 선생》에 따르면 '(정사철이) 평생 동안 여러 곳에 서당을 열어 지역의 인사들을 교육'한 결과 '(대구의) 의병들은 모두 정사철에게 강학을 받았거나, 그와 관련이 있다.' 선조의 교서를 읽어본다.

> 지금 영남의 부府와 진鎭이 계속 왜적에게 함락되는 것은 도道의 병력이 적기 때문이 아니다. 단지 변란이 창졸간에 일어났기 때문에 각 고을의 군민들이 바람처럼 달아나고 무너져서 와해되기에 이르렀지만, 그들의 본심이 어찌 왜적에게 투항하여 복종하려 하였겠는가? 만일 하나하나 효유曉諭(깨우침)하여 선비들이 충의로써 격분하여 동지들을 규합하고 또 자제子弟와 노복奴僕(계집종과 사내종)들을 거느려서 관군과 협동하여 힘을 합해 죽기로 싸운다면 오히려 이길 수 있을 것이다.
>
> 고려 때 원주 사람 원충갑은 한 필부로서 의려義旅(의병)를 창솔唱率(앞장서서 이끎)하여 많은 적을 물리쳤으니 이것이 하나의 증험證驗(증거가 될 경험)이다. 상호군 김륵을 본도本道에 뽑아 보내어 원근을 두루 효유하고 선비들을 격려하여 죽음을 무릅쓰고 근왕勤王(임금을 가까이서 모심)하게 하도록 병조(국방부) 등에서는 전교傳敎(교서를 주어 알림)를 내려 시행하라.

선조와 조정 대신들의 의중을 담은 이 교서는 매우 정치적이다. 교서는 첫째, 우리의 군사가 적어서가 아니라 전란이 갑자기 일어났기 때문에 영남의 여러 지역이 왜적들에게 함락되었다고 말한다. 둘째, 군사와 일반 백성들이 달아난 것도 왜적에게 항복할 마음이 있어서가 아니라 역시 전란이 창졸간에 일어난 때문이라고 한다.

셋째, 선비들이 사람들을 일깨우고, 자신의 자제와 종들을 거느리고 싸움에 앞장선다면 우리가 이길 수 있다고 격려한다. 넷째, 관군과 힘을 합해 죽기로 싸운다면 어찌 이기지 못하겠느냐고 반문한다. 다섯째, 필부에 불과한 원충갑元沖甲이 고려 때 자신의 향토 원주를 지켜낸 일이 있다는 사실은 모두들 알고 있지 않느냐고 반문한다.

교서의 치밀한 논리는 원충갑(1250~1321)을 거론한 데서 절정에 도달한다. 원충갑은 시골 관청에서 실시하는 과거 향공鄕貢에 합격한 진사進士에 지나지 않았지만, 1591년(고려 충렬왕 17) 카다안哈丹 군대가 철령鐵嶺을 넘어 난입한다는 소문만 듣고 모두들 달아나는 통에 수비를 맡을 사람이 아무도 없을 때 분연히 일어나 향토 원주를 지켜낸 인물이다. 그러므로 원충갑은 선조가 교서에 예시 인물로 거론하기에 아주 적합했다.

고을을 지켜야 마땅한 수령과 관군들이 적의 공격 소문만 듣고 도망쳐버린 상황은 예나 지금이나 같다. 원충갑은 홀로 의병으로 나서서 향토를 지켰다. 원충갑은 문신이고, 진사 정도에 머물렀던 사람이다. 지금 교서를 받는 전국의 선비들도 원충갑처럼 진사 정도의 신분을 가지고 있고, 역시 원충갑처럼 문신들이다. 따라서 원충갑을 본받아 창의를 해야 마땅하다. 그런 논리로 선조는 '왜 산속에 숨어 있나? 네 땅은 네가 지켜야지!' 하고 선비들을 책망한다.

**원주 충렬사** 원충갑 등을 모신다.

그러면서 교서는 창의를 하지 않고 숨어 지내는 선비들에게 '도망갈 구석'을 열어준다. '각 고을의 군민들이 바람처럼 달아나고 무너져서 와해되기에 이르렀지만, 그들의 본심이 어찌 왜적에게 투항하여 복종하려고 하였겠는가?' 하는 물음이 바로 그런 배려를 깔고 있는 부분이다.

교서는 선비들에게 '단지 변란이 창졸간에 일어났기 때문에' 너희들이 그렇게 산에 숨어 있을 수밖에 없었다는 사실을 임금이 다 헤아리고 있다면서, 지난 일은 걱정하지 말고 이제라도 창의하여 공을 쌓으라고 주문한다. 또 관군과 힘을 합해 싸우라는 말도 곁들인다. 지극히 당연한 말로 여겨지지만 속뜻은 창의 후 관군의 지시를 받으라는 명령이다.

교서는 선비들에게 집안 자제와 노비들을 이끌고 직접 나설 것과, 어리석은 백성들을 깨우치는 일도 맡으라고 지시한다. 본래 각 고을의 일반 백성들은 너희들이 관리해 왔으니 전란을 맞아 그들을 의병으로 이끌어낼 책임도 져야 마땅하다는 뜻이다.

교서는 조정의 무능에 대한 책임 추궁 소지를 없애버리는 역할도 한다. '우리의 군사가 적어서가 아니라'라는 구절은 자신들이 전쟁에 대비해 군대를 충분히 확충해 두었다는 의미이다. 조정은 전란이 일어나는 경우를 생각해 맞설 수 있을 만큼 군사를 길러두었는데, '단지 (세계 정복의 허황한 꿈에 젖은 풍신수길 탓에) 변란이 창졸간에 일어났기 때문에' 지금의 어려운 상황에 빠졌다는 것이다.

**금암서당** 정사철을 기리는 재실

과연 임진왜란은 '창졸간에', 아무도 예상하지 못하는 시기에 갑자기 일어난 것일까? 구본욱의 저서는 정사철이 '1592년 정월 자질子姪(아들과 조카)들에게 멀지 않아 난리가 일어날 것을 예견하고 선조들의 묘소를 수축修築(고치고 쌓음)하게 하고 선영先塋(선조의 산소)에 제사를 지내며 크게 슬퍼하였다(《임하 실기》 중 「행장」).'라는 사실에 주목했다.

서사원의 《낙재 일기》에도 일본의 전쟁 도발 가능성에 대해 많은 사람들이 걱정하고 있었다는 사실을 말해주는 대목이 나온다. 임진왜란 발발 하루 전날인 1592년 4월 12일자 일기가 놀랍다. 일기에는 '밤에 내가 혼자 연방蓮房(서사원 집의 사랑채인 연정에 딸린 방)에서 잠을 잤는데 꿈에 부산 첨사의 상여가 뜰 안에 들어와 놓였다. 나는 놀라 잠에서 깨어나 괴이하다는 탄식을 그치지 못하였다.'라고 적혀 있다.

서사원이 이런 꿈을 꾼 것은 평소에 전란 발발을 크게 우려하고 있었다는 뜻이다. 특히 부산 첨사의 상여가 꿈속에 등장한 것은 일본의 침입을 상징한다. 상여는 왜 보였을까? '우리의 군사가 적어서가 아니라 전쟁이 갑자기 일어났기 때문에' 패전을 거듭하고 있다는 교서의 내용과 달리 당시의 조선인들이 정부의 전쟁 대비를 신뢰하지 않았다는 뜻이다. 전쟁이 벌어지면 처참하게 질 것으로 예견하고 있었으므로 죽음의 상징인 상여가 꿈에 나타난 것이다.

의병장 최동보崔東輔(1560~1625)의 《우락재 실기》에도 비슷한 내용이 나온다. 최동보가 '다른 사람들은 비록 사방으로 흩어지더라도 (중략) 병기兵器를 만들어 준비해서 적의 선봉을 만나면 토적討敵(적을 토벌)하는 것이 어떻겠소?' 하니 좌중의 사람들이 모두 '그러자!' 하고 화답한다. 최동보는 종 복수에게 명하여 각 집에서 쓰는 쇠그릇과 무쇠덩이 200근을 모으고, 또 대장장이 화석을 시켜 긴 창과 큰칼 300여 자루를 만들도록 한다. 곡식 1,300여 섬도 간직해 둔다. 최동보가 이 일을 한 때는 4월 5일이다.

대구 지역에서 공식적으로 의병이 결성된 때는 7월 6일로 확인되지만, 그 이전에도 의병장들은 개별적으로 왜적과 싸웠다. 그중 한 사람이 최동보이다. 그는 전란 발발 당시 33세였는데 그의 숙부 최인과 함께 대구에 진입한 4월 21일 바로 뒷날인 4월 22일 왜적이 반야(동구 반야월) 지역에 몰려오자 의병들을 이끌고 나아가 최초의 전투를 펼쳤다.20)

다천정, 삼충사, 삼충사 묘정비

20) 최인, 최계, 최동보 삼숙질三叔姪을 기려 세워진 '삼충사 묘정비'는 대구시 동구 지묘동 871-1 도로변에 있다(사진 정면 가운데). 1808년 관찰사 윤광안이 조정에 건의하여 1812년(순조 12) 최인은 사헌부 지평, 최계는 병조 참판, 최동보는 호조 참판에 추증되고, 대사간 유태좌가 비문을 짓고 호조 좌랑 이휘령이 글씨를 쓴 삼충사 묘정비가 건립된다. 왼쪽 다천정은 최계의 아들 다천茶川 최동률이 제자들을 가르친 강당이다.

최동보는 어떻게 이토록 신속히 대응할 수 있었을까? 《경산 시지(1997)》의 '영남의 사림들은 임진왜란이 발발하기 훨씬 전 국가에 변란이 있을 것으로 예상하고 수시로 만나 동고동락을 약속한 바 있어 의병장들의 유기적 연대는 어려운 일이 아니었다.'라는 기술이 참고삼을 만하다. 구본욱도 논문「대구 유림의 임진란 창의와 팔공산 회맹」에서 '(왜적이 쳐들어오지 않을까) 염려한 기록은 대구 지역 선비들의 문집 곳곳에 발견되고 있다.'라고 확인해준다.

아무튼 대구 선비들은 읍성에 주둔한 채 수시로 노략질을 하고 조선 백성들을 괴롭히는 일본군의 감시를 피해가며 의병을 일으키는 활동에 들어갔다. 당시 대구 유림의 최고 지도자였던 정사철은 6월 1일 아들 정광천을 팔공산에 보내어 서사원, 이주, 채응홍, 서행원, 이상문, 은복홍 등과 창의를 논의하게 하고, 또 손처눌, 채몽연, 전길과도 의견을 나누었다.

드디어 7월 6일 부인사에서 공산 의진군公山義陳軍을 일으켰다. 선비들은 정사철을 (대구 전역의) 의병대장으로 추대했다. 임진왜란 때 대구에서 창의한 의병들은 모두 명종 대와 선조 대의 대구 유림을 대표한 정사철, 전경창全慶昌(1532~1583), 채응린蔡應麟(1529~1584) 세 사람으로부터 배운 제자들이었는데, 1592년에는 정사철만 생존해 있었다.

공산 의진군은 대략 도호부 행정 구역 편제에 맞춰서, 즉 읍내 7개의 리里와 3개 현縣에 책임자를 두는 형태로 의병을 조직했다. 읍내와 해안현은 각 마을 및 현 단위로, 수성현과 하빈면은 대장(향병장)과 유사有司(실무 책임자)를 두었다. 다만 각 현에는 전체 지역을 관장하는 대장을 별도로 선임했다. 그렇게 한 것은 당시의 대구가 '대구 도호부'로서, 중심가인 읍내, 읍내의 동쪽 일원인 해안현, 남쪽인 수성현, 서쪽인 하빈현으로 구성되어 있었기 때문이다. 서남쪽의 화원현은 대구 도호부가 아니라 성주목 소속이었다.

당시 63세로 대구 최고령 유학자였던 정사철은 7월 16일 노비 둘을 시켜 다리에 난 종환腫患 때문에 향병鄕兵 대장의 임무를 수행할 수 없다는 전갈을 부인사 의병소로 보낸다. (정사철은 이듬해 3월 4일 병으로 타계한다.)

서사원이 의병대장을 맡게 된다. 서사원은 자신의 1592년 7월 18일자 《낙재 일기》에 '사람들이 모여 모두가 의병장이 없는 것을 근심한 끝에 보잘 것 없는 나에게 정상사鄭上舍(정사철)를 대신하라는 첩자帖子(문서로 낸 의견)를 내었으므로 나는 사양했지만 부득이 그것을 맡았다.'라고 적고 있다. 아래는 공산 의진군의 조직표이다.

**대장** 정사철, 서사원 / **공사원**工事員 이주
**유사**有司 이경원, 채선행
**읍내** 무태리 향병장 여빈주, 유사 류호
북산리 향병장 김우형, 유사 서사진
용덕리 향병장 하자호, 유사 주심언
달지리 향병장 서득겸, 유사 박유문

서사진을 기리는 **용담재** 북구 산격동 1134-1

초동리 항병장 서사술, 유사 서사준
신서촌 항병장 설번, 유사 백시호
이동리 항병장 배익수, 채웅홍, 유사 서행원
**수성현** 대장 겸 현내장縣內將 손처눌, 유사 손탁
**동면** 항병장 곽대수, 유사 곽렴
**남면** 항병장 배기문, 유사 류창
**서면** 항병장 조경, 유사 전길
**북면** 항병장 채몽연, 유사 박득인
**해안현** 오면五面 도대장都大將 곽재겸
상항리 항병장 곽재명, 유사 전상현
동촌리 항병장 우순필, 유사 최인개
서부리 항병장 최의, 유사 이사경
북촌 항병장 류요신, 유사 홍익
서촌 항병장 민충보, 유사 배찬효
**하빈현** 대장 겸 서면장 이종문, 유사 정악
남면 항병장 정광천, 유사 곽대덕
동면 항병장 홍한, 유사 정용
북면 항병장 박충윤, 유사 이유달

정광천은 아버지 정사철을 모시고 피란 생활을 하던 중 「술회가」 6수와 「병중病中 술회가」 3수의 가사를 지었다. 그의 문집 《낙애 일기》에 실려 있는 두 노래에는 나라와 부친을 걱정하는 심정이 깊이 서려 있다. 「술회가」는 1592년 11월 15일에 지었다.

설울사 설울시고 민망함이 그지없다.
병진兵塵(전쟁)이 막막하니 갈 길이 아득하다.
어느 제 수복고국收復故國(나라를 찾음)하여
군부君父(임금) 편케 하려뇨.

이 시를 새긴 시비가 달성군 다사읍 매곡리 1102-1 금암서당 뒤편 소나무 숲 속에 세워져 있다. 이곳은 정사철, 정광천 등의 유택幽宅(산소)이 있는 동래 정씨 문중 묘역이다. 금암서당과 문중 묘역 중간 지점에는 부자의 의병 활동을 기려 세워진 「임하 선생 낙애 선생 양 임란 창의비」 등 기념 빗돌들도 나란히 서 있다.

「술회가」 시비

금암서당은 정사철 타계 후 171년이 지난 1764년(영조 40) 대구 일원 선비들이 뜻을 모아 그의 묘소가 있는 대구 달성군 다사읍 연화리 연화산 아래에 금암사琴巖祠를 세운 데서 출발했다. 금암사는 1786년(정조 10) 금암서원으로 승격되었고, 1799년(순조 23)부터 낙애 정광천도 종향從享(더불어 제사 지냄)했다. 그 후 대원군의 서원 철폐령 때 훼철되었다가 1958년 금암서당으로 재탄생했다.

이강서원은 달성군 다사읍 이천리 277번지에 있다. 이강서원 자

이강서원

리에는 본래 정사철이 1587년(선조 20)에 세운 '선사仙槎 서당'이 있었는데 임진왜란 때 불탔다. 정사철이 '신선仙이 타는 뗏목槎'이라는 뜻의 '선사'를 쓴 것은 이곳이 최치원이 머물렀다 하여 선사사仙槎寺라는 이름으로 불렸던 사찰 터이기 때문이다. 1601년(선조 34) 서사원이 선사재를 중건했다. 이강서원이라는 새 이름은 1636년(인조 14) 연경서원에 이어 대구 두 번째 서원으로 인정되면서부터 썼고, 1639년(인조 17) 이래 서사원을 모셨다.

최동보 유적인 삼충사 묘정비는 금암 서당, 이강서원과 달리 달성군에 있지 않고 팔공산 초입에 있다. 왕건이 견훤에게 대패하여 사경을 헤매다가 겨우 벗어나는 '신숭겸 유적지'의 서쪽 끝자락, 파계사로 들어가는 대도로변의 지묘동 871-1번지에 있다.

'세 명의 충신'은 최인崔認, 최계崔誡, 최동보를 가리킨다. 경상도 초유사 김성일이 '대구 가장假將(임시 의병 대장)'으로 임명했던 최계는 최인의 동생이고, 최동보는 두 사람의 조카이다.

삼충사 묘정비의 안내판은 '경주 최씨 일가 삼충三忠인 최인, 최계, 최동보 삼숙질三叔姪(삼촌과 조카)이 임란에 혁혁한 전공을 수립한 업적을 찬양한 충의 사적비忠義事蹟碑'라고 자랑한다. 그럴 만한 일이다. 세 사람 모두 임진왜란 때 의병장이기 때문이다.

[오른쪽 사진] 하목정 달성군 하빈면 하산리 1043-4, 유형문화재 36호
정사철을 기리는 금암서당에서 서쪽으로 5km가량 떨어진 성주대교 바로 앞에 있다. 임진왜란 때 하빈현 의병대장으로 활동했던 이종문이 1604년에 지었다. 인조는 왕위에 오르기 전 이 집에 머무른 적이 있었는데, 그 인연으로 이종문의 아들 이지영에게 현판 글씨를 써주었다. 지금도 집에는 그 '霞鶩亭 하목정'이 걸려 있다.

구암서원
북구 산격동 산79-1

**구암서원**
# 진산에 세워진 '사랑'과 '충의'의 선비상

　대구시 중구 봉산동 230-1은 광역시 한복판이지만 평지가 아니다. 조선 말기인 순종 때는 들판 가운데에 홀로 우뚝 솟은 이 산에서 정오를 알리는 오포午砲를 쏘았다. 지금도 이곳에는 오포산午砲山이라는 이름이 남아 있다.
　오포산이 대구의 중앙이라는 사실은 일제의 행위를 통해서도 확인된다. 조선을 합병할 야욕을 품고 있던 일제는 1897년 오포산 정상에 토지 측량 원점(기준점)을 설치한 뒤 대구 전역의 토지를 조사했다. 그때 일제는 자신들이 거주하고 주둔할 건물을 세우느라 오포산 정상부를 납작하게 밀어버렸다.
　정상부가 평평해진 오포산에 1951년 제일여자중학교가 들어섰다. 토지 측량 원점은 땅을 떠나 학교 건물 옥상 위로 옮겨졌다. 학교는 1665년(현종 6)에도 오포산, 아니 연구산連龜山에 세워졌다. 당시 사람들은 학교를 구암서원이라 불렀다. '이을 연連'과 '거북 구龜' 두 글자를 쓴 것은 연구산이 무엇인가를 이어주는 산이라는 것과 산에 거북이 있다는 사실을 나타내기 위해서였다.

도심 가운데의 산에 거북이 있다? 잔뜩 호기심이 자극되어 제일 중학교(2004년부터 공학이 되면서 교명이 바뀌었다.) 본관 앞으로 가본다. 본관 앞 화단에 등이 쩍쩍 갈라진 커다란 거북바위가 놓여 있다. 거북바위는 한자로 구암龜巖이다. 이곳에 세워진 서원에 '구암'이라는 이름이 붙은 까닭을 알게 해주는 바위이다.

'연구산은《경상도 지리지》를 비롯해 지리지 관련 고문헌 대부분에서 언급하고 있다.《신증 동국여지승람》에 "연구산은 대구부 남쪽 3리에 위치한다. 대구의 진산鎭山(대구를 지켜주는 산)이다. 읍을 처음 이룰 때에 돌거북을 만들어 머리는 남으로 꼬리는 북으로 향하게 묻어 지맥地脈을 이으려고 한 탓에 연구라 한다."라고 기록되어 있다.《대구 읍지》를 보면 연구산은 앞산에서 뻗어 내린 것으로 인식하고 있다. 즉 연구산에 묻어 둔 돌로 만든 거북이가 북쪽의 팔공산, 남쪽의 앞산을 연결해준다는 의미에서 연구산이라 칭하였다(국토지리정보원《한국 지명 유래집》).'

대문장가 서거정徐居正이 폴폴 아지랑이가 솟아오르는 봄철 어느 날 연구산 정상에 올랐다. 그는 사방으로 화사한 경치가 바라보이는 곳에 앉아 있는 거북을 보면서「구수 춘운龜出春雲」이라는 시를 읊었다. 구수춘운은 '거북산 봄 구름'이라는 뜻이다.

龜岑隱隱似鰲岑 거북뫼 아득하여 자라산을 닮았고
雲出無心赤有心 산에서 나오는 구름 무심한 듯 유심하네
大地生靈方有望 대지의 생명들이 살아나기를 모두가 바라노니
可能無意作甘霖 가뭄에 단비를 내려주려 하심이라네

하늘이 나서서 가뭄에 시달리는 백성들을 구원해 달라는 내용이다. 단순한 서정시가 아니다. 서거정은 왜 이곳 연구산에 올라 그런 소망을 노래했을까?《신증 동국여지승람》에 기록되어 있듯이 대구 사람들이 연구산을 진산으로 숭배했기 때문이다.

연구산 정상부에 길이 170cm, 폭 120cm, 높이 60cm, 무게 2t가량의 화강암 거북바위가 놓인 것도 그래서였다. 즉 연구산 거북바위는 태초부터 그곳에 존재했던 자연산이 아니다. 대구 사람들이 민속 신앙 차원에서 의도적으로 가져다 놓은 물건이다.

연구산(제일중) 거북바위

그에 대한 증언은 15세기에 편찬된 《경상도 지리지》 등에 실려 있다. 큰 불이 자주 발생하자 두려움을 느낀 대구 백성들이 연구산에 거북 모양의 바위를 얹어놓았고, 그 이후 대형 화재가 줄었다는 내용이다. 옛날 사람들은 깊은 바다에서 사는 거북을 불을 제압하는 상징으로 숭상했다.

대구의 진산에 대구를 대표할 만한 서원이 들어선 것은 당연한 일이었다. 대구 사람들이 구암서원을 세운 것은 서침徐沉을 기리기 위해서였다. 정몽주의 제자인 서침은 여러 벼슬을 역임한 성리학자이다. 그가 특히 역사에 이름을 남기게 된 것은 백성을 사랑하는 깊고 따뜻한 마음을 보여준 결과였다.

달성 공원 일대는 고려 중엽 이래 달성 서씨 문중 소유였다. 세종이 서침에게 '(달벌성이 축조된 서기 261년 이래 줄곧 대구 지역의 요새 역할을 해온) 달성 일원의 땅을 나라에서 군사용으로 사용하고자 한다.'면서 '그 대신 다른 땅을 주고, 후손들에게 대대로 벼슬을 내리겠노라.' 하고 제안했다. 서침은 '아무 것도 바라지 않으며, 다만 대구 사람들의 환곡還穀(정부로부터 꾼 곡식) 이자를 경감해 주십시오.' 하고 흔쾌히 대답했다.

커다란 재산을 국가에 헌납한 대신 대구 백성들의 세금을 줄여준 서침의 은혜에 사람들이 감동한 것은 당연했다. 사람들은 1665년 구암서원의 최초 건물인 숭현사崇賢祠(대구시 문화재자료 2호)를 세워 서침 선생을 모셨다(《대구향교신문》 2014년 5월 1일자).

숭현사 구암서원 사당

문화재청 누리집은 '구암서원은 구계龜溪 서침의 덕을 기리기 위해 위패를 모시고 제사지내는 서원'이라고 설명하고 있다.

서침 선생을 숭모하는 일은 그 이후에도 계속되었다. 1971년에는 그가 국가에 헌납했던 달성 성내의 중심부에 「달성 서씨 유허비」가 세워졌다. 유허비 인근의 300년 넘은 회화나무에는 '서침 나무'라는 별명도 주어졌다. 2015년에는 달성종합스포츠파크 인물 동산에 선생의 흉상이 제막되기도 했다.

달성 서씨 유허비 달성 공원

구암서원은 1718년(숙종 44) 동산동 229번지로 옮겨졌다. 이때부터 서거정(1420~1488) 선생을 추가로 모셨다. 서성徐渻(1558~1631), 서해徐嶰(1537~1559) 두 분을 모신 것은 각각 1741년과 1757년부터였다. 2008년 이후 임진왜란 당시 대구 의병 대장이었던 서사원徐思遠(1550~1615) 선생도 모셨다.

1788년(정조 12)에 경례재(동재)와 누학재(서재)가 세워지면서 구암서원은 면모가 두드러지게 갖춰졌다. 그 후 구암서원은 1868년 (고종 5) 서원 철폐령 때의 훼철을 겪기는 했지만 1924년의 중건 등을 거쳐 1996년 지금 자리에 다시 웅장하게 들어섰다. 문화재청은 '숭현사는 대구 시내에서 가장 규모가 큰 서원 안에 있을 뿐 아니라 보존 상태가 좋은 편'이라고 설명한다.

서거정은 1464년(세조 10) 조선 최초로 양관 대제학兩館大提學을 역임한 인물이다. 양관 대제학은 홍문관 대체학과 예문관 대제학을 겸임하는 관직이다. 홍문관은 궁중의 경서經書와 사적史籍을 관리하고, 문서의 처리 및 왕의 자문에 응하는 일을 맡아보던 조선 시대 관청이고, 예문관은 임금의 명령을 문장으로 짓는 일을 담당한 관청이다. 서거정이 양관 대제학을 역임했다는 것은 그가 대문장가였다는 사실을 말해준다.

서거정 시비 북구 침산공원 침산정 앞

서해는 이황의 제자로서 류성룡, 김성일 등과 동문수학하였다. 9세 때 어머니, 14세 때 아버지를 여의고 가난하게 살았지만 어려서부터 학문을 좋아하여 20세가 되었을 때에는 문장과 학문으로 이름을 날렸다. 그러나 23세의 젊은 나이에 요절하였다. 문집으로 《함재집》을 남겼다.

　서성은 서해의 아들이다. 임진왜란 당시 처음에는 선조를 호종했는데 호소사號召使(임금의 명을 받아 의병을 모집하는 직책) 황정욱의 요청으로 함경도에서 활동했다. 그는 광해군의 형 임해군, 아우 순화군, 그 외 황정욱 등 관료들과 함께 반란 수괴 국경인에게 결박당해 가등청정加藤淸正(가토 기요마사)에게 끌려갔다.

　뒷날 서성은 혼자 적진을 탈출하였다. 그는 선조에게 국경인 등의 모반 사실과, 왕자들이 왜적들의 포로가 되어 끌려 다니고 있는 상황을 보고한 후 (함경북도) 길주와 명천에서 의병을 모아 왜적과 싸웠다. 전란 중 명나라 장수 유정을 상대하는 외교관 역할을 수행하기도 했다.

　서성은 암행어사, 형조·병조·호조 판서, 황해·함경·평안·경기 감사, 도승지, 대사헌 등을 역임했고, 1624년(인조 2) 이괄의 난과 1627년(인조 5) 정묘호란 때는 임금을 호종했다. 광해군 시대에는 11년 동안이나 유배 생활을 했다.

　서사원은 임진왜란 당시 대구 지역 의병을 총지휘한 초대 의병대장이다. 대구 선비들은 1592년 7월 6일 팔공산 부인사에서 대구 전역을 망라하는 의병 부대를 결성하였는데, 대장으로 지역 유림의 최고 지도자 정사철을 추대했다. 왜란 발발 이듬해에 병사하는 정사철(1530~1593)은 당시 63세의 고령인데다 병을 앓고 있었다. 정사철이 몸 상태 때문에 의병대장 임무를 수행할 수 없다고 사양했다. 선비들은 서사원을 다시 의병대장으로 뽑았다.

　서사원은 1592년 임진왜란과 1597년 정유재란 사이에 (충북) 청안 현감 등을 역임하였지만 그 이후로는 선조가 여러 벼슬을 내려도 모두 사양하고 학문 연구와 제자 양성에만 힘썼다. 도승지 이민구는 서사원의 묘갈명墓碣銘(묘비의 글)을 써서 그의 은퇴 후 진면목을 깔끔하게 묘파했다. 이민구의 묘갈명 일부를 읽어본다.

> 대구의 낙재樂齋 서공徐公(서사원)은 숨어서 착한 도를 닦은 선비이다. (중략) 공이 살았던 (달성군) 이천은 금호 하류에 있는데, 산이 서려 있고 물이 고여 있어 어진 이가 숨어 살기에 적당한 곳이다. 푸른 솔이 집을 둘러싸고 집안에는 정결한 대나무와 향기 높은 매화가 가득하였다. 공은 거닐면서 해를 보내고 책과 뱃놀이로 즐거움을 삼았다. (중략) 매월 일정한 날에 학사學舍(이강서원의 전신 선사재)에 나아가니 (중략) 근방의 뛰어난 수재들이 다투어 와서 학업을 닦아 문채와 바탕이 함께 갖추어졌다.

**청주 구계서원** 서사원을 제향하고 있다.21)

---

21) 서사원은 임진왜란 기간 중 휴전 상태가 지속되던 때에 충청도 청안 현감으로 재직했다. 그는 선정을 베풀어 크게 민심을 얻었다. 그래서 지금도 청주시 서원구 분평동 251-5 구계서원에 모셔지고 있다.

용호서원 달성군 다사읍 서재리 693

**용호서원** 서사원과 정구의 제자인 양직당養直堂 도성유都聖兪(1571~1649), 그의 사촌동생 서재鋤齋 도여유都汝兪(1574~1640), 도여유의 장남 지암止巖 도신수都愼修(1598~1650)를 모시는 서원이다. 도성유는 도흠조의 장남 원국의 외아들이고, 도여유는 차남 원결의 장남이다. 이 책 39쪽의 병암서원의 취애翠厓 도응유(1574~1639)와 낙음洛陰 도경유都慶兪(1596~1637)는 도흠조의 3남 원량의 장남과 3남이므로 역시 도성유, 도여유와 사촌지간이다.

도성유는 임란 발발 당시 22세의 나이로 '임금의 피란 소식을 듣고 분개하여 의병을 일으키려 할 때 서사원 선생이 (대구 의병 총연합군인 공산의진군의 대장이 되어) 손처눌, 이주 제공과 의병을 일으킴에 공이 달려가 서로 의논하고, 인근 고을에서 의병과 군량을 많이 모았다(류심춘柳尋春 근찬 「용호서원 상량문」).' 도성유는 뒷날 '투암投巖 채몽연蔡夢硯(1561~1638, 36쪽에 사진)과 낙재 선생의 행장行狀(전기)을 찬撰(지음)하고 두 선생이 졸卒(타계)함에 공이 있던 와룡정사臥龍精舍가 향내鄕內(지역) 이학理學의 중심이 되었다(《서재 춘추》, 성주도씨용호문중).'

161

서산서원 터 북구 검단동 1325 압로정 뒤

**서산서원 터** 채선수蔡先修(1568~1634)는 25세 때인 1592년 임진왜란을 맞았다. 서재겸徐再謙(1557~1617)의 《죽계일고》에 따르면 8월 17일 군량미 수십 곡斛(10말)을 의병군에 제공하기도 했던 채선수는 공산의진군 중 신녕의 권응수, 상주의 이준 등이 소속되어 있던 남부군에서 활동했다. 그는 1593년 2월 21일 상주 당교 전투, 1596년 9월 28일 팔공산 전투, 1597년 7월 21일 화왕산 회맹 등에 참전했고, 1597년 9월 3일에는 팔조령을 넘어 재차 대구로 쳐들어온 왜적을 권응수, 이눌, 류사온 등과 함께 격파했다. 팔공산의 이 전투에서 경주 의병장 이눌李訥은 중상을 입었고, 그 후유증으로 종전 뒤인 1599년 타계했다.

채선수는 1829년(순조 29) 서산西山서원에 모셔졌다. 압로정(37쪽 사진) 뒤 왕옥산 기슭의 서산서원은 '두문동 72현(223쪽 참조)'의 한 분인 채귀하蔡貴河를 제향하기 위해 1824년(순조 24)에 건립된 서원이다. 서산서원은 고종 시대 대원군의 철폐령으로 훼철되었고 지금은 터만 남아 있다.

## 청호서원
## 일제 경찰도 발견하지 못한 태극 문양

　청호서원은 대구시 수성구 황금동 산79-4에 있다. 청호서원이 산비탈에 세워져 있다는 사실은 주소 지번에 '산'이 붙은 것만으로도 쉽게 짐작이 된다.

　서원 앞 안내판은 '이 서원은 조선 때의 학자였던 손처눌, 류시번, 손조서, 정호인 네 분을 추모하기 위해 세운 것이다.' 하고 말문을 연다. 안내판은 손처눌을 가장 앞에 두었다. 손처눌의 이름이 맨 먼저 등장하는 것은 그가 네 선비 중 최고령자이기 때문은 아니다. 손처눌은 임진왜란 당시 대구의 중요 의병장이지만 손조서는 그보다 140년가량 전인 세조 즉위 때(1455년)의 인물이다.

　박팽년, 성삼문 등과 함께 집현전 한림학사로 함께 일했던 손조서는 수양대군이 왕위를 찬탈하자 벼슬을 버리고 낙향했다. 그 후 세조가 여러 차례 불렀지만 응하지 않고 충절을 지켰다. 그의 문집에 실려 전하는 많은 시들 중 두 편을 감상해 본다.

　珍珠生海曲 아름다운 구슬이 바다에서 태어나는데

圓潔等孤輪 둥글고 깨끗하여 하나의 수레와도 같아라
若掛靑空上 만약 푸른 창공에 걸려 있다면
能明萬國春 온 세상의 봄을 밝힐 수 있을 터인데

「절구絶句」 전문이다. 일출 또는 월출 직전의 맑고 황홀한 정경을 간결하게 네 줄로 압축해서 형상화한 아름다운 작품이다. 시의 심상이 의유당 김씨의 「동명일기」를 그대로 연상시킨다.

> 홍색紅色이 거룩하여 붉은 기운이 하늘을 뛰노더니, 이랑이 소래를 높이 하여 나를 불러, "저기 물 밑을 보라." (하고) 외거늘, 급히 눈을 들어 보니, 물 밑 홍운紅雲을 헤앗고 큰 실오리 같은 줄이 붉기 더욱 기이하며, 기운이 진홍眞紅 같은 것이 차차 나 손바닥 넓이 같은 것이 그믐밤에 보는 숯불 빛 같더라. 차차 나오더니, 그 우흐로 적은 회오리밤 같은 것이 붉기 호박琥珀 구슬 같고, 맑고 통랑通朗하기는 호박도곤 더 곱더라.

의유당 김씨가 「동명일기」를 발표한 때는 1772년(영조 48)으로 알려진다. 손조서보다 대략 320여 년 뒤의 일이다. 물론 의유당 김씨가 손조서의 시에서 「동명일기」의 착상을 얻었다고 단정하는 것은 아니다. 세밀하고 품위 있는 문체의 의유당 김씨가 뛰어난 고전 수필가 중 한 사람으로 평가받듯이, 손조서 또한 격조 높은 감수성을 우아한 수사로 잘 표현해낸 뛰어난 시인이라는 말이 하고 싶을 뿐이다.

다른 시 「황앵아黃鶯兒」도 그의 출중한 문학적 감수성을 보여준다. 유리왕의 「황조가」를 통해 익숙히 알려진 바와 같이 황앵아는 꾀꼬리를 가리킨다. 날마다 골짜기 안에서만 오가며 날아다니는 꾀꼬리를 보면서도 손조서의 남다른 혜안은 반짝인다.

常囀聲將慣 늘 지저귀는 소리 드디어 익숙해지고
勤飛羽始調 부지런한 날갯짓도 이제는 자연스럽도다
莫言長在谷 오래 골짜기에 있다고 말하지 말라
一日俟升喬 어느 날 문득 높이 솟아 오르느니라

꾀꼬리는 어제도 오늘도 같은 모습으로 날고, 날마다 변함없는 소리로 지저귄다. 게다가 어린 꾀꼬리는 소리도 날갯짓도 이제야 겨우 어색함을 벗어나는 지경이다. 누군가는 '왜 저렇게 발달이 느릴까' 싶어 답답해하며 질책할 수도 있다.

하지만 손조서는 말한다. '성급하게 판단하지 마라. 언젠가는 저 어린 새도 높이 날아오르리라.'

작품의 수준에 견줘볼 때 그가 어째서 시인으로 유명세를 떨치지 못하고 있는지 의아스럽다. 손조서라는 이름 또는 그의 작품을 기억하는 이는 별로 없을 듯하다. 뛰어난 시이었고, 출중한 학자였으며, 김굉필과 정여창 같은 걸출한 제자도 길렀는데……

**청호서원** 사당은 숲에 가려 보이지 않는다.

흔히 김굉필과 정여창은 김종직의 제자로 알려져 있다. 그것은 사실이다. 그렇지만 김굉필과 정여창이 손조서의 제자인 것 또한 사실이다. 이는 손조서가 김종직과 더불어 당대의 거유巨儒였음을 증언해주는 기록이다. 한국학중앙연구원의 《한국 민족문화 대백과 사전》에 기록되어 있는 손조서의 생애 중 핵심 부분만 발췌하여 소개하면 아래와 같다.

> 손조서는 학문과 시문의 대가로서 김종직과 친교가 있었고, 김굉필, 정여창 등의 제자를 두었다. (중략) 1456년(세조 2)에 단종의 복위를 꾀하던 성삼문 등이 살해되자 벼슬을 버리고 고향에 은둔, 호조 참의에 임명되었으나 취임하지 않았다. 대구의 청호서원에 제향되었다.

같은 《한국 민족문화 대백과 사전》에서 ('손조서' 항목이 아니라) 경남 밀양시 산외면 다죽리 607에 있는 '혜산서원' 항목을 찾아보면 '1753년에 서산서원西山書院으로 창건하고, 손조서의 학문과 덕

청호서원 강당

행을 기리기 위해서 건립되었다. 서산서원은 선현 배향과 지방 교육의 일익을 담당하여 오던 중 1868년에 훼철되었고, 이후 철운재徹雲齋로 편액되었다. 1971년 혜산서원惠山書院으로 개칭하고 중건하여 손공량, 손처눌, 손린, 손우남의 사위四位를 추향追享(추가로 모심)하였다.'라고 소개되어 있다.

결론을 말하면 《한국 민족문화 대백과 사전》은 '손조서' 항목에서 혜산서원을 빠뜨렸다. 손조서는 대구의 청호서원만이 아니라 경남 밀양의 혜산서원에도 제향되고 있다. 손조서가 청호서원에 모셔진 때는 1775년(영조 51)이고, 혜산서원에는 그보다 22년 빠른 1753년(영조 29)부터 모셔졌다. 즉 혜산서원은 처음부터 손조서를 제향하기 위해 건립된 서원이고, 손처눌을 기리기 위해 1685년(숙종 11)에 세워진 청호서원에는 뒷날 다시 모셔진 것이다.

따라서 손처눌의 이름이 청호서원 안내판의 네 인물 중 맨 앞에 언급된 것은 그가 이 서원에 가장 먼저 모셔진 선비이기 때문이다. 1685년(숙종 11) 대구 선비들은 손처눌이 40여 년 동안 제자를 가르쳤던 영모당永慕堂에 새로 터를 잡아 청호사靑湖祠를 세웠다. 1694년(숙종 20) 청호사는 청호서원으로 승격되었고, 사당에는 숭인사崇仁祠라는 새로운 현판이 걸렸다.

1755년(영조 31) 청호서원은 류시번(1569~1640)을 배향했다. 위기지학爲己之學(과거 시험이 아니라 자기 수양을 목적으로 하는 공부)의 신념을 가지고 학문에 전념한 류시번은 임진왜란 의병장 곽재겸과 손처눌에게 배운 선비였다. 물론 류시번도 공산 의진군公山義陳軍(대구 지역 의병 총연합)에서 활동했다. 아버지 류요신(1550~1618)이 해안현 북촌 지역 의병장이었으므로 두 사람은 부자 의병이었다.

20년 뒤인 1775년(영조 51)에는 손조서와 정호인을 추가로 모셨다. 손조서는 손처눌의 5대조이고, 손처눌의 제자로 진주 목사 등을 역임한 정호인은 1636년(인조 14) 병자호란이 일어났을 때 영남도의진嶺南都義陣 부영장副營將으로 활동한 선비이다.

손처눌은 1553년(명종 8) 출생하여 1634년(인조 12) 타계한 대구의 선비이자 임진왜란 의병장이다. 그는 14세부터 전경창에게, 그 후 정사철과 정구에게 학문을 배웠다. 15세와 21세에 각 도에서 실시하는 1차 과거인 향시鄕試에 합격하였으나 전국 단위의 본시험인 대과大科에는 낙방하였다. 손처눌의 문집 《모당집》 연보에는 과거에 실패한 소감을 시로 나타낸 「득실得失」이 실려 있다.

由來得失莫之爲 본래 득실은 사람의 힘으로 어쩔 수 없는 것이니
得豈欣欣失豈悲 얻었다고 어찌 기뻐하며 잃었다고 어찌 슬퍼하랴
自古劉賁亦下第 예로부터 유분 같은 이도 역시 낙방했으니
始知時命必相隨 때와 인생은 반드시 서로 이어짐을 이제 알겠네

유분은 과거를 보면서 당시 실세인 환관을 비방했다가 낙방한 당나라 때의 선비이다. 손처눌이 유분을 거론한 것은 과거 낙방이 자신의 능력 문제가 아닌, 능력으로 미칠 수 없는 당시의 정치 현실 때문에 빚어진 결과로 여겼음을 암시한다.

스승들도 이 시를 본 뒤로는 과거를 통해 벼슬길로 나아가는 것이 손처눌과 맞지 않다는 견해를 나타내었다. 《모당집》에 따르면 전경창은 손처눌의 아버지 손수에게 '아드님은 우리 같은 사람이 아니니胤君非吾輩人 과거로써 기약하지 말라勿以科目期之'라고 당부했고, 정사철도 사람들에게 '지난 번 손처눌이 응시한 글을 보니向見孫某應試之文 뜻이 바르더라命義得正' 하고 평가했다. 그 이후 손처눌은 과거에 뜻을 두지 않고 오직 학문에만 전념했다.

임진왜란이 일어났을 때 손처눌은 서사원의 뒤를 이어 대구 지역 전체 의병의 총대장이 되었다. 1592년 8월 29일, 아버지가 이미 계시지 않는 상황에서 조부모 타계를 맞아 치르는 승중손承重孫을 당한 서사원이 더 이상 의병대장 임무를 수행하지 못하게 되자 선비들은 손처눌을 후임으로 추대했다.

손처눌이 서사원의 후임으로 공산 의병진 총대장으로 추대된 것은 그가 평소에 대구 지역 유림에서 큰 신망을 얻고 있었다는 사실을 증언해준다. 이상필은 논문 「임란 전후 대구 유림에서의 모당 손처눌의 역할」에서 '연경서원은 1602년에 중수하게 되었는데 모당이 이를 주도했다. 그리고 1613년 11월에는 여기에 퇴계의 위패를 봉안하였다. 이때의 고유문과 봉안문을 모두 모당이 지었다.'면서 '이를 보아, 그가 당시에 대구 사림을 주도하였음은 물론 신망을 받는 위치에 있었음을 알 수 있다.'라고 평가한다.

부인사에 본부를 둔 공산 의진군은 일본군이 5,600명 정도 대구에 추가로 배치된 1592년 8~9월 이후 이듬해 1월까지 왜적의 팔공산 진입을 막아냄으로써 피란 와 있던 대구 사람들을 안전하게 지켜내었다. 정유재란 때에도 손처눌은 재차 의병을 일으켜 달성 등지에서 왜적을 격파하였다. 당시 경상 감사 한준겸이 그의 공을 보고하여 조정이 벼슬을 내렸지만 그는 강력히 사양하였다.

종전 이후 손처눌은 서사원, 곽재겸, 류요신, 채몽연 등 임진왜란 당시 대구 지역에서 의병장으로 활동했던 선비들과 함께 연경서원, 선사재(이강서원의 전신), 영모당 등에서 제자들을 가르치는 데 전념했다. 서사원과 더불어 강장講長 역할을 했던 손처눌은 서사원이 1615년 타계한 이후에는 영모당에서 홀로 강의를 계속했다. 《영모당 통강通講 제자록弟子錄》에는 34명의 과거 급제자를 비롯해 202명의 제자 명단이 수록되어 있다. 그의 제자 중에는 서원에 18명, 사당에 3명의 선비가 배향되어 스승의 이름을 빛냈다.

그러나 학문과 창의에 신명을 바쳤던 손처눌도 자연의 법칙에는 순응할 수밖에 없었다. 1634년(인조 12) 6월 초하루, 그는 82세의 고령으로 말미암아 세상을 떠날 때가 되었음을 예감한다.

청호서원 사당의 현판

그는 선조의 묘소를 참배한 후 제자들에게 마지막 강의를 하면서 '이런 좋은 일을 다시는 못하겠구나, 너희들은 모두 부지런히 힘쓰기 바라노라.' 하고 당부한다.

이어 손처눌은 자기 자신에게 남기는 조사를 썼다. '목숨이 다해 가지만 내 어찌 한탄하랴命之衰矣吾何恨 풀이 썩듯 인생도 한 번 지나가는 것인데腐草人生一過音'로 시작하는 자만自輓(자기 자신에게 보내는 마지막 글)에서 그는 먼저 '바람 따라 노래하고 달을 즐기며 한 때를 보냈고吟風弄月當年事 살아 순리 죽어 편안이 오늘의 바람이라 네生順歸寧此日忱' 하고 토로했다. 그는 '저승에서 스승과 벗들과 그윽한 마음 합하리라重泉師友契幽襟' 하고 마지막 소망도 밝혔다.

자만을 남기고 보름이 지난 그 달 15일, 손처눌은 아침 일찍 일어나 의관을 바르게 하고는 방을 쓸고 다시 자리와 이불을 반듯하게 편 뒤 거기에 누워 조용히 눈을 감았다. 400여 선비들의 통곡과 200여 만사挽詞와 제문祭文을 뒤로 한 채 그는 황금동 선영先塋(조상들의 묘소) 아래에 있는 유택幽宅(묘소)으로 돌아갔다.

청호서원도 1868년(고종 5) 서원 철폐령 때 훼철되는 비운을 겪는다. 선비들은 1930년 서원을 다시 세운다. 이후李厚는 청호서원 기문記文에서 '우리 마을의 선비들이 진심으로 분발하여 강학하고 문물 회복을 도모하면, 하늘의 운수가 우리 유학을 돌아보며 도울 것이니 어찌 옛날의 성대함에 미치지 못하겠는가? 또한 어찌 청호서원 한 곳만 회복하겠는가!' 하고 스스로 '감격하고 기대'했다.

하지만 어렵게 재건한 서원이 1968년 화재를 당해 모두 불타버린다. 이에 굴하지 않고 선비들은 그 이듬해인 1969년 사당을 짓고 강당을 중건하여 서원을 재차 일으킨다. 현재 건물들은 1972년, 2008년 등 여러 차례 고치고 가다듬은 모습이다.

청호서원 앞에는 「모당 손 선생 유허비慕堂孫先生遺墟碑」가 서 있다. 모당은 손처눌의 호로, 선생이 제자들을 가르쳤던 영모당에서 따온 이름이다. 이 비는 1844년에 세워졌는데 조선 말기 안동 의병 대장 김도화가 비문을 지었다. 1825년 고종의 왕후 민비가 일본인들에게 죽임을 당한 을미사변과 단발령에 항의하여 김도화가 안동에서 의병을 일으키자 당시 안동에 머물고 있던 경상도 관찰사 김석중은 도주하였는데, 의병장 이강년이 문경 농암에서 붙잡아 처형하였다. 창의 당시 김도화는 무려 71세나 되는 고령이었다.

손처눌을 모시는 사당 숭인사는 청호서원 강당의 오른쪽 산기슭에 있다. 강당과 사당 사이는 폭이 1m밖에 안 되는 아주 좁은 계곡이다.

강당 협문으로 나와 작은 다리를 건너면 곧장 사당 외삼문 앞에 닿는다. 외삼문에는 태극 문양이 강렬하다. 서원을 재건한 1930년에 그려졌는데 일제 강점기 때 일본 경찰이 발견하지 못해 지워지지 않고 살아남았다는 태극 문양이다. 태극 문양은 '절의의 손조서, 창의의 손처눌, 류시번, 정호인이 보여준 선비다움은 오늘날에도 변함없이 살아 있어야 하는 겨레의 정신이다!' 하고 준엄하게 외치는 듯하다.

청호서원 사당 내삼문의 태극 문양

### 서계서원
## 과거 부정 거부한 대구 제 3대 의병 대장

대구시 북구 서변동 881 서계서원은 임진왜란 공산 의진군公山義陳軍(대구 의병 총연합)의 3대 의병 대장 이주 선생을 모시고 있다. 서계서원이 있는 서변동의 동북쪽 뒤편으로는 팔공산 자락이 장엄하게 펼쳐진다. 임진왜란 당시 대구 사람들은 이 골짜기로 대거 피란을 했다. 일본 군대는 조선인들을 학살하기 위해 줄기차게 공격을 해댔다. 팔공산 서봉 아래 부인사에 본부를 둔 공산 의진군은 일본군들을 끝까지 막아내었다. 덕분에 팔공산에 피란 온 대구 부민들은 정유재란 이전까지는 피해를 입지 않았다.
  이주 선생에게 과거 시험 부정 사건과 관련되는 특별한 실화가 따라다닌다는 사실은 참으로 뜻밖이다. 물론 선생에게 부정적 인상을 덧씌우는 일화가 아니라 오히려 그 반대이지만 흥미로운 것만은 분명하다. 아무튼 이 재미있는 사건을 돌이켜보려면 그가 과거에 응시하게 된 과정부터 살펴보아야 한다. 과거 합격을 통한 입신출세를 꿈꿔본 적이 없는 이주가 시험 부정 사건에 연루되었다는 것은 그 자체만으로도 호기심을 불러일으키기 때문이다.

일찍 학문의 경지에 도달한 이주는 약관 27세(1582년)에 환성정이라는 띠집 정자를 짓고 후배와 제자들을 가르쳤다. 그는 자신이 손수 지은 금호강변의 환성정을 매우 좋아해서, 그해 9월 9일 중양절에는 그곳에서 「중구 등 환성정重九登喚惺亭」이라는 시를 읊기도 했다. 원문과 구본욱의 국역시를 함께 읽어본다.

回首山亭引興長 산정에 올라 돌아보니 흥취가 크게 일어나는데
九秋佳日屬重陽 9월의 가을 중 좋은 날 중양절이라네.
霜前草木俱零落 서리 내려 초목에는 잎이 다 떨어졌는데
最愛籬花晚節香 울타리 옆 늦게 핀 국화 꽃 향기가 가장 사랑스럽네.

젊은 나이임에도 출세욕도 없이 자연을 벗 삼아 유유자적 살아가는 아들이 어머니로서는 탐탁할 리 없었다. 결국 이주는 29세가 되었을 때 어머니의 명령을 거스를 수 없어 과거에 응시했다. 그는 지방에서 치러지는 두 번의 향시鄕試와, 과거 본시험의 예비 관문격인 동당시東堂試에 연이어 장원을 차지함으로써 '3장원三壯元'이라는 별명을 얻었다.

이주는 복시覆試를 보러 한양으로 올라갔다. 회시會試라고도 하는 복시는 과거의 본시험을 말한다. 과거장에서 이주는 《대학》을 외던 중 문득 한 글자에 의심이 생겨 잠시 암송을 멈추고 깊은 생각에 잠겼다. 그때 장막 밖에서 지켜보고 있던 대구 출신 고관이 손톱으로 가죽신에 글자를 새겨 그에게 보여주었다.

이주는 의연히 일어서서 시험장 밖으로 나가버렸다. 그는 스승 전경창에게 '임금을 섬기겠다고 과거장에 들었으면서 임금을 속이는 일을 할 수는 없습니다.' 하고는 시험장을 아주 떠나버렸다. 그 이후 이주는 단 한 번도 과거에 응시하지 않았다. 그런 성정의 이주였으니, 그가 우리 민족 최대의 전란 임진왜란을 맞아 의병을 일으킨 것은 너무나 당연한 일이었다.

임진왜란 당시의 환성정은 지금의 자리에 있지 않았다. 본래의 환성정은 망일봉 끝자락인 금호강 물가에 지어졌다. 그러나 이주가 처음, 직접 지은 환성정은 임진왜란 중에 불탔다. 왜란 종전 1년여 후인 1599년, 당시 44세였던 이주李輈(1556~1604)는 환성정을 다시 짓고 강학도 재개했다.

세월이 흐르면서 환성정은 다시 무너지고 말았다. 1869년(고종 6) 대원군의 철폐령에 휩쓸려 서계서원이 훼철되자 지역 선비들과 후손들은 환성정만 일단 재복원했다. 이에 대해서는 1832년(순조 32) 발행판 《대구부 읍지》에 관련 증언이 남아 있다. 이 책은 '지금 정자는 (환성정이라는 이름만 남아 있고 실물이) 없다.'라는 기록을 보여준다.

**환성정** 서계서원의 정자

서계서원은 1781년(정조 5)에 건립되었다. 선비들은 태종 때의 대제학 이문화李文和(1358~1414) 선생을 모시기 위해 서원을 세우면서 동화천溪의 서西쪽에 있다고 하여 서계西溪서원이라 불렀다. 그 뒤 임진왜란이 끝나고 200여 년 경과한 1801년(순조 1) 공의 8세손인 태암苔巖 이주 의병장을 다시 배향했다.

서계서원이 다시 살아난 것은 1992년으로, 훼철된 때로부터 120년이나 지난 뒤였다. 성균관 전학 이상학은 「서계서원 복원기復元記」서두에 '팔공산 남쪽 금호강 위에 전에 서계서원이 있었으니 공도공恭度公 오천烏川 이 선생李先生(이문화)을 타유妥有(위패를 모시고 제사 지냄)하던 곳이다. (중략) 순조 원년에 선비들이 발의하여 다시 선생의 9세손 태암공 휘諱(이름) 주를 배향하였다.'라고 썼다.

서계서원 강당

선산 목사 김영이 쓴 「서계서원기西溪書院記」에도 같은 내용이 나온다. '달구(대구)의 북쪽 금호(강) 위에 서계서원이 있으니 이는 오천 선생을 봉안한 곳이다. 또 오천 선생의 9세손인 육휴당六休堂(이주) 선생을 배향하였다.' 서계서원이 이문화, 이주 두 분 선생을 모시는 곳임을 밝혀두고 있는 대목이다.

방금 인용한 「서계서원기」에 재미있는 표현이 들어 있다. 대구를 '달구'로 적은 대목이다. 대구 일원에서는 '닭'을 "달", '닭 새끼'를 "달구 새끼"로 발음한다. 대구 사람들에게는 '달'과 '달구'가 같은 말인 것이다. 따라서 《삼국사기》 첨해이사금 15년(261) 조에 기술되어 있는 달벌성은 곧 달구벌성이다. 달성은 지금의 대구 시민들에게 '달성 공원'으로 인식되어 있지만 사실은 우리나라 고대 축성술을 증언해주는 국가 사적 62호이다.

달벌 또는 달구벌은 757년 '대구大丘'라는 새 이름을 얻는다. 경덕

**숭덕사** 서계서원 사당

덕왕이 인명과 지명들을 중국으로 개명할 때 덩달아 그렇게 바뀌었다. 그런데 그보다 1,020년이나 후에 집필된 「서계서원기」가 여전히 '달구'라는 이름을 사용하고 있는 것은 흥미로운 일이다. 임금이 작명한 '대구'라는 중국식 이름보다 본래 이름 '달구'에 지역민들의 더 깊은 애착이 서려 왔다는 사실과, 언어에 깃들어 있는 사회성이 얼마나 강력한지를 잘 보여주는 사례로 여겨진다.

서계서원에는 지명과 얽힌 또 다른 재미있는 일화도 전해진다. 이 일화는 서계서원의 건물 중 한 곳인 환성정의 기문記文(건물의 내력)에 남아 있다. 해당 원문은 '余嘗構數椽于所居之洞여상구수연우소거지동 洞卽麗祖之討甄萱時동즉려조지토견훤시 警軍曰경군왈 無怠者也무태자야'이다. '내(이주)가 일찍이 사는 동네에 몇 칸의 집을 지었는데, (이) 동네는 고려 태조가 견훤을 토벌할 때 경계하는 군사들에게 "무태無怠(게으르지 말라)!"라고 말한 곳'이라는 뜻이다.

「환성정기」에는 '고려 태조가 견훤을 토벌'했다고 되어 있지만 927년 이곳 동수대전에서 참패를 한 쪽은 왕건이었다. 왕건은 신숭겸, 김락 등 장수들이 목숨을 내던져 견훤군을 막는 동안 구사일생으로 도망쳤다. 그렇지만 이주는 후삼국을 통일하여 민족사의 새로운 전기를 개척한 왕건의 업적을 기려 '고려 태조가 견훤을 토벌했다' 식의 치사를 「환성정기」에 남겼다.

서계서원에도 사당은 강당 뒤편에 있다. 우리나라 서원들이 취하고 있는 가장 일반적인 건물 배치 방식이다. 물론 강당, 환성정 등 모든 건물들이 1992년에 웅장하게 신축되었으므로 사당 역시 고풍스러운 느낌을 주지는 않는다. 다만 숲을 배경으로 하고 있는 까닭에 사당다운 분위기는 자연스레 풍겨난다.

사당의 주벽主壁(중심이 되는 위패) 이문화는 1358년(공민왕 6) 인천이씨 문중에서 태어나 1380년(우왕 5) 과거에 합격했다. 그는 태조 이성계와 태종 이방원의 시대에 예조·호조·형조 판서, 도승지, 대제학 등의 고위 벼슬을 역임했다.

그가 1414년(태종 14) 타계하자 왕이 사흘 동안 조회를 열지 않고 슬퍼했다는 유명한 옛일이 전해진다. 태종은 그에게 공도恭度라는 시호諡號(죽은 뒤 임금이 내린 이름)를 내리고, 영의정에 추증追贈(죽은 뒤 벼슬을 높여줌)했다.

이주는 일곱 살 때 처음으로 글을 배우기 시작했는데, 아홉 살 때 《소학》을 배우던 중 '부모를 사랑하고 공경해야 한다愛親敬長'라는 구절에 이르러 '사람 되는 도리는 이 가르침 밖에 있는 것이 아니다.'라고 하여 주위를 놀라게 했다. 파잠(대구시 수성구 파동)에 살았던 그는 열 살 때 역시 파잠에 거주하고 있던 계동 전경창의 제자로 입문했다.

이주는 27세에 정자를 짓고 환성정이라는 이름을 붙였다. 환성정은 늘 깨어 있겠다는 의지를 천명한 이주의 자기 채찍이었다. 그는 직접 지은 「환성정기」에 '옛날 서암사의 승려가 날마다 스스로에게 "주인은 깨어 있는가惺惺否?" 하고 물은 다음 "깨어 있다惺惺" 하고 대답하는 자문자답을 반복했다. 이것은 옛사람이 항상 마음을 깨어있게 하는 방법常惺惺法'이라고 밝히고 있다.

환성정

환성정은 대구의 초기 정자 문화를 대표하는 여섯 곳 중 한 곳이었다. 1924년에 발간된 《대구 읍지》에 따르면, 낙동강 강창나루(다사읍 디아크문화관 두물머리 옆)부터 금호강 고산서당(수성구 성동 171)에 이르는 강변에는 무려 88개나 되는 정자가 있었다. 그중 전경창·응창 형제의 세심정, 채응린의 압로정, 정사철·광천 부자의 아금정, 이주의 환성정, 이종문의 하목정, 서시립의 전귀당은 초창기에 건립된 여섯 개의 유서 깊은 정자였다.

선비들은 물을 바라보며 시를 읊고 학문을 논했다. 이주도 자신의 정자 환성정을 무척이나 사랑했다. 그의 시 중에는 환성정이 물가에 있었다는 사실을 증언해주는 「금호 범주琴湖泛舟」도 있다.

江水滔滔逝不休 강물은 도도히 쉬지 않고 흐르고
滿汀琴韻和漁謳 물가 가득 거문고 소리 고깃배 노래에 화답하네.
到頭焉用推移力 끝까지 도달하는 데 어찌 옮기는 힘이 필요하겠는가?
最愛中流自在舟 강 가운데 저절로 떠다니는 배가 가장 사랑스럽네.

과거 시험의 부정을 단호히 거부한 이래 다시는 응시하지 않았던 꼿꼿한 선비 이주, 일본의 침입이 있자 분연히 창의하여 적들의 침탈로부터 대구 부민들을 지켜내었던 의병장 이주, 1599년 대구 향교를 재건할 때 상량문을 지었던 대구 유림의 지도자 이주는 '끝까지 도달하는 데 어찌 옮기는 힘이 필요하겠는가?'라고 반문한다. 자연스러운 존재自在가 가장 아름답다最愛는 가르침이다.

외적이 쳐들어왔을 때 가족과 지역, 나아가 국가를 지키기 위해 목숨을 던지는 것은 사회적 인간으로서 자연스러운 행동이다. 부정과 속임수로 이익을 얻을 수 있는 기회가 주어졌을 때 단호히 거부하는 것 또한 사회적 인간으로서 자연스러운 반응이다. 아름다운 경치를 보면 시 한 수를 읊는 촉촉한 감수성의 발휘 역시 사람만이 누릴 수 있는 자연스러운 천혜이다.

1900년 구한말 독립운동가 최익현 선생이 환성정을 방문한다. 이는 환성정이 대단한 지명도를 가지고 있었음을 말해준다.

그런데 나는 아직 한 번도 가보지 않았다. 자연스럽지 못한 일이다. 특히 15세 때부터 무태로 옮겨와 살았던 이주 선생이 《환성정기》에 '(환성정의) 북쪽은 팔공산이 우뚝 섰는데 기암괴석과 구불구불한 산언덕이 모두 와서 떠받들고 있는 형상'이라면서 '마치 (주자가 살았던) 무이산의 대은병과도 같다. 주문공(주자)의 시에 "청산에는 옛날처럼 푸른 나무가 많구나依舊靑山綠樹多!"라는 구절이 바로 이곳을 두고 말하는 것 아니겠는가!'라고 찬탄한 글을 읽고도 찾아볼 마음을 먹지 않는다면 더 더욱 자연스럽지 못하다. 자연 속의 서계서원과 환성정을 찾아가는 자연스러운 발걸음, 오늘 당장 실행할 일이다.

동화천 서쪽에 환성정, 동쪽에 화수정(구씨 재실)이 있다. 동화천은 대구 유일의 자연 하천이다.

## 낙동서원
## 명군도 칭송한 24세 젊은 의병장, 우배선

(우배선은) 국가의 한 자 창이나 한 말 군량도 쓰지 않고 자기 재산을 내어 무기를 짓고 군사를 먹이며 수없이 많은 적을 죽이고 참수하였으니 옛 명장에서 찾더라도 (이만한 장수는) 많이 얻지 못할 것입니다.

대구의 적이 해가 넘도록 웅거하여 (경상)좌도의 장수가 합하여 공격한 지도 한두 번이 아니었으나 머리 하나 얻지 못하였고 우리 군사가 1,000여 명이나 죽었는데 우배선은 성주와 대구의 경계(화원)에 끼어 있으면서 혹 밤에 습격하기도 하고 혹 (적을) 맞아 싸우기도 하여 매번 승리를 거두었으니 용감한 재주는 이것으로 알 수 있습니다.

신이 그 재주를 기이하게 여겨 그 인품을 고루 물으니 (중략) 어려서부터 글을 읽다가 왜변(임진왜란) 뒤에 활 쏘고 말달리기를 익혔으니 이는 이 때를 당하여 얻기 어려운 인재입니다. 신의 의견으로는 이 상황에서는 발탁해서 재주껏 다하게 해주시옵소서. - 김성일의 장계 중 일부(박선정 논문「월곡 우배선과 덕동 및 낙동 서원」)

> △ 장將 : 우배선, 참급斬級 9, 사살射殺 26, 작살斫殺 11 (계 46)
> △ 정노위定虜衛 : 도언수都彦守, 참급 5, 사살 15, 작살 10 (계 30)
> △ 별시위別侍衛 : 김암회金岩回, 참급 2, 사살 10 (계 12)

위의 예처럼, 보물 1334-1호인 《화원花園 우배선禹拜善 의병진義兵陳 관련 자료關聯資料 - 군공책軍功冊》의 「의병 군공책義兵軍功冊」에는 전공이 의병 개인별로 기록되어 있다. 적군을 죽인 방법, 즉 목을 베어 죽였는가(참급), 화살을 쏘아 죽였는가(사살), 찔러 죽였는가(작살)에 따라서도 그 숫자를 하나하나 밝혀두었다.

본문의 '장將'은 의병장 또는 가장假將(전쟁 중 임금의 결재를 받을 겨를이 없는 상태에서 왕권을 대신해 초유사 등이 인정한 장수)을 뜻한다. 「의병 군공책」의 원문은 우배선(1569~1622)을 때로는 의병장, 때로는 가장으로 표현하고 있다. 가장이라는 직명이 사용된 것은 1592년 전란 발발 즉시 24세의 새파란 나이로 즉각 창의했던 우배선이 많은 전공을 세워 그해 9월 하빈현(대구시 달성군 하빈면)에서 경상도 초유사 김성일로부터 지휘관 사령을 받은 사실에 근거한다.

본문의 '참급 9'는 우배선 의병장이 적군 9명의 목을 직접 거뒀다는 사실을 말한다. 우배선은 또 26명을 직접 활을 쏘아 사살했고, 11명을 칼로 베어 죽였다. 이수건의 논문 「월곡 우배선의 임진

우배선 《의병 군공책》의 일부

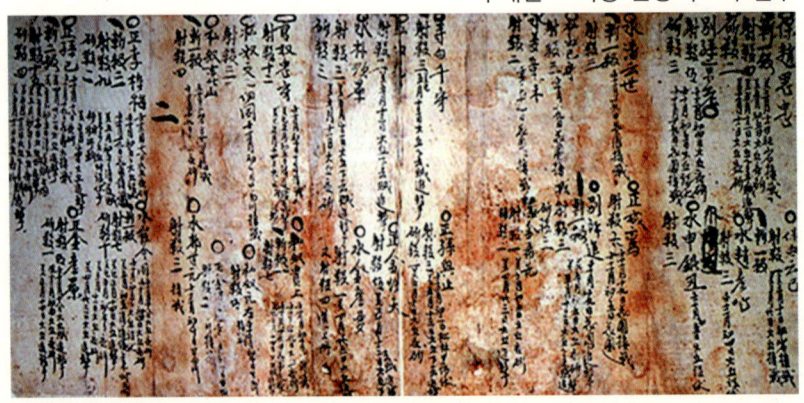

왜란 의병 활동」에 따르면, 이 전과를 집계한 시기는 대략 1593년(선조 26) 5월 말 또는 6월 초로 보인다.

본문의 '정노위 도언수, 별시위 김암회'에서 보듯이 우배선은 적을 죽인 전과를 의병 구성원 89명 개인별로 정리해뒀고, 각 의병들의 직역職役(직책과 역할)도 밝혀뒀다. 개인별 전과의 내용을 합계만 살펴보면 아래와 같다.

별시위 : 도덕웅 5, 허몽수 20, 허응성 16, 손경로 8, 허진 7,
　　　　갈덕부 12, 전응로 5, 이운건 14, 조억수 3, 박두무 7
정병正兵 : 진애사 12, 송학년 33, 배연상 3, 진광인 10, 김억수 4,
　　　　장가미 5, 이궁경 2, 허응수 14, 박득 10, 송준복 3,
　　　　조모노산 7, 김언경 5, 공덕 5, 허도랑 10, 허유문 4,
　　　　서응기 23, 허춘우 3, 서애산 3, 허응부 4, 송태수 2,
　　　　도붕 1, 도수부 22, 손봉수 6, 도부인 3
기관記官, 향리鄕吏 : 석백 22, 석기운 14
수군水軍 : 김명원 2, 손다음사리 5, 신수인 2, 최관 6, 장일천 5,
　　　　김말응덕 5, 빙동 5, 최어질개 7, 반운세 4, 강오을미 2,
　　　　신은축 3, 조언심 3, 박순경 6, 김언몽 5, 도세원 3,
　　　　최금동 18, 이명계 8, 김국세 14, 장몽기 51, 강하수 2
중군中軍 : 송호림 3, 전응내 2, 이언춘 3, 이희창 6, 성란 6,
　　　　이철매 14, 손기 21, 손흥지 4, 김순천 5, 김한*(1자 미상) 2
보인保人 : 진오을미 7, 이득춘 3, 조사충 7, 백운기 2, 김희원 2,
　　　　박송 15

우배선은 노비들의 전공도 모두 기록했다.

사노私奴 : 기총 21, 근부 5, 몽득 2, 기수 3, 광일 2, 문을이동 3,
　　　　말질산 5, 귀상 8, 원좌 5, 언수 4
사노寺奴 : 백천수 3
관노官奴 : 충수 12

임진왜란 때 봉기한 의병장 본인의 가계, 신분, 직책, 역할 등에 대한 연구는 많지만 그가 거느린 의병군 병사의 정확한 숫자, 개인별 신분 및 직역에 대해 세세히 밝힌 논문은 거의 없다. 규명할 수 있는 자료가 없기 때문이다. 그에 비해 우배선은 관련 내용을 상세히 기록한 소중한 자료를 남겼고, 그 가치를 인정받아 2002년 1월 2일 국가 보물로 지정됐다.

우배선의 기록은 달서구 상인동 660 월곡月谷역사공원 안의 월곡역사박물관에 보관되어 있다. 2002년 5월에 개관한 월곡역사박물관은 옛날 농기구와 생활용품 500여 점을 볼 수 있는 1층 200평과 《화원 우배선 의병진 관련 자료-군공책》 등 800여 점의 문서와 7,000여 권의 고서적을 갖춘 2층 200평으로 이루어져 있다.

낙동서원 강당

본래 월곡역사공원 일대 7,000여 평 땅은 단양 우씨 열락당 종중 소유였는데, 종중에서 시민들을 위한 공원 부지로 기부했다. 월곡역사박물관 뒤에는 단양 우씨 선조들인 우탁, 우현, 우현보, 우길생, 우배선을 배향하는 낙동서원도 있다.

문화재청 누리집은 《화원 우배선 의병진 관련 자료 – 군공책》을 '조선 중기의 의병장·문신인 월곡 우배선 장군의 임진왜란 때 의병 활동과 그와 관련된 자료들'이라고 소개하면서 '우배선을 비롯해 그 부하 의병 88명의 군공'을 적어둔 '의병군공책'에 대해 '특히 전국적으로 유일한 임진왜란 당시 의병들의 전공戰功 보고서로 임진왜란 때 대구 지방의 의병 활동을 연구하는 데 중요한 자료'라고 의의를 부여하고 있다.

누리집의 평가를 좀 더 실감나게 확인하기 위해 「의병 군공책」에 나오는 '사노 기총'의 전과 부분을 원문대로 읽어보자. 앞에서는 '사노 기총 21'로 종합하여 제시했지만 원문은 '사노 기총, 사살 18, 작살 3, 임진년(1592) 11월 19일 화원 대접전花園大接戰(대구 달성군 화원읍 일원에서 벌인 큰 전투), 11월 28일 대구 야작夜斫(대구에서 밤에 벌인 칼싸움), 12월 10일 감물 천전甘勿川戰(김천 감물천 싸움)' 식으로 표현돼 있다.

사노 기총 부분의 원문은 이어 '계사년(1593) 1월 14일 대구 추격追擊(따라가며 공격), 3월 11일 조암 대전祖岩大戰(대구 달서구 조암동에서 벌인 큰 전투), 4월 22일 대구 추격, 5월 13일 대구 하래시 추격下來時追擊(대구로 내려올 때 기습), 5월 5일 대구 야작, 5월 11일 대구야작' 식으로 계속된다. 전투 월일, 장소, 전투 방식까지 아주 세밀하게 기록하고 있다. '전국적으로 유일한 임진왜란 당시 의병(군)들의 전공 보고서'라는 평가를 얻기에 충분한 자료이다.

보물 1334-2호인 《화원 우배선 의병진 관련 자료-교지(교첩)》은 우배선과 관련된 교지, 간찰 등이다. 교지는 왕이 관직官職, 관작官爵, 시호諡號, 자격, 토지 및 노비 등을 내린 문서이고, 교첩은 왕이 5품 이하의 관리를 임명할 때 발급하는 사령장이다. 교지 12점은 교첩 2점·교지 8점·추증 교지 2점으로 이뤄져 있다. 교지는 우배선을 1593년 합천 군수로 임명한 것, 1605년 경상 좌수영 우후虞侯(부수사)에 임명한 것 등 8점이다. 추증 교지 2점은 1603년 우배선이 선무원종공신宣武原從功臣22)에 책록되자 그의 부

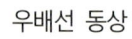

우배선 동상

22) **선무 원종 공신** : 임진왜란이 끝난 후 선조는 공신을 책봉한다. 1604년 6월 24일에 처음으로 확정된 공신 명단 104명에 의병은 한 명도 들어가

친 우성덕禹成德을 가선대부 호조 참판 겸 동지의금부사, 모친 장씨蔣氏를 정부인貞夫人에 추증한 것이다.

월곡역사박물관의 '월곡'은 우배선의 호를 딴 명칭이다. 문화재청 누리집은 '(우배선은) 성주 화원현에서 태어나 조선 선조 25년(1592) 임진왜란이 일어나자 의병을 모집하여, 화원과 대구 일원을 중심으로 왜군과 싸워 공을 세웠다. 그리하여 조정으로부터 의병 활동의 포상으로 합천 군수 등 여러 관직을 지냈으며 1604년 선무원종공신에 책록되었다.'면서 '이들이 올린 전공은 참살 63명·사살 604명·작살 110명으로 작은 의병부대의 전과로는 엄청난 수'라고 평가하고 있다.

월곡역사공원을 찾아 우배선 장군의 동상부터 참배한다. 무릇 동상, 비석 등 눈에 보이는 기념물들이 가장 먼저 답사자의 마음을 잡아당기는 법이니 이는 당연한 발걸음이다. 동상 뒷면에 새겨져 있는 '동상 건립 취지문'을 읽는다.

---

지 못한다. 선조가 자신과 함께 압록강까지 갔던 사람들을 주로 공신에 임명한 탓이다. 선조는 명나라와 외교를 담당하는 대신들, 옆에서 자신을 보좌한 사람들이 제일 큰 공을 세웠다고 생각했다. 그 결과 내시 24명, 왕의 말을 끄는 이마理馬 6명 등이 포함한 첫 공신 명단에 의병은 한 명도 넣지 않았다.

선조는 지방의 장수들이 잘못해서 임진왜란 때 나라가 곤욕을 치렀다는 인식을 가지고 있었다. 전쟁 발발에 대한 대비, 군사 전략의 수립과 운용, 인재 등용과 적재적소 배치 등 모든 분야에서 무능력을 드러냈던 선조 자신과 대신들에게는 책임이 없다는 생각이었다. 이런 식으로 공신을 책봉하자 백성들과 장수들의 비난이 쇄도했다. 선조는 할 수 없이 1605년 4월 공신을 추가(원종)로 지정하게 된다. 이를 원종공신이라 한다.

전란 중 일어난 반란 진압에 공을 세운 사람들을 제외하면 공신은 호성공신과 선무공신으로 대별된다. 선조와 함께 압록강까지 도망갔던 자들을 임금을 호위했다고 해서 호성扈聖공신이라 하고, 적과 직접 싸운 사람들을 선무宣武공신이라 한다.

> 이 동상은 우리 민족사에 유래를 찾아볼 수 없는 왜침인 임진왜란 때 의병을 모으고 결사대를 조직하여 부하들과 침식을 같이 하고 그들의 가족을 내 가족같이 보살펴 주었으며 부하들에게는 투철한 호국 정신을 심어주어 각처의 전투에서 다대한 전과를 올려 대구, 성주 지방 제1의 의병 부대로 만든 그 공적을 후세에 전함으로써 청소년들에게 역사 교육과 애국애족하는 정신을 심어주기 위하여 이곳 단양 우씨 열락당 종중에서 국고 보조금 일부를 보태어 서기 2002년 10월 동상을 세웠다.

취지문에 '대구, 성주'로 표현된 것은 우배선의 주요 활동 무대였던 화원현縣이 지리적으로는 대구 일원이지만 당시 행정구역상 성주목牧에 소속되어 있었기 때문이다. 「의병 군공책」의 본래 이름이 「성주 화원 의병 군공책」인 것도 그래서이다.

동상 앞면에 새겨져 있는 '월곡 우배선 장군의 생애'도 읽어본다. '단양 우씨 판서공파 파조 우홍명의 제6대 종손'인 우배선 장군은 '임진왜란이 일어나자 용감히 일어나 생명과 재산을 돌보지 않고 의병을 모아 싸워 그때마다 이겼다. 이 소식을 들은 초유사 학봉 김성일 선생은 그 공적을 높이 찬양하여 조정에 표창하여 줄 것을 청원'하였는데 '선조대왕께서도 승전 소식을 들으시고 기뻐하셨으며, 명나라 중원군 장수 이여송의 참모 여응종은 그가 쓴 《조선기》에 우배선은 24세의 약관 서생임에도 의병을 인솔하여 싸울 때마다 이기고 많은 적을 무찔렀다고 극찬하였다.'

우배선은 '국가가 큰 공을 세운 사람을 역사에 남기기 위한 선무원종공신 심사 때 일등공신으로 녹훈되었고 그와 관련된 34건의 문헌은 국가 보물 1334호로 지정되었다.' 그 후 장군은 '합천, 금산 및 낙안 군수를 역임했으며 종2품 관직인 겸사복장을 봉직한

것을 끝으로 고향에 돌아와서 열락정사를 세우고 후배 양성에 힘
쓰다가 서기 1621년 11월 20일에 세상을 떠났다.' 그의 묘소는 경
상북도 고령군 다산면 나정리 벌지마을 뒷산에 있다.

의마총 월곡역사공원

대구 달서구 조암동은 우배선이 1592년 10월 19일과 1593년 3
월 18일에도 접전했지만 특히 1593년 3월 11일에 왜적을 크게 무
찔렀던 전투 장소다. 이날 우배선 의병군은 왜적을 71명이나 참살
했다. 지금은 거대한 아파트 숲으로 변해버렸지만, 조암동 지역은
건축 바람이 한창이던 2006년 7월 26일 그 인근에서 대구 지역
최초로 구석기 시대 유물이 발견된 곳이다. 당연히 그곳은 임진왜
란 당시 무인지경이었다. 그저 야생마들이나 서식하는 광활한 벌판
이었다.

그런데 야생마 중 한 필이 특별히 성질이 사나워 도무지 사람이
접근할 수가 없었다. 1592년 5월 23일 우배선이 소문을 듣고 들
판으로 들어가 따뜻이 달래니 말이 순순히 따라왔다.

말은 조련을 거쳐 우배선의 애마가 되었다. 뒷날 전쟁이 일어나 대구 근교 각지에서 왜적과 혈전이 벌어졌을 때 말은 크게 주인을 도왔다. 교전 중 왜적의 총탄이 쏟아져 우배선이 위급에 빠진 찰나 애마가 기민하게 움직여 사상死傷을 모면한 것이 여러 번이었다.

우배선이 1622년 53세의 나이로 타계하자 말은 먹이를 마다한 채 줄곧 슬피 울다가 사흘만에 숨을 거뒀다. 사람들은 주인을 따라 죽은 이 애마를 "용마龍馬"라 부르면서 장지산 기슭에 의마총義馬塚을 썼다. 그 후 100년 세월이 흘러 의마총은 일제 식민지 때 수몰되었다. 후손들은 1968년 의마총이 있던 터에 의마비義馬碑를 세웠다. 이들이 의마비를 건립한 취지는 우억기가 짓고 우종묵이 쓴 비문 마지막에 강건한 문체로 새겨져 있다.

> 인간 사회에도 윤리를 모르고 충의를 저버린 예가 허다하건만 이성에 밝지 않은 야생마가 영걸을 알아보는 형안炯眼(밝은 눈)으로 복종하고 순치馴致(부드러워 짐)되어 주인 위한 충성으로 국난에 공헌하고 주인의 하세下世(타계) 있자 3일만에 순사殉死(주인을 뒤따라 죽음)하는 단성丹誠(불변의 정성) 충과 열을 겸전(두루 갖춤)하였으니 충의지절이 어찌 마필馬匹(말)이라 소홀하리오. 도의가 퇴폐頹廢(무너짐)한 오늘날 그 정신을 만세에 전하고 그 영靈(영혼)을 위무慰撫(위로)코자 그 의리를 글로 새겨 편민片珉(한 조각 돌)을 세워 계이명繼以銘(새겨서 이어지게 함) 하노라.

1611년(광해군 3) 경상도 좌수영 우후 임기를 마친 우배선을 고향으로 돌아와 월곡정사月谷精舍를 짓고 자연에 묻혀 산다. 그 이후 여러 차례 벼슬을 하라는 권유가 왔지만 모두 사양한다. 그가 타계한 후 87년이 지난 1708년(숙종 34), 선비들이 그를 기리기 위해 덕동서원을 짓고 열락당悅樂堂 현판을 단다. 이때 월곡정사에도 같은 현판이 걸린다.

덕동서원은 대원군의 서원 철폐 때 훼철된다. 1965년 우종식·우종묵 형제가 사비를 들여 서원을 재건한다. 이때부터 덕동서원은 낙동서원이라는 새 이름을 얻고, 우탁, 우현, 우길생, 우현보, 우배선 다섯 분을 제향하게 된다.

우탁은 두 편의 탄로가歎老歌로 국민들에게 익숙한 고려 때의 대학자다. 간혹 '우탁'과 '탄로가'라는 말에는 고개가 갸우뚱해진다 하더라도 교과서에서 종종 보았던 '한 손에 가시 들고 또 한 손에 막대 들고 / 늙는 길 가시로 막고 백발은 막대로 치려 했더니 / 백발이 저 먼저 알고 지름길로 오더라'와 '춘산에 눈녹인 바람 언뜻 불고 간 데 없다 / 잠시만 빌려다가 머리 위에 불게 하여 / 귀밑의 해묵은 서리를 녹여볼까 하노라' 하는 내용을 보면 '아!' 하며 기억이 되살아날 것이다.

우현은 고려 충숙왕이 원에 잡혀갈 때 수행했던 대학자로, 우탁의 수제자이기도 하다. 다시 그의 수제자는 '흥망이 유수有數(운수가 있음)하니, 만월대(고려의 궁궐)도 추초秋草(가을의 시든 풀)로다. 오백년 왕업王業(왕위를 이어옴)이 목적牧笛(목동의 피리)에 부쳤으니, 석양

낙동서원 강당

에 지나는 객客(고려의 충신)이 눈물겨워 하노라'라는 시조를 남긴 원천석이다. 원천석은 제자인 이방원이 태종이 되자 벼슬을 하지 않고 산에 숨어 살았다.

우길생은 1362년(공민왕 11) 홍건적을 물리치고 왕성을 되찾아 공신으로 책록된 인물로, 우탁의 아들이다. 우현보는 우길생의 아들로, 선죽교에서 피살된 정몽주의 시신을 모두가 두려워해 아무도 거두지 못할 때 홀로 나서서 안장安葬한 고려 충신이다.

월곡역사공원에는 월곡역사박물관, 낙동서원, 열락당, 「의병장 우배선 선생 창의 유적비遺蹟碑(남긴 자취를 기념하는 비)」, 「의마비」, 「성균관 부관장 우종식 공적비」, 「성균관 부관장 우억기 기적비紀績碑(업적을 기념하는 비)」 외에 또 볼 것이 있다. 「파리장서비」와 「순국 지사 우병기 추모비」이다. 파리장서비는 우배선 창의 유적비 옆에 있고, 순국지사 우병기禹丙基 추모비는 박물관 왼쪽 뒤편에 있다.

월곡 역사 박물관

이곳의 파리장서비는 우씨 문중의 또 다른 자부심이다. 1919년 파리 강화 회의에 한국의 독립을 청원하는 문서 '파리 장서'를 제출하는 유림의 서명 운동에 참여한 선비 대표는 모두 137명이었다. 그 중에 우성동, 우찬기, 우하교, 우경동, 우승동 등 월곡역사박물관이 있는 이곳 월촌 출신이 6명이나 포함됐다. 박선정의 논문 「월곡 우배선과 덕동 및 낙동서원」은 이에 대해 '한 문중에서 이렇게 많이 서명한 일은 아주 드물며, 이로 인해 많은 애국지사가 검거돼 옥고를 치렀다.'라고 기술하고 있다.

옥고를 치른 우씨 문중 애국지사의 비가 바로 '순국 지사 우병기 추모비'이다. 우병기(1903~1944) 지사는 동지들을 규합하여 상해 임시정부에 독립 군자금을 보내던 중 소위 치안유지법 위반으로 징역 7년을 선고받고 청진 감옥에서 옥고를 치렀다. 그는 이감된 대전 형무소에서 1944년 10월 26일 옥중 순국했다. 정부에서는 고인의 공훈을 기려 1993년 건국 포장, 2005년 건국훈장 애족장을 추서했다.

월곡역사공원은 과연 '역사' 공원이다. 우배선 의병장의 정신이 500년 이상 서려온 땅에 어울리는 힘찬 시민 공원이다.

## 동호서당
## 황희 정승 후손, 공을 세웠지만 벼슬은 사양

　사당이 있으면 서원이고 없으면 서당이다. 동호'서당'에는 사당이 없다. 사당이 있으면 강당에 동호'서원' 현판을 달았을 터이다. 그래서 서당 앞 안내판은 '이 건물은 의병장 면와勉窩 황경림黃慶霖(1566~1629)을 위해 하양현 사림士林들이 1820년에 세운 동호사東湖祠에서 유래했다.'라고 말한다. '유래했다'는 표현은 사당으로 창건되었는데 지금은 사당 없는 서당으로 남아 있다는 뜻이다.
　1872년 서원 철폐령을 겪은 동호사는 '1875년 본 건물을 중건하였고, 1921년 중수하면서 서당으로 명칭을 바꾸었으며, 2013년 12월에 다시 중수되었다.' 그 탓에 정면 4칸, 측면 1칸의 팔작지붕을 한 동호 서당 건물은 아직 대패질 자국이 은은하게 남은 새 목재와 회색빛 창연한 옛날 목재들로 뒤섞여 있다.
　동호서당은 왼쪽에 온돌방 두 칸을 두었고, 오른쪽에는 마루를 두 칸 두었다. 가운데에 대청을 두고 그 좌우로 방을 놓지 않은 점이 눈길을 끈다. 안내판은 동호서당이 '전반적으로 소박하게 건물을 꾸몄다.'라고 평가하고 있다.

안내판이 황경림에 대한 해설을 빠뜨릴 리 없다. '조선 세종 때 정승이던 황희의 후손으로 이곳 동내동 (황씨의) 입향조入鄕祖(마을에 처음 살기 시작한 조상)'인 황경림은 '1592년 임진왜란이 일어나자 하양 지역에서 의병을 일으켜 권응수, 곽재우 등과 함께 여러 전투에 참가하여 큰 공적을 세웠다. 조정에서 여러 번 벼슬을 내렸으나 사양하고 후진 양성에 힘쓰며 학문을 토론하였다. 사후 창의 공신 倡義功臣의 휘호를 받았다.'

서당 앞뜰을 좌우로 가득 채우고 있는 두 그루 거대한 은행나무가 우람하다. 나무들은 수령(나이) 200년, 수고(높이) 20m, 둘레 1.2m로, 2000년 11월 18일 보호수로 지정되었다. 나무 앞의 안내판은 '조선 후기 서원 철폐 시기에 재실을 이곳으로 옮기면서 재실의 무사 건재를 기원하면서 옮겨 심었다.'라고 말한다.

동호서당 전경

동호서당은 뒤에도 특별한 볼거리를 거느리고 있다. 선사 유적이다. 고인돌 등 역사 시대 이전의 유적들을 서당 바로 뒤 개울 건너 얕은 언덕에 모아 놓았는데, 하나하나 친절한 안내판이 세워져 있어 답사자들을 즐겁게 해준다. 특히 땡볕이 뜨겁고 비바람이 휘몰아치는 날에도 불편 없이 관람할 수 있도록 하늘을 푸른 보호 시설로 덮어놓았다. 이만하면 동호서당은 선사 시대와 임진왜란이라는 '두 마리 토끼'를 잡을 수 있는 역사 유적지라 하겠다.

동호서당이 황경림 의병장을 기려 세워진 집이므로 그에 대해 좀 더 알아보아야겠다. 경산 문화원이 펴낸 《경산의 산하》는 1592년 4월 25일 왜적 100여 명이 와평(와촌)으로 밀려와 닥치는 대로 민가를 약탈하였을 때 신해 의병 대장 등 하양 지역의 의병들은 악전고투 끝에 적들을 격퇴, 영천 경계까지 맹렬히 추격했다고 전한다. 그날 경산 의병은 장창 35자루, 조총 25자루, 백납으로 도금한 나무칼 여러 자루, 사람의 눈을 현혹시킬 수 있는 이상한 장식의 병기들 등을 일본군으로부터 빼앗았다.

동호서당 강당 수리를 한 흔적이 뚜렷하다.

4월 27일, 경산의 최대기 의병장이 하양 의병진에 합류한다. 이 무렵 최동보 의병장은 (대구 동구) 해안과 (연경서원이 있던) 화담 사이에서 왜적을 크게 무찌른다.

5월 2일, 하양 일대 신해 의병 대장은 최대기 의병장과 논의 끝에 대구의 최동보 의병장에게 서신을 보낸다. 신녕의 권응수 의병군과 세를 합치자는 내용의 전갈이었다. 다음날 신해 의병 대장은 하양 일원 의병장들에게 '하양은 작은 마을이고 왜적도 크게 쳐들어오지 않을 것인즉 그리 염려할 게 못되오. 우리 모두 신녕으로 가십시다!' 하고 제안한다. 황경림 의병장은 생각이 달랐다.

"왜적이 허점을 노려서 공격해 오면 우리 고장은 누가 지킬 것입니까? 차라리 군사를 나누어 역할을 수행하는 편이 좋겠습니다."

결국 신해 의병 대장은 군사를 나누어 그날 바로 신녕으로 가서 권응수 의병군과 합세한다. 5월 8일, 하양의 선비들은 다시 서당에 모여 신해 장군 대신에 황경림 장군을 의병 대장으로 추대한다. 황경림은 스스로 무능하다고 자처하면서 사양했지만 결국 많은 이들의 권유를 뿌리치지 못해 의병 대장의 소임을 맡게 된다. 요약하면, '황경림은 하양 지역의 2대 의병 대장으로 활동한 선비'였다.

그러므로 황경림 의병장에 대한 기록은 《대구 시지》가 아니라 《경산 시지》에 실려 있다. 《경산 시지》는 '하양현 창의 8의사八義士' 소개 지면을 별도로 마련하고 있다. 여덟 분의 의사는 신해, 김거, 허대윤, 허경윤, 박능정, 박붕, 허응길, 그리고 황경림을 가리킨다. 황경림 의병장 소개 부분을 읽어본다.

장수長水 황씨로, 세종 때 명상 황희 정승의 후손이다. 임진왜란에 신해와 창의하여 하양 향병鄕兵(의병)을 이끌고 영천의 싸움에 참전하여 성을 회복하였고, 신해가 진지를 옮긴 후에 하양 의병의 대장이 되었다. 정유재란 때는 충익공忠翼公 곽재우郭再祐와 창녕 화왕산성을 고수하였다.

> 순조 20년(1820)에 향사鄕士(지역의 선비들)가 안심 동곡동東谷 洞에 동호사東湖祠를 세워 제향하였다.

하양읍에는 황경림 등 하양 지역 의병장들을 기려 세워진 비석도 있다. 하양읍 중심부의 구 읍사무소 자리에 건립된 「임진 창의 제공諸公 하양 사적비」가 바로 그것이다. 1958년부터 2013년까지 54년 동안 하양읍 사무소가 있었던 자리는 현재 작은 공원으로 조성되었는데, 사적비는 공원 중에서도 도로변에 있다. 사적비 좌우에는 10여 기의 선정비와 「4월 학생 혁명 기념비」도 있어 한층 더 다양한 볼거리를 제공한다.

사적비는 앞면에 비의 이름, 뒷면에 여덟 의사의 개인별 소개 및 공적이 한문으로 새겨져 있다. 경산 문화원이 2001년에 펴낸 《경산의 문화유적 기문》은 황경림을 두고 '장수인이라, 자는 경서요 호는 면와이니, 익성공 희(황희)의 후손이라, 임란에 신해 장군과 더불어 향병을 이끌고 영천성을 되찾는 데 힘을 보태었고, 신해 의병장이 신녕으로 진지를 옮겨간 이후에는 하양 의병 대장을 이어받았으며, 충익공 곽재우와 함께 화왕산성을 지켜내었다. 동호사에 제향되었다.'라고 (《경산시지》와 비슷한 내용의) 소개를 한 후, 비문 원문과 한글 번역문을 싣고 있다.

번역문은 '삼가 살피건대 제공의 사적 모두가 족히 세상에 모범될 만하나 아직도 널리 알려지지 못했다, 이제 그 후손과 지역 유림에서 상호 협력하여 행정기관에 건의, 바야흐로 비문을 읍사무소에 세우게 됨에 박석노와 도병채가 나(이호대)에게 명銘(비에 새길 글)을 청하여 왔다, 명문은 다음과 같다.'로 시작된다. 본문은 아래와 같다.

임진 창의 제공 하양 사적비

학산은 높고 가파르며
금호강은 길고 푸르러 누르고 띠가 되어 만물이 영화로웠다.
지난 임진란을 생각하건대
오랑캐가 창궐하자 하양의 제공이 토멸할 것을 함께 맹세했다.
뛰어난 신해 공이 창의하여
단에 올라 이름이 조정에 보고되고 어려운 자리에 올랐다.
서남방의 황경림 공은 병권을 이어받아
영청선 전투에 공을 세우고 동호사에 제향되었다.
누가 충익공을 따랐는가?
후원의 김거 공인데 화왕산을 사수하여 논공 때 공이 높았다.
난형난제 허씨 형제
번갈아 수문장을 하여 함께 녹훈에 기록되었다.
교나무와 재나무는 박씨 문중의 두 사람,
아버지는 순국하고 아들은 수성에 골몰했네. (중략)
산이 높고 강이 길어 (아름다운) 풍습이 그치질 않네.

사명 대사가 승려들을 이끌고 전투 중인 광경 망우당공원 임란의병관 기록화
동화사 동구 도학동 35, 남지장사 달성군 가창면 우록리 865

### 동화사, 남지장사
## 대구에서 볼 수 있는 사명 대사의 자취

전쟁에 개입한 삼국 시대 승려 중 가장 유명한 이는 아마도 고구려의 바둑 고수 도림일 듯하다. 도림은 바둑을 지나치게 좋아하는 백제 개로왕에게 접근, 화려한 궁성을 쌓도록 유도하는 등의 방법으로 국가 재정을 파탄으로 몰고 간다. 군사를 이끌고 공격해온 장수왕에게 백제의 수도 한성은 475년 함락당하고, 개로왕은 죽음을 맞이한다.

고려 때의 승군僧軍 중에는 1232년 몽고군 도원수 살례탑撒禮塔을 처인성(경기도 용인)에서 죽인 김윤후가 역사에 큰 이름을 새겼다. 승려였던 김윤후는 원의 4차(1253년), 5차(1254년) 침략 때에도 충주산성을 잘 지켜 결국 적이 물러가게 만들었다. 5차 침략 때 적에게 함락되지 않은 성은 전국에서 충주성과 상주성뿐이었는데, 상주산성을 지킨 장수도 승병 홍지洪之였다.

조선 시대에 승군들이 활약한 대표적 시기는 말할 것도 없이 임진왜란 시기이다. 1592년(선조 25) 임진왜란이 일어나자 서산 대사(1520~1604)는 선조의 부탁으로 창의 궐기문을 전국 사찰에 보낸다. 대사의 호소를 받은 승려들은 분연히 의승군義僧軍에 참여한다. 73세나 된 서산 대사는 스스로 1,500여 승병을 이끌고 평양성 전투에 직접 참전해 사람들을 놀라게 한다.

동화사와 남지장사는 서산 대사의 제자인 사명 대사(1544~1610)가 대구에 남긴 임진왜란 유적이다. 1595년부터 동화사에서 활동했던 사명 대사는 임진왜란 중 이 절을 영남 지역 승병의 총본부로 사용했다. 대웅전 앞 봉서루 뒷면 벽에 걸려 있는 현판에는 '嶺南緇營衙門영남치영아문' 여섯 글자가 새겨져 있다.

치緇는 승려들의 옷을 뜻한다. 치군緇軍은 승군과 동의어이고, 치영은 승군이 머무르는 군영을 가리킨다. 즉, 영남치영아문은 '영남 지역에 설치된 승려 군영의 문'이다. 이 현판이 봉서루에 걸려 있는 것은 동화사가 임진왜란 중 영남 지역 승군 본부였다는 사실을 말해준다.

봉서루의 영남치영아문 현판이 임진왜란 당시에 걸려 있었던 진품은 아니다. 진품은 동화사 경내 성보 박물관 내에 전시되어 있다. 성보 박물관의 진품 현판에서 받는 뭉클함도 대단하지만 봉서루 벽의 복사본을 바라보는 순간의 감회도 색다르다. 건물에 달려 있는 현판을 보노라면 임진왜란 당시 이곳 동화사에서 승병들이 창을 잡고 훈련하는 풍경이 생생하게 떠오른다.

성보 박물관에는 사명 대사가 의승군 대장 인장으로 썼던 영남 도총섭 인嶺南都總攝印, 승군을 지휘할 때 불었던 소라나팔, 비사리 구시(나무로 만든 밥통) 등도 보관되어 있다. 동화사에 가서는 성보 박물관을 꼭 찾아볼 일이다.

대웅전 왼쪽 옆 조사전에 들면 사명대사의 진영眞影을 볼 수 있 다(물론 보물 1505호인 진품은 성보 박물관에 있다). 조사전祖師殿은 어 떤 사찰의 조祖상과 같은 대사師를 모시는 집殿이다. 동화사 누리집 은 '1606년(선조 39) 사명당 유정 대사가 (동화사를) 중창'했다고 밝 히고 있다. 동화사는 사명 대사가 임진왜란 중 승병 대장으로서 경 내에 머물렀다는 사실과, 절을 크게 중창한 업적을 기려 그를 조사 전에 모시고 있는 것이다.

영남치영아문 현판 봉서루 뒷벽 유리에 대웅전이 비쳐 있다.

**동화사 둘러보기** 동화사 누리집은 '세계 최대의 석불인 약사여래대불을 비롯한 수많은 보물과 문화재를 보유하고 있는 동화사는 동아시아 10대 관광 명소로 지정되어 연중 내내 수백 만 명의 내·외국인들이 참배하는 동양의 대표 성지입니다.'라고 스스로 소개한다.

동화사는 봉황문 쪽에서 들어가야 한다. 예전에 동화사를 드나들던 사람들이 즐겨 이용했던 길이다. 지금은 주차 편의 때문에 식당가 쪽으로 들어가는 방문객들이 많지만, 조금 오르막을 걷더라도 봉황문으로 입장을 하는 것이 바람직하다. 그래야 보물 243호인 마애여래좌상을 감상할 수 있다. 답사 순서를 적시해보면 아래와 같다.

1. 봉황문 마애여래좌상 보물 243호
2. 통일대불
3. 당간지주 보물 254호
4. 성보 박물관 **사명대사 초상** 보물 1505호[23)
   嶺南緇營衙門영남치영아문 현판
   보조국사 지눌 초상 보물 1639호
   아미타회상도 보물 1601호
5. 부도 보물 601호
6. 금당암 동서 3층석탑 보물 248호 (금당암은 일반인 출입금지 구역)
7. 봉서루 嶺南緇營衙門영남치영아문 현판
8. 대웅전 보물 1563호, 목조약사여래좌상 보물 1607호
9. 극락전 유형문화재 11호
10. 조사전 **사명대사 초상**, 심지대사 나무
11. 비로암 석조비로자나불좌상 보물 244호, 3층 석탑 보물 247호

---

23) 동화사 누리집의 **사명대사 초상** 소개 : 전국에 있는 20여 개의 사명대사 진영眞影 가운데 동화사에 있는 것이 가장 오래된 사명대사 진영(보물 제1505호)이다. 이 진영은 1796년에 제작된 것으로 추정된다. 치켜 뜬 눈과 큰 코, 큰 귀 등 뚜렷한 이목구비에 긴 수염을 한 유정이 흰 장삼에 붉은 가사를 걸친 채 의자에 앉아 가부좌를 하고 있는 모습에 위엄이 넘친다.

12. (팔공산 중턱까지 등산) 염불암 청석탑 유형문화재 19호,
    마애여래좌상 및 보살좌상 유형문화재 14호
13. (정상까지 등산) 동봉 석조약사여래입상 유형문화재 20호

동화사 조사전 사명대사 초상을 볼 수 있다.

　대구에는 사명대사의 임진왜란 흔적이 남은 사찰이 한 곳 더 있다. 최정산 중턱(달성군 가창면 우록리 865)에 있는 남지장사가 바로 그곳이다. 남지장사는 동화사 들어가는 길 오른쪽에 있는 북지장사와 대비하느라 이름이 그렇게 바뀐 것으로 전해지는 절이다. 임진왜란 때 이곳에 본래 있던 절이 전소되어 그 후 중창했는데 1767년(영조 43) 남지장사라는 새 이름을 얻었다. 절의 사라져버린 본명은 지금까지 확인되지 않고 있다.
　남지장사 누리집은 스스로를 '684년(신문왕 4) 양한이 창건하였다. 신라 때는 왕이 토지와 노비를 하사하고 유지들도 시주를 많이 하여 사세가 매우 컸다. 한때는 8개의 암자를 거느렸고 수도하는

승려만도 3,000여 명에 달했다. 궁예가 일으킨 전쟁 때 폐사되었다가 1263년(고려 원종 4) 일연이 중창하였다.'라고 소개하고 있다.

남지장사는 '1592년(선조 25) 임진왜란이 일어나자 사명 대사 유정이 절을 승병 훈련장으로 이용하였다. 당시 승병과 의병장 우배순이 거느린 의병이 함께 훈련하였는데, 모두 3,000명에 달했다고 한다.' 그러나 뒷날 '왜군에게 점령되어 불에 탔다.'

'우배순'은 의병장 우배선(1569 ~1621)의 육촌동생이다. 우배순은 이곳 전투에서 전사하지만 우배선은 대구의 화원·달성·최정산 등에서 왜군과 싸워 연전연승했다. 《월곡 우배선 선생의 생애와 의병 활동(월곡 선생 창의 기념사업회 편)》에 실려 있는 대사헌 윤봉오의 「(우배선) 행장」에 따르면 '(우배선은) 최정산 전투에서 (적의 머리) 수백 급을 베었다.'

남지장사에서는 특히 부속 암자들을 꼭 둘러보아야 한다. 남지장사 왼편 골짜기의 백련암白蓮庵은 사명대사가 수행을 했던 곳으로 전해진다.

대웅전을 가운데에 놓고 볼 때 백련암의 반대편, 즉 남지장사의 오른쪽을 돌아 아늑한 솔숲길을 천천히 걸어가면 나타나는 청련암靑蓮庵은 비구니들의 수행처이다. 법당으로 보이지 않고 그저 보통의 여염집처럼 느껴지는 이 특이 한 암자는 대구시 유형문화재 34호로 지정되어 있다.

남지장사 대웅전

남지장사 백련암 사명대사가 머문 것으로 전해진다.

    남지장사를 두루 둘러보고 내려가면서 고은의 시 「그 꽃」을 떠올린다. 남지장사를 향해 올라갈 때에는 무심히 지났던 마을인데, 내려오는 길에 보니 이름부터 아주 새롭게 다가온다. '내려갈 때 보았네 / 올라갈 때 못 본 그 꽃'이라는 시의 격언 그대로이다.
    마을 이름이 '하얀 사슴이 사는' 백록동白鹿洞이다. 사명 대사가 승병들을 훈련하는 중에 하얀 사슴이 나타났고, 그 이후 '백록 마을'이라는 이름을 얻게 되었다고 한다.
    그렇게 보면, 남지장사만이 아니라 이 마을도 임진왜란 유적지이다. '7년 전쟁'으로 말미암아 인구의 1/3이 사라지고, 경상도 농토의 2/3가 황폐화되었다는데 어찌 우리나라에 임진왜란 유적지 아닌 곳이 있을까! 마을회관 앞에 마련되어 있는 정자에 올라 한참 동안 백록 마을을 바라본다.24)

---

24) 최정산 아래에는 자신의 이름에 사슴을 넣고 있는 마을이 또 있다. 남지장사에서 아주 평지로 내려오면 항왜降倭 장군 김충선이 살았던 마을이 나타난다. 녹동서원이 있는 이 마을의 이름에도 사슴이 들어 있다. 우록동友鹿洞이다. 김충선이 '사슴을 벗하며 살만한 마을'이라는 뜻에서 그렇게 이름을 붙였다. 최정산 주변은 확실히 사슴이 살 만한 청정 지역인가 보다.

사명대사 진영 동화사 성보 박물관(진품), 조사전(복제품)

송담서원
달성군 구지면 도동리 234-2

## 송담서원
## 체찰사가 "선생"이란 극존칭으로 부른 의병장

《선조실록》 1596년(선조 29) 1월 27일자에 '이항복을 홍문관 제학에, 조인득을 공조 참판에, 이노를 동지중추부사에, 장운익을 충청도 관찰사에, 윤유기를 사간원 헌납에, 박성朴惺을 형조 정랑에, 윤의립을 예문관 대교에 제수하였다.'라는 기사가 있다. 다른 사람에게는 아무런 언급을 하지 않은 사관史官(실록을 기록하는 관리)이 박성에게만은 '영남 사람인데 유사儒士(선비)로 이름이 드러났다.'라는 평가를 기사 뒤에 덧붙여 두었다.

《선조실록》 1605년(선조 38) 2월 13일자에도 비슷한 기사가 있다. 비변사가 수령(현재의 지방 단체장)을 맡을 만한 재목과 학문이 뛰어난 사람들을 임금에게 천거하는 중에 박성을 거론하자, 사관은 '박성은 학행과 지조가 있다.'라는 평언을 단다. 이 기사에서 사관은 임진왜란 당시 대구 지역 초대 의병 대장을 맡은 서사원徐思遠에 대해서도 '명성이 있다.'라는 평가를 첨부했다.

박성의 이름이 실록에 처음 나오는 때는 1592년(선조 25) 6월 1일자 《선조수정실록》이다. '정인홍이 의병을 일으켜 적을 토벌하였다. 정인홍은 평소 시골의 선비와 주민들로부터 외경의 대상이었다. 김면, 박성, 곽준, 곽율 등과 함께 향병鄕兵(의병)을 모집했는데, 손인갑을 중군中軍으로 삼았다.'

박성은 6월 28일자, 6월 29일자 《선조실록》과 8월 1일자 《선조수정실록》에도 등장한다. 이 세 날짜 중에서 경상우도 초유사招諭使(임금을 대신해서 관군을 독려하고 의병을 모집하는 관리) 김성일이 임금에게 임진왜란 초기의 경상도 상황을 보고하는 6월 28일자 기사만 일부 인용해 본다.

> 본도本道가 함락되어 무너지자 도망한 군사나 패전한 병졸만이 아니라 높고 낮은 사람들이 모두 사방으로 흩어져서 산속으로 도망쳐 새나 짐승처럼 숨어 있으니 아무리 되풀이해서 알아듣도록 설득해도 (의병으로) 응모하는 사람이 없었습니다. 그런데 근일에는 고령의 김면, 합천의 정인홍이 그의 동지인 현풍의 곽율, 박성, 권양 등과 더불어 향병을 모집하니 따르는 사람이 많습니다.

1592년 실록에 나오는 박성 기사는 모두 의병을 일으켰다는 내용이거나, 공을 세웠으니 상을 주어야 한다고 비변사가 왕에게 건의하는 내용이다. 따라서 대구시 달성군 구지면 도동리 234-2에 있는 송담서원松潭書院의 현지 안내판도 '박성은 임진왜란 때 초유사 학봉 김성일의 참모로 의병 활동에 참여하였고, 정유재란 때는 청송에 머물면서 청송, 진보, 영덕 지역 의병 대장으로 활동했는데, 체찰사 이원익은 언제나 "선생"이라 호칭하면서 공경하였다.'라고 설명한다. 안내판의 문장은 박성이 의병 활동을 했다는 실록의 증언과, '선비로서 이름이 드러났다.' 및 '학행과 지조가 있다.'는 실록 집필 사관의 평가를 잘 버무려서 표현하고 있다.

송담서원은 박성을 추모하여 세워진 서원이다. 박성의 자는 덕응德凝, 호는 대암大庵, 본관은 밀양으로, 1549년(명종 4) 대구 달성군 현풍 솔례에서 출생했다. 19세인 1567년(명종 22) 어머니(관찰사 김연金緣의 딸)의 권유로 사마시(과거 1차 시험)에 수석 합격하지만 아버지朴思訥의 별세 뒤로는 과거 응시를 그만두고 학문에 열중한다.

34세 이후 박성은 영남 8현 또는 중외中外(전국) 7현 중 으뜸가는 선비로 천거된다. 그에게는 20여 차례에 걸쳐 왕자 사부王子師傅(왕자의 스승) 등 많은 벼슬이 주어진다. 그는 공조 좌랑, 안음 현감 등 극히 일부를 제외하고 대부분의 벼슬을 사양한다.

한국학중앙연구원의 《한국 민족문화 대백과》는 박성이 '전쟁 때는 명나라 군사를 접응하고 장정을 동원해 군인에 충당하며 보급 물자를 수송하고 병기를 수리하는 등 공적이 많았다. 뒤에 그를 좋아하지 않는 사람이 권력을 잡자 벼슬을 사퇴하였다.'라고 적고 있다. 요약하면, 임무 완수에 최선을 다했지만 중앙 정치권의 줄서기 풍토가 싫어 스스로 관직을 버렸다는 뜻이다.

송담서원 전경

나라가 전란에 빠져 있는 중이었으므로 박성은 장정들을 관리하고 군량미와 무기를 조달, 보급하여 명나라 군대를 지원하는 데 최선을 다했다. 흉년과 전쟁으로 형편이 극히 나빠진 터에 외국 군대의 군수 물자까지 책임지는 것은 아주 곤혹스러운 일이었지만 누군가는 맡아서 해결해야 할 나라의 과제였다. 박성은 주변의 눈치를 살피지 않고 성의를 다해 임무를 완수했다.

그는 지역 호족豪族들이 나랏일에 비협조적인 것을 용납하지 않았다. 김세렴의 묘갈명墓碣銘(묘비에 새긴 글)에 '천성이 선을 좋아하고 악을 미워하여 악인을 대하면 자신이 더러워지기라도 하는 양 여긴 사람'으로 묘사되어 있듯이, 청탁, 부정부패, 봐주기가 없는 박성은 호족들의 두려움만이 아니라 미움까지 샀다.

세속에 찌든 사람들은 '맑은 물에는 물고기가 살지 않는다.'라는 속담을 보편적 진실로 믿는다. 실제로는 1급 청정수에만 사는 깨끗한 물고기들도 있지만 그들은 애써 모른 척한다. 박성이 부담스러웠던 지방 호족들은 중앙 권력자들에게 헐뜯는 말을 많이 하고,

송담서원 강당

그 결과 강직하고 청렴한 원칙주의자 박성을 좋아하지 않는 중앙 정부 실력자가 출현하는 것은 불을 보듯 뻔한 이치였다. 그는 벼슬을 버리고 청송 주왕산 아래로 들어가 은거하였다.

그 이후 박성의 공적을 분명히 인식하게 된 조정은 그에게 공조 정랑, 익위사 위솔, 임천 군수, 영천 군수, 익산 군수, 군자감 부정, 통례원 상례, 청송 부사 등의 내직內職(중앙 조정 근무)과 외직外職(지방 근무) 벼슬을 맡아달라고 계속 요청했다. 그는 모두 사양하고 관직에 나아가지 않았다.

44세 때 임진왜란을 만난 박성은 김성일이 경남 거창에 진을 쳤을 때 참모를 맡아 종군하였다. 이때는 이미 왜적이 거리낌 없이 북상하여 나라 안 모든 곳이 풍전등화처럼 위험에 빠진 시기였다. 거창 역시 적의 총탄과 말발굽 아래 죽음의 땅으로 초토화되기 직

전이었다. 박성은 김성일에게 말했다.

"이곳을 지키지 못하면 낙동강 서쪽을 보전할 수 없고, 그렇게 되면 전세를 돌이킬 근거가 없어질 터인데, 혹시라도 불행한 일이 일어나면 공께서는 어찌 하시렵니까?"

김성일이 대답했다.

"국경을 지키는 신하는 국경에서 죽는 것이 예禮를 지키는 것이오. 이곳은 내 집이니 나는 여기서 죽어 마땅하오. 그대는 어서 피하시오."

박성이 웃으면서 말했다.

"(임금 자리도 사양하고 동생 숙제와 함께 수양산에 들었다가 주나라 무왕의 전쟁 야욕에 반대한 끝에 고사리만 캐어 먹으며 살다가 굶어죽은) 백이伯夷와 (제나라를 부흥시키는 데 큰 공을 세우고 조나라와 위나라까지 순방하면서 진에 대항하도록 만든) 노련魯連이 관수官守(관리로서의 책임) 때문에 그리하였겠습니까? 하물며 저는 생사를 같이하기로 공과 이미 약속하였는데 어찌 이곳을 떠나 욕되게 목숨을 연장하리오."

박성은 김성일과의 의리를 끝까지 지켰다. 관군을 독려하고 의병을 일으키는 일에 있는 힘을 다하던 김성일은 진주성 싸움을 앞두고 역질疫疾에 걸려 1593년 4월 경상 우병영 진중에서 병사한다. 이때 모두들 김성일의 전염병을 무서워하여 슬금슬금 병문안조차 피했지만 박성은 마지막 순간에도 그의 곁을 떠나지 않았다. 묘갈명은 '김성일이 병이 위독해진 순간 박성에게 "그대의 충성심과 신뢰가 오늘과 같은 줄 내 진작 알고 있었소." 하며 손을 잡았다.'라고 전해준다. 실록을 쓴 사관이 박성을 두고 '학행과 지조가 있다'라고 기록한 까닭을 알게 해주는 장면이다.

박성은 정유재란 당시 49세로, 청송에 있었다. 왜적들이 다시 쳐들어 왔다는 소식을 들은 그는 김성일, 류성룡 등과 더불어 이황의 수제자 중 한 사람으로 일컬어지는 월천月川 조목趙穆(1524~1606)을 찾아 의병대장이 되어주기를 청했다.

조목은 자신이 너무나 고령이라는 이유로 오히려 박성에게 임무를 맡겼다. 사실 조목은 당시 74세나 되는 연로한 선비였으므로 의병대장을 사양한다 해서 탓할 일도 아니었다. 체찰사(전쟁 중 왕권을 전적으로 위임받은 관리) 이원익이 박성에게 반드시 "선생"이라는 호칭을 쓰며 예의를 갖추었다는 사실은 앞에서 말했다. 이원익은 박성을 '주왕산성 대장'으로 삼았다.

박성은 배우려는 이가 있으면 《소학》부터 읽으라고 권했다.
"성현을 배우려면 이 글만한 것이 없다."

그는 또 곧추앉기를 권했다. 그는 '똑바로 앉으면 비뚤어지려는 마음이 저절로 사라진다.'라고 말했다. 기본이 중요하다는 뜻이니, 입시 일변도 교육 때문에 서양으로부터 '한국은 교육 때문에 망할 것'이라는 비판을 듣는 오늘날의 우리에게도 큰 교훈이 될 만하다.

그는 첫닭이 울면 일어나 세수를 한 뒤 옷을 반듯하게 차려입은 다음 어머니께 아침 문안을 드리고 가묘家廟(집 안에 둔 조상의 사당)에 참배한 후 학문에 매진했고, 한밤에야 자리에 누웠다.

송담서원 강당 마루에 햇볕이 잔잔하다.

20년 동안 그렇게 지극정성으로 보살핀 어머니께서 돌아가시자 박성은 3년 동안 쌀밥을 먹지 않고 고깃국을 물리쳤다. 묘소 앞에서 한결같이 슬퍼하며 3년상을 마치고 나자 지나치게 야위어 뼈만 남았다고 전해질 정도이다.

雙鬢愁催老 양 귀밑 흰 머리 늙음을 재촉하고
三年病轉深 삼년 앓던 병은 더욱 심해졌지만
雲林藏拙迹 구름 낀 숲에 드니 자취가 사라지고
玉井濯煩襟 옥 같은 샘물에 마음이 맑아지네
曾灑哀鵑淚 두견새 슬픈 눈물 진작에 뿌렸고
空添蹈海心 바다에 빠질 마음 더욱 짙어지는데
荒村滯秋夜 황량한 산골에서 가을밤을 지내노니
不寐獨悲吟 잠 못 이뤄 나 홀로 슬픔만 쌓이누나
-「椒井夜吟초정야음」

형제들에 대한 사랑이 깊었던 박성은 100명에 이르는 노비들을 모두 동생과 누이들에게 나누어주었다. 그는 본래부터 천성이 질박해서 늘 검소한 옷을 입었고, 배가 고프지 않을 만큼만 음식을 먹었으며, 화려한 것들에는 관심이 없었다.

羸病淸秋獨掩關 파리하게 병이 들어 맑은 가을 사립문을 닫으니
故園雲隔幾重山 고향 하늘로 갈 저 구름도 몇 겹 산에 막혔구나
寂廖楓菊無人間 단풍과 국화꽃도 찾는 이 없어 쓸쓸한데
幽鳥數聲庭樹間 나지막한 새 소리만 줄곧 나무 사이를 흐르네
-「秋日病吟추일병음」

1606년 10월 4일에 박성은 세상을 떠났다. 어머니의 제사를 맞아 슬프게 통곡하던 중 열이 치솟고 머리에 종기가 돋아 별세했다.

향년 58세였다. 그는 청송에서 현풍으로 운구運柩(관을 상여에 실어 옮김)되어 선영先塋(선조들의 산소가 있는 묘역) 아래에 묻혔다.

그의 사후 28년인 1634년(인조 12) 무렵, 실록을 쓴 사관이 서사원과 더불어 '선비로서 명성이 있다.'라고 평했던 장현광이 발의하여 쌍계에 서원을 세웠다. 그러나 화재 때문에 미처 봉안하지 못했다. 그 뒤 60여 년이 더 경과한 1694년(숙종 20) 사림에서 다시 선생의 산소 아래에 서원을 건립하고, 편액을 송담서원이라 했다.

전국 대부분의 서원들처럼 송담서원도 대원군의 철폐령에 따라 훼철되지만, 1993년 이래 자손들이 뜻을 모으고 나라의 지원을 받아 서원을 계속 복원하고 있다. 서원을 찾아가면, 웅장한 덕양문과 강당, 가로로 길게 늘어진 담장이 크게 눈길을 끈다. 강당 안 마루에 서서 담대하게 설치된 창살들을 헤집고 들어온 햇살에 눈이 부시는 느낌을 받아보는 경험도 좀처럼 맛볼 수 없는 체감이다.

강당에서 반우향우 쪽으로 100m가량 떨어진 지점에는 신도비와 비각도 있다. 강당에서 이 비각까지가 모두 서원 경내이다. 비각 앞에서 강당 쪽을 쳐다보면, 장차 부속 건물들이 다 갖춰져 대단한 위용을 뽐낼 송담서원의 모습이 떠오른다.

임진왜란 의병장이자 성실한 선비였던 박성, 우리는 그의 후대를 이어가는 이 땅의 겨레 된 도리로서 송담서원을 더욱 훌륭하게 복원해야 마땅하다. 그러나 잊어서는 안 된다. 선생은 《소학》부터 읽으라고 했다. 굶지 않을 만큼만 먹고, 예의를 지킬 만큼만 입으라고 했다. 똑바로 앉고, 새벽에 일어나 효도를 실천하고, 밤늦도록 책을 읽고 생각하라고 했다. 나라가 어지러울 때면 목숨을 던지라고 했다.

사람답게 살기 위해서는 해야 할 소중한 일들이, 참 많다.

박성 신도비 송담서원 왼쪽

## 소모 밀양 사민 통문 召募密陽士民通文

　나라의 운수가 지극히 불행하여 이빨을 검게 물들인 오랑캐들이 쳐들어 왔다. 이에 임금께서 도성을 떠나 피란을 하였고, 종묘와 사직이 먼지를 뒤집어썼다. 아아, 사람은 누구나 떳떳한 마음을 지니고 있으니, 신하와 자식 된 자로서 어느 누군들 절개를 지키고 충성을 다하여 나라를 위해 목숨을 바치려 하지 않겠는가.

돌아보건대, 우리 영남 지방은 본래부터 추로지향鄒魯之鄕(공자와 맹자의 고향, 즉 유학이 깊은 지역)이라 일컬어 왔다. 또한 이곳 응천(밀양) 고을은 선비들이 많이 사는 곳이다. 지금 왜적들이 성 안에 웅크리고 있으면서 사방으로 나와 우리 백성들을 죽이고 노략질하고 있다. 피해자들은 모두가 우리의 부형이거나 그 처자식들이다. 왜적들은 위로 임금의 원수이니 하늘을 함께 이고 살아갈 수 없고, 아래로는 형제와 처자식의 원수이니 또한 보복하지 않을 수 없다.

나는 깊은 숲속에 숨어 있는 사람들이 창을 베고 자고, 쓸개를 핥으면서 원수를 갚으려는 마음만은 잠시도 잊지 않고 있다는 사실을 잘 알고 있다. 그렇지만 아직 의병을 일으켜 강개한 마음으로 적을 공격했다는 말은 듣지 못했다. 이것이 어찌 적들이 가득하여 우리 백성들이 싸울 형편이 못되기 때문이겠는가.

충성스럽고 의로운 선비는 죽고 사는 것 때문에 뜻을 바꾸지 않으며, 용감하고 계책이 있는 사람은 강하고 약하다는 이유로 뜻이 꺾이지 않는 법이니, 비밀히 서로 연락하여 깨닫게 하고, 앞장서서 의병을 일으키기를 간절히 바라노라. 그리하여 왜적을 칠 만하면 고향에서 원충갑元沖甲(1291년 의병을 일으켜 원주성을 지킨 인물로, 선조가 배포한 창의 독려 교서에도 거론되어 있다)의 군사처럼 떨쳐 일어나도 좋을 것이요, 형세가 자립할 만하지 못하면 경상 좌병사의 군대를 찾아가도 좋을 것이다. 또, 내가 버릴 만한 사람이 아니라고 여긴다면 의병이 되어 낙동강을 건너오는 것도 좋으리라.

지난번에 좌랑 김면과 의령 현감 정인홍이 충성을 드날리고 의리를 드높여 한 번 소리치자 각 지역에서 그 소리에 맞춰 호응하였는데, 근래에 이르러서는 군사의 세력이 크게 떨쳐 일어나 나라를 회복시키는 공을 세울 만한 경지에 도달했다. 그러므로 밀양의 선비와 백성들도 왜적의 기세에 겁만 먹지 말고 더 더욱 의열義烈의 기운을 떨쳐 한결같이 군부君父와 형제의 원수를 갚을 것을 생각하라. 그렇게 하면 충성을 실천하려는 분노가 백 배 솟구칠 터이니, 어찌 왜적들이 우리를 당할 수 있겠는가.

하물며 지금의 왜적들은 군사를 이끌고 멀리 들어왔다가 기세가 꺾여 송도의 청석령에서 크게 패하였고, 평양의 대동강에 반쯤 빠져 죽었다. 철령을 넘어 함경도로 들어간 자들도 순변사 이일에게 도륙되었다. 중국 군사 5만 명이 이미 압록강을 건너 우리를 돕고 있는데, 조승훈, 곽몽진, 왕수신 등 세 대장이 각각 정예병 수 만 명을 거느리고 길을 나누어 지원차 내려오고 있으며, 수군 10만 명도 산동에서 곧바로 왜적의 소굴로 쳐들어가고 있다.

우리의 형세는 이미 기세가 올랐으니 왜적이 멸망할 날은 얼마 남지 않았다. 그런즉 지금이야말로 뜻 있는 선비들이 소매를 떨치고 일어나 공을 세울 때이다. 만약 시간을 끌다가 기회를 놓치면 공을 세우지도 못할 뿐만 아니라 장차 군신君臣과 부자父子 사이의 큰 윤리에 죄를 얻게 될 것이다. 그렇게 되면 무슨 낯으로 하늘과 땅 사이에 서 있을 수 있겠는가.

다만, 백성들 중에는 무식하여 군신의 의리를 알지 못하는 자도 있을 터이다. 이들은 오직 상과 벌로만 권장하고 또 징계할 수 있다. 조정에서는 공천公賤(관청의 노비)과 사천私賤(양반 가문의 노비)을 막론하고 적의 머리를 하나 얻은 자는 급제及第(벼슬길을 열어줌)를 주고, 둘을 얻은 자는 6품직을 주고, 셋을 얻은 자는 가선대부를 주기로 했다. 칼을 다룰 줄 알거나 용기가 있는 사람들은 의병으로 나아가 마음을 굳게 하여 힘껏 싸우면, 위로는 2품의 벼슬까지 알 수 있고, 아래로는 훈신勳臣(공을 세운 신하)의 대열에 오를 수 있으니, 한 몸에 영광이 가득하고 후손에게 혜택이 이어질 것이다. 어찌 기쁜 일이 아니겠는가.

만약 그렇게 하지 않고 줄곧 숲속에만 숨어 있으면, 비록 왜놈의 칼날을 모면할지라도 깊은 산에서 굶어죽고 말 것이다. 또 살아남는다 하더라도 하루아침에 난리가 평정되고 나면 나라에서 형벌을 내릴 것이다. 싸움터에 나아가지 않은 자는 자신의 목숨을 보전하지 못할 뿐만 아니라, 처자식까지 처형되리라. 그러므로 힘껏 싸워 큰 공을 세우고 중한 상을 받도록 하라. 그 이해利害와 화복禍福이 어떠할까. 그대들은 힘쓸지어다. *

이 통문은 김성일의 참모로서 밀양의 선비와 백성들에게 창의를 독려하기 위해 쓴 글이다. 《국역 대암 선생 문집(2011)》에 번역문이 실려 있다.

## 표절사
## 두문불출의 집안 전통, 의병으로 재현되다

표절사表節祠는 대구시 북구 동변동 235에 있다. 표절사의 서편으로는 해발 250m 학봉으로 오르는 오솔길 모양의 등산로가 나 있다. 표절사가 동변동을 서쪽 아래로 굽어보는 언덕에 자리를 잡고 있다는 말이다.

표절사 서쪽 아래로 대구 유일의 자연천인 동화천이 흐른다. 동화사에서 내려온 팔공산 맑은 물은 버들, 갈대, 수초 등을 품에 안은 채 고요히 흘러간다. 지금은 잡다한 건축물들이 어수선하게 똬리를 틀고 있어 주변 풍경이 별로 상쾌하지 못하지만 표절사에서 내려다보는 예전의 전망은 눈이 부셨을 것이다. 지금도 동화천이 아기자기한 자연의 풍광을 뽐내고 있는 것을 보면······.

이 멋진 자리에 1600년(선조 33) 표절사가 들어선다. 1600년이라면 우리나라 역사상 가장 처참한, 가장 대규모의 전쟁이었던 임진왜란의 혈흔이 아직 고스란히 남아 있던 시점이다. 따라서 표절사를 세운 구회신具懷愼(1564~1634)이 임진왜란 의병장이었으리라고 추측하는 것은 그리 어렵지 않다.

구회신은 1564년(명종 19) 경상북도 의성군 가음면에서 태어났다. 구회신이 이곳에서 출생한 것은 그의 6대조인 구익령具益齡이 조선 태종 대에 의성군사義城郡事로 내려왔다가 가음면 순호리에 정착한 때문이다. 그 이전의 능성 구씨 선조들은 의성이 아니라 개경에 살았다.

'서울 경京'이 말해주듯이 개경은 고려의 왕성王城이다. 고려가 멸망하고 이성계 정권이 들어설 때 개경에는 정치적, 군사적 격변이 일어났다. 그때 구회신의 8세조인 송은松隱 구홍具鴻은 불사이군不事二君의 절의를 지켰다. 그는 '두문동 72현'이라는 이름으로 후세에 전해지는 선비의 한 사람이었다.

두문동 72현은 두문불출杜門不出 네 글자를 유명하게 만들어준 어원이다. 두문불출은 본래 사마천의 《사기》 상군 열전에 나오는 고사성어이지만 두문동 72현 덕분에 우리나라에서도 모르는 사람이 없는 말로 떠올랐다. 문을 걸어 잠근 채 밖으로 나오지 않는다는 뜻의 두문불출은 고려 충신 72인이 이성계의 명령을 거부한 채 조선의 세상과 인연을 끊은 역사적 사실을 증언한다.

표절사

이성계는 왕씨를 무너뜨리고 새 나라를 세웠지만 아직 정권의 기초가 탄탄하지 못했다. 이성계는 마음으로는 여전히 고려를 섬기고 있는 선비들을 회유하기 위해 경덕궁에서 친히 과거를 열었다. 개경의 젊은 선비들은 아무도 응시하지 않았다.

선비들은 경덕궁 앞 고개에 조복朝服(궁중 행사에 입는 관리의 정복)을 벗어던지고, 관을 벗어 나뭇가지에 걸어놓고는 모두들 사라져버렸다. 그 후 고개는 부조현不朝峴이라는 이름을 얻었다. 부조현 북쪽의 관을 걸어놓은 곳도 괘관현掛冠峴으로 불리기 시작했다('괘'의 뜻을 잘 말해주는 문화유산으로는 경주 '괘릉'이 있다).

선비들은 지금의 경기도 개풍군 광덕면 광덕산 기슭에 묻혀 살았다. 마을은 두문동杜門洞이라는 새 이름을 얻었다. 조선 왕조는 두문동을 포위한 채 밖으로 나오라고 강요했다. 하지만 선비들은 미동도 하지 않았다. 죽기 싫으면 나오겠지, 하고 생각한 이성계 일파는 마침내 마을 사방에 불을 질렀다. 고려 충신 72인은 끝내 불길 속에서 목숨을 버렸다. 구홍이 남긴 시를 읽어본다.

不義之富貴 의롭지 아니한 부귀는
於我如浮雲 내게 뜬구름과 같도다
石田王春在 돌밭에도 임금의 봄은 서려 있으니
揮鋤朝暮耘 호미를 들고 저물도록 김을 맨다오

'돌밭에도 임금의 봄은 서려 있다'는 3행이 특히 절창이다. 식물은 원래 흙에서 자라는 것이니 돌에서는 살 수가 없다. 그런데도 구홍은 새 순은 돌밭에서도 돋아난다는 인식을 통해 임금의 능력과 은혜가 얼마나 위대한가에 대해 웅변한다. 희망의 싹을 놓지 않겠다는 신념과 각오를 비유적으로 표현하고 있는 것이다.

구홍은 해가 저물도록 호미를 들고 김을 맨다. 보통의 사람들은 해가 밝은 낮에만 농사를 짓지만 고려의 충신은 캄캄한 때에도 움직임을 멈추지 않았다. 지금 비록 어둡지만 호미를 들고 김을 매어

놓아야 아침이 왔을 때 싹이 돋아날 것이라 여겼기 때문이다. 구홍의 행동은 두문동 72현의 정체성을 말해주는 상징적 은유이다.

그는 이성계가 좌정승左政丞 벼슬을 제안하면서 세 차례나 불러도 끝내 거절한다. 고려의 문하좌시중門下左侍中 구홍은 운명하면서 후손들에게 '조선이 준 관직 이름(좌정승)으로 나를 부르지 말라.'는 엄명을 내렸다. 새 왕조의 명령을 거역하지 못한 후손들은 명정銘旌에 '좌정승'이라 표기한다. 명정은 붉은 천에 죽은 이의 관직과 성명을 흰 글씨로 적어서 사용하는 장례식 때의 조기弔旗를 말한다.

갑자기 회오리바람이 일어 명정을 찢는다. 후손들은 재차 좌정승으로 기록한 명정을 세우지만 또 날카로운 바람이 솟구쳐 명정을 찢는다. 기이했지만 명정 없이 장례식을 치를 수는 없어서 후손들은 같은 명정을 삼차로 제작했고, 명정은 바람에 또 찢어진다.

1740년(영조 16) 영조가 개성에 갔다가 부조현의 유래를 듣고 비석을 세운다. 정조는 1783년(정조 7) 개성의 성균관에 표절사表節祠를 건립한다. 그 이후 두문동 현지에도 표절사가 건립된다.

**화수정** 동화천을 굽어보고 있는 표절사의 재실

구회신이 송은 구홍 선생을 봉안하기 위해 세운 대구 동변동 사당에도 뒷날 표절表節사라는 현판이 걸린다. 두문동 72현은 절節의를 나타낸表 선비 정신의 상징이었던 것이다.

도해와 능성 구씨 의성 재실, 경북 의성 가음면 순호리 220

표절사는 경북 의성 가음면 입향조入鄕祖(마을에 처음 들어와서 살기 시작한 선조) 구익령이 터를 잡은 순호리에도 있다. 이 마을 한복판에는 병자호란 당시 척화를 주장했던 구혜具譓의 호號에서 이름을 딴 도해와蹈海窩가 지어져 있고, 그 집 뒤편에 사당 표절사가 있다. 이는 구씨들이 두문동 72현의 1인인 구홍 선생을 '가문의 영광'으로 모시고 있다는 사실을 말해준다. 두문동 현지, 개성 성균관, 대구 동변동, 의성 순호리······.

순호리에는 별도의 재실도 있다. 학강재鶴岡齋는 해방의 기쁨 속에서 1947년 처음 건립되었는데, 지금 건물은 1996년 이후 몇 차례의 보수를 거쳐 2008년에 중수된 것이다. 재실 앞에는 2008년 5월 4일 세워진 「학강재 중수 기념비」가 손님을 맞이한다. 비문을 읽어 본다.

능성 구씨의 시조는 고려 검교 상장군 휘諱(이름) 존유存裕이시고 7세조 문절공 송은 선생 휘 홍鴻은 좌정승공파의 파조派祖(파의 시조)이시다. 문절공의 손자 의성군사공 휘 익령益齡께서 조선 태종조(1401~1418)에 이곳 의성 가음 순호리에 세거世居(대를 이어 거주)한 지 600여 년이 되었다. (중략) 이번 중수비 건립을 위해 여러 자료를 고찰하니 의성 입향조가 9세 군사공임이 고증되어 이를 바로잡게 되었다. (하략)

**중수 추진위원회**
고문 : 자업 경회 천서 기생 자영
위원장 : 진
부위원장 : 정회 본욱
위원 : 자욱 본술 두만 본철 인서 근회 성회 삼증 화서 교찬 준호 우서 본일 본기 이조
총무 : 자대
재무 : 복회
감사 : 봉회 본근

표절사 도해와 뒤

구회신은 구흥의 후손답게 29세의 나이로 의병을 일으켰다. 대대로 문신으로 과거를 한 가문의 아들이었지만 어릴 때부터 무예에도 재능을 보였다. 경전을 공부하는 틈틈이 말을 타고 활을 쏘았는데, 그 광경을 지켜보는 사람들은 한결같이 그의 뛰어난 솜씨에 놀라면서 장차 큰 인물이 될 것으로 기대하였다.

구회신은 팔공산으로 달려가기 전에 고향 사람들을 모아놓고 '지금 난여鸞輿(임금의 가마)가 피란을 가고 종사宗社(나라)가 거의 무너지게 되었는데 신하된 자로서 달아나 숨어 살 수는 없다.' 하고 창의를 부르짖었다. 그는 장정들을 이끌고 의흥을 거쳐 단숨에 팔공산으로 내달았다. 당시 대구 일원 의병들의 총본부가 팔공산 부인사에 있었다.

《대구 읍지》에는 '구회신은 임진왜란 때 의성에서 대구로 와서 전공을 세웠다. 벼슬은 첨정이며 (중략) 달성의 동쪽 무태에 있는 창포재는 첨정 구회신의 유적이다.'라고 기록되어 있다. 《달성 군지》도 비슷하여 '구회신의 벼슬은 첨정이다. 임진왜란 때 창의하여 전공을 세웠다.'라고 증언한다.

정유재란 당시 류성룡의 군관으로 활약했던 구회신은 울산의 서생포 전투에도 참가하여 공을 세웠다. 류성룡은 선조에게 올린 장계에 '이 달(1597년 12월) 25일 군관 구회신이 울산에서 (경주로) 돌아와' 자신에게 "명나라 군과 우리 군사들이 왜적의 내성內城을 공격하였으나 성이 너무 견고하고 험하여 대포로도 격파할 수가 없었습니다. 왜적들이 성벽 위로 난 구멍으로 조총을 많이 쏘아 명나라 군과 아군의 부상자가 많았습니다."라고 전했다고 썼다.

류성룡은 이어 '날씨는 약간 음산하였고, 어제 미말(오후 3시경)에는 동풍이 계속 불면서 빗발이 점점 거세어져 군사들이 들판에서 노숙을 하고 있으나 매우 걱정스럽습니다. 군량은 지금 계속 운반해서 들이고 있습니다.' 하고 구회신이 올린 보고를 임금에게 아뢰었다. 이 내용은 《징비록》에도 실려 있다.

울산 서생포 왜성 왜성답게 성내 길이 구불구불하고 성벽이 비스듬하다.

　전쟁이 끝나고 평화가 살아나자 구회신은 미뤄두었던 과거에 응시하여 1599년(36세) 무과에 급제하였다. 그는 관군 장수가 되었지만 본래 선비였으므로 선사재(이강서원의 전신)에서 열린 강회講會에 참석하여 서사원, 손처눌, 곽재겸, 류요신 등 임진왜란 때 의병장으로 활약했던 선비들과 계속 교유했다.
　구회신은 타계 이후 자신이 조상을 위해 세운 사당에 함께 제향되는 영광을 누렸다. 그 후 표절사에는 구홍리具洪履(1692~1779)가 추가로 배향되었다. 벼슬이 자헌대부에 이르렀던 구홍리는 표절사 옆의 재실 화수정花樹亭에서 강학을 한 선비이다.
　표절사는 1871년(고종 8) 대원군의 서원 철폐령 때 훼철되었다가 2007년 복원되었다. 복원 당시 그 동안의 경과를 적어 천지신명과 조상님께 바친 고유문告由文에는 '(1871년에) 조정의 명으로 묘우(사당)가 훼철되니 누가 감히 거역할 수 있었겠습니까? 황량한 빈 터에 잡초만 무성하니 (중략) 마음이 상심하고 옛 자취가 처량하였습니다. 빈 터를 가리키며 탄식하지 않은 적이 없었고, 우울한 마음을 펴지 못하고 또 백 년이 흘렀습니다. 하늘의 이치가 순환하여 마침내 밝게 풀 수 있게 되어 광명이 비치니, 의논을 일으켜 복원하기로 하였습니다.'라는 감회가 밝혀져 있다.

김창년은 「표절사 중건기」에서 '조선 선조 때 첨정공 휘 회신 선생은 임진왜란이 일어나자 붓을 던지고 창의하여 投筆倡義 용전분투하였으니 勇戰奮鬪 대구 팔공산 전투에서부터 울산 서생포까지 추격하여 적을 섬멸하였다. 영남의 사방이 이로 인하여 편안해졌는데, 정충대절 貞忠大節은 국승 國乘(조선왕조실록)에 자세히 수록되어 있다.'라고 회고하였다. 요지는 선비 구회신이 임진왜란 때 의병장으로서 큰 공을 세웠고, 이 사실은 국사에 기록되어 있으며, 다시 무과를 거쳐 관군 장수로 활약했다는 것이다.

바다를 굽어보고 있는 서생포 왜성

### 대구향교
# 두 여종의 활약 덕분에 왜적을 몰아냈다

향鄕의 의미 중 일반적으로 널리 알려진 것에는 두 가지가 있다. 하나는 '향수' 등에 내포된 '(농촌 또는 전원으로서의) 고향'의 뜻이고, 다른 하나는 '경향京鄕' 식으로 쓰이는 '비非서울'의 뜻이다. 그래서 예전에는 정치인이나 상인이 대중 앞에서 "경향 각지에서 오신 신사 숙녀 여러분!" 하면서 연설을 시작하는 경우가 많았다.

'향'은 도시와 전원, 서울京과 비서울鄕을 나타내는 데 멈추지 않고 문화적 사대주의를 담는 역할도 했다. 글자 '향'이 사대주의의 그릇으로 쓰인 대표적 사례는 향가鄕歌이다. 향가는 '전원 또는 농촌의 노래'가 아니라 '(중국 아닌) 신라의 노래'를 가리킨다.

《삼국사기》에 따르면 '향'은 곧 '방方'이다. 지금도 대한민국을 미국의 한 주로 편입시켜야 한다고 주장하는 이가 있지만, 김부식의 의식 속에서도 '신라는 중국의 한 지방'에 지나지 않았다. 《삼국사기》 열전에 나오는 '(설총이) 우리말方言로 (중국의) 9경을 해독하여 후학들을 가르쳤으므로, 지금 (고려) 학자들이 그를 (학문의) 종宗(우두머리)으로 삼고 있다.'라는 대목이 바로 그 증언이다.

향교鄕校의 '향'은 중국에 대한 자기비하적 표현은 아니다. 그저 서울 아닌 시골鄕에 세워진 학교校라는 뜻이다. 향교는 고려 때부터 건립되었다. 향학鄕學이라는 이름으로 1003년(목종 6)부터 시작된 향교 건립은 1127년(인종 5) 임금이 지방에 학교를 많이 세우라는 교서를 내림으로써 본격화된다.

현재 전국에 남아 있는 향교의 상당수는 건립 연대를 정확하게 알 수 없다. 다만 경기도 파주의 장단향교, 김소월의 「진달래꽃」으로 널리 알려진 평안북도 영변의 영변향교는 1127년에 문을 연 오랜 전통이 분명하게 확인된다. 강화도의 강화향교와 교동향교, 인천의 부평향교도 1127년에 설립되었다. 이 중 장단향교와 영변향교는 가볼 수 없는 곳에 있어 '분단의 비극'을 느끼게 한다.

경북 영덕의 영해향교도 1346년(충목왕 2)에 문을 열었으니 오래된 향교로 자못 뽐낼 만하다. 그 외 경북 영주향교 등이 1368년(공민왕 17), '은진 미륵불'로 국민들에게 익숙한 논산의 은진향교 등이 1380년(우왕 6)에 개교했다. '개교'라는 말을 쓰는 것은 향교가 고려 또는 조선 시대의 공립 교육 기관이기 때문이다.

영해향교

조선 시대로 접어들면 더 많은 향교들이 들어선다. 제주향교, 경북 김천 김산향교 등이 1392년(태조 1), 경기도 화성 남양향교, 전북 완주 고산향교 등이 1397년(태조 6) 건립되는 것을 필두로 충남 노성향교, 포항 청하향교와 흥해향교, 광주향교, 전북의 익산향교와 장수향교, 전남 장흥향교, 강원도의 영월향교, 횡성향교, 삼척향교, 충북 옥천향교, 충남 서천 비인향교 등이 1398년(태종 7) 문을 연다. 대구향교도 이때 건립되었다.

대구는 현재 우리나라의 거대 도시 중 한 곳이지만 향교가 들어선 시기는 뜻밖에도 상당히 늦다. 섬 지역인 강화도의 교동향교에 견주어 270년이나 뒤처지는 것은 말할 나위도 없고, 고려 공민왕 재위 기간(1330~1374) 중에 설립된 것으로 추정된 대구시 외곽의 경산시 자인면 자인향교에 비해도 수십 년 늦다. 그런 점에서, 향교의 건립 시기도 대구가 임진왜란을 겪고 난 후에야 비로소 지리적, 군사적 주용도를 인정받게 되었다는 사실을 짐작하게 해주는 자료라 할 만하다. 대구에 경상감영이 설치되는 때는 종전 3년 뒤인 1601년(선조 34)이다.

대구향교가 처음 중구 교동에 건립되었지만 임진왜란 때 일본군의 침탈로 불타버렸다. 종전 후인 1599년(선조 32)에 재건될 때는 현재의 달성 공원 일대에 배치되었다. 그 후 1605년(선조 38) 달성 주변은 '불길한 징조가 있어(대구향교 안내판의 설명)' 재차 교동으로 왔고, 1625년(인조 3) 명륜당이 복원되었다.

대구향교는 1932년에 현재 위치로 왔다. 향교 안의 안내판은 '시가지를 확장함에 따라 지금 자리로' 이건移建되었다고 설명한다. 대구역 앞을 지나 동인 네거리로 가는 도로가 확장되면서 지금의 남산동 위치에 자리를 잡은 대구향교가 본래의 교동향교 터에 남긴 것은 우물 흔적뿐이다. 우물 흔적도 상점 안에 있어 길에서는 보이지 않는다. (전국적으로 향교가 있었던 마을에는 '교동, 교리, 교촌' 식의 이름이 남아 있다.)

교동 시대의 대구향교는 대성전25)이 앞에 있고 명륜당이 뒤에 있는 전묘후학前廟後學 구조였다. 지금은 명륜당이 왼쪽에 있고 대성전이 오른쪽에 있는 좌학우묘左學右廟 형식이다.
　정면 3칸, 측면 3칸 구조의 대성전 건물은 모서리에 추녀가 없고 옆면 벽이 용마루까지 삼각형을 이루는 맞배지붕을 보여준다. 대성전의 가장 두드러진 특징은 기둥 위만이 아니라 기둥과 기둥 사이에도 공포를 배치한 화려한 다포식 건축 기법에 있다. 대성전이 이같은 모습을 띠고 있는 경우가 매우 드물다. 그래서 대구향교의 대성전은 대구시 문화재자료 1호로 등록되었다.

대성전 대구향교

---

　25) **대성전**大成殿 : 대성大成은 공자, 대성전은 공자를 모시는 집殿, 즉 공자 사당이다. 대웅전大雄殿은 석가를 모시는 집. / **명륜당** : 향교 학생들이 공부하는 집. 명륜明倫은 윤리를 밝힌다明는 뜻. / **전묘후학**前廟後學 : 제사廟를 지내는 사당(대성전)이 앞前에 있고, 학學습하는 명륜당이 뒤後에 위치 / **좌학우묘**左學右廟 : 명륜당이 왼左쪽, 대성전이 오른右쪽에 위치 / **추녀** : 네모지고 끝이 번쩍 들린, 처마의 네 귀에 있는 큰 서까래 / **용**龍**마루** : 지붕 가운데 부분에 있는 가장 높은 수평 마루 / **공포** : 전통 목조건축에서 처마 끝의 하중을 받치기 위해 기둥머리 같은 데 짜 맞추어 댄 나무 부재

1592년 4월 21일, 소서행장小西行長(고니시 유키나가)의 일본군이 대구를 침탈한다. 부산에 상륙한 지 불과 8일만에 적들은 대구 읍성에 불을 질렀다. 전란 발발 한 해 전인 1591년에 완공된 대구읍성은 축성을 마친 지 겨우 1년 만에 뭉개졌다. 고성동古城洞 일대에 대구읍성을 쌓느라 피땀을 흘린 (경북) 선산, 군위, 인동 백성들의 고생은 그렇게 허무하게 사라져버렸다.

　읍성을 불사른 일본군은 머물 곳이 마땅하지 않자 대구향교에 본부 진영을 꾸렸다. 의병장 우배선의 편지 등이 다수 수록되어 있는 《월곡 실기月谷實記》의 「복병 등 상순영 장伏兵等上巡營狀」에 따르면 일본군들은 '향교의 성전聖殿(대성전) 위에 높은 누대를 세워 네 문을 통해 멀리 살펴보고, 우두머리는 항상 새로 지은 집에 머물면서 말을 침실 근처에 별도로 두었으며, 우두머리의 숙소는 노왜奴倭(일본군)가 숙직을 하며 지켰다.'

　우배선은 여종 필금必수과 만애萬愛가 지난 (1592년) 12월 왜적의 대구 진중(대구향교)에 사로잡혔다가 반 달이 지나서 도망쳐 돌아왔기에 왜적의 형세와 거처 등에 대해 물어 보았다. 우배선은 공자묘孔子廟(대성전) 위에 초소가 설치되어 있다는 사실, 적군 대장의 숙소 경비 상태와 마구간의 위치 등이었다. 여종들은 왜병들은 외원外園(바깥뜰)의 영사營舍(군대 막사)에 무리를 지어 머물고 있으므로 한밤중에 접근하면 불을 지를 수 있다는 정보도 알려주었다.

　우배선은 '정월 초이틀에 술과 떡을 정성스레 갖추어 (두 여종에게) 각기 한 그릇씩을 가지게 하고 방도를 가르쳐 (향교로) 들여보냈다.' 두 여종은 이튿날 돌아와 우배선에게 '적들이 "처음에는 말하지 않고 달아났다가 이제 어찌 다시금 와서 간교하게 (우리를) 속이려 드느냐?" 하면서 옷을 발가벗기고 머리를 베려 했는데, 한 늙은 왜적이 말려서 죽음을 면했다.'면서 '술과 떡을 나누어 먹이자 아침저녁으로 좋은 밥을 주었고, 백미도 한 말씩을 주어서 가지고 왔다.' 하고 말했다.

우배선은 (정월) 15일에 또 술과 떡을 싸가지고 (두 여종을 향교에) 들어가게 했는데 '여러 왜적들이 반가이 웃고 (두 여종의) 등을 어루만지며 "너희가 죄를 두려워하지 않고 다시 오니 지난 정을 잊을 수 없다."면서 선물을 주어 필금은 무늬가 가는 무명으로 지은 겉옷과 속옷 하나를, 만애는 다갈색 명주 저고리 하나와 검게 물들인 바지를 받아 왔다.'

'(정월) 25일에는 야채를 한 광주리씩 들려서 보냈다. 두 여종이 돌아와서 "향교 밖에 별도로 진을 치고 있는 왜적들이 모두 밖으로 나가서 소굴이 통 비었고, 향교 안의 적들은 전염병으로 누워서 앓고 있는 자가 많아 산처럼 쌓였으며, 기물들을 모두 묶어서 삼월 스무날 사이에 본국으로 돌아간다."라고 보고하였다.'

우배선은 그 동안의 경과를 정리한 뒤 '적을 공격하여 멸살하려면 이 시기를 놓칠 수 없습니다. 술을 빚어서 독약을 (탄 것은) 몰래 준비했지만, 왜적의 우두머리에게 독을 먹일 방법이 없으므로 왜병들이 독약을 마시고 자빠지는 즈음에 진천뢰震天雷를 쏜다면 향교에 있는 적들을 모조리 죽일 수 있습니다. 다만 진천뢰를 주조할 야장冶匠이 없습니다. 장인匠人 가운데 재주가 정교한 사람 서넛을 가려 빨리 보내주셔서 대사를 이루게 해주시기를 천만 번 간절히 바랍니다.' 하고 순영(조선군 본부)에 보고했다.

**명륜당** 대구향교

《월곡 실기》의 '연보'에는 우배선이 '1593년 4월 달성에서 적을 격파하고 대구향교에 주둔한 적을 축출'했다고 기록되어 있다. 우석규(1648~1713)의 《지족당 문집知足堂文集》에 실려 있는 「덕동서원 사적」에도 '적들이 대구향교 위에 망루를 짓고 관망하는 것을 본 공이 통분해 하며 죽음을 맹세하고 사졸들보다 앞서서 나아가 일격에 적을 섬멸하여 팔 년의 병화 가운데 대성전을 온전하게 하였으니 사문斯文(유학의 도)에 공이 매우 컸다.'라고 새겨져 있다.

대사헌 윤봉오(1688~1769)도 「(우배선) 행장」에 '적들이 대성전 위에 망루를 세우고 원근을 살펴보고 있는데 더러운 기운이 가득하였다. 공(우배선)은 칼을 어루만지며 사졸들에게 "내가 그대들과 의병을 일으킨 지 몇 해가 되도록 아직까지 미처 도적을 꺾어서 무찌를 수 없었기 때문에 이제 대성전이 더럽혀지고 욕되기가 이

공자상 외삼문을 바라보며 서 있는 대구향교의 공자상은 대구시와 자매 결연을 맺은 중국의 청도시가 기증한 것이다. 공자상 오른쪽의 낙육재는 본래 1721년(경종 1) 대구 읍성 남문 밖에 지어졌다. 관립 도서관의 효시라 할 낙육재는 학생을 선발하여 기숙시키면서 장학금도 지급하였는데 일제 통감부가 들어서면서 폐쇄되어 장서는 뒷날 대구 시립 도서관으로 옮겨졌고, 처분된 재산은 협성학교(현 경북고교) 설립에 쓰였다.

지경에 이르렀으니 맹세코 이 도적들과 함께 살지 않으리라."하였다. (우배선의) 사기辭氣(말의 기운)가 격렬하니 모두들 죽음을 바치기를 원했다. 가볍고 날랜 사졸들과 함께 밤중에 (대구향교를) 습격하여 적의 머리 100여 급을 베니 적이 마소에게 먹일 풀과 군량 병기를 버리고 달아났다.'라고 증언하였다.

그렇게 보면 대구향교 건물들은 1593년 (양력) 5월까지 무사했던 것으로 확인된다. 두 여종이 잡혀간 때가 음력 1592년 12월(대략 양력 1593년 1월), 우배선이 향교에 머물고 있던 적들을 쫓아낸 때가 음력 1593년 4월(대략 양력 5월)이기 때문이다.

하지만 왜적들은 끝내 대구향교를 불태워 없앴고, 다시 지은 것 또한 교동 자리에 가만히 두지 않고 멀리 남산동으로 쫓아내었다.

오늘날 대구향교에 가면 임진왜란의 흔적도, 일제 강점기 식민지의 상처도 맨눈으로는 확인되지 않는다. 그래도 우리는 전소되어 자취도 없이 사라져 버린 경주 황룡사와 팔공산 부인사 터에서 몽고군의 행패를 보듯이 대구향교에서 일본 침략군의 만행을 느낄 수 있어야 한다. 그것이 바로 국사 교육이요, 역사의식이다.

# 화산·이양서원, 현풍 곽씨 12정려각
## 한 가문의 출중한 정신, 대를 이어 빛난다

　대구 달성군 구지면에서 가장 유명한 문화유산은 도동서원과 곽재우 장군 묘소이다. 두 곳의 위치는 모두 구지면 소재지를 지나야 하는데, 면소재지부터는 방향이 딴판으로 다르다. 도동서원은 면사무소에서 오른쪽, 홍의장군 묘소는 왼쪽으로 가야 한다.
　화산리는 면사무소에서 도동서원 방향으로 갈 때 가장 먼저 나오는 마을이다. 화산리라는 마을 이름은 면사무소에서 1.5km가량 떨어진 지점에 봉긋 솟아 있는 화산花山에서 태어났다. 얕은 동산처럼 느껴지는 화산은 꽃뫼, 즉 꽃 같은 산이라는 뜻이다.
　주소를 검색하면 화산서원花山書院은 구지면 화산리 898에 있다. 화산서원 답사 후 서쪽으로 4km가량 가면 도동리 35에 주소를 둔 도동서원이 나온다.
　대암리 182의 홍의장군 묘소는 구지 면사무소에서 경남 창녕군 이방면으로 가는 67번 도로를 따라 남쪽으로 3km쯤 내려가야 한다. 하지만 답사자는 현풍IC에서 내려 우회전하는 순간, 그 두 곳보다 먼저 찾아야 할 문화유산과 마주치게 된다.

용흥지라는 연못 옆에 조성되어 있는 삼각형 모양의 숲이 눈길을 사로잡는다. 숲은 범상하지 않은 기운을 뿜어내고 있어 저절로 나그네의 호기심을 불러일으킨다. '충효를 대대로 실천하고 청렴결백을 가문의 명예로 삼으라'는 의미의 '忠孝世業충효세업 淸白家聲청백가성' 여덟 한자를 새긴 빗돌이 웅장하다.
　빗돌을 등지고 서면, 호수 수면 가득 솟아오른 연과 삼각지의 고목들을 지긋이 내려다보고 있는 언덕 위의 기와집 한 채가 정면으로 보인다. 기와집은 마치 답사자의 방문을 크게 환영한다는 듯이 두 팔을 좌우로 길게 뻗친 채 문을 활짝 열고 있다. 가로로 길게 늘여서 지은 듯한 이 기와집은 '현풍 곽씨 12정려각'이다.

현풍 곽씨 12정려각
달성군 현풍면 지리 1348-2

각閣이라면 대략 가장 작은 규모의 집을 가리킨다. 가장 큰 것은 궁宮(경복궁)이라 하고 그보다 작은 것은 크기에 따라 전殿(석조전), 헌軒(오죽헌), 당堂(서당)이라 부른다. 놀거나 행사를 여는 공간은 누樓(족석부)나 각이라 한다. 누는 각보다 기서 2층 이상이 많다.

정려각은 정려가 모셔져 있는 작은 집이므로 현풍 곽씨 12정려각은 현풍 곽씨 문중이 조정으로부터 받은 정려 열둘을 함께 모아 놓은 집이다. 숫자가 많다 보니 저절로 건물이 '각'이라는 이름과 어울리지 않게 상당한 길이를 뽐내게 되었다.

안내판을 읽어본다.

> 정려각이란 충신, 효자, 열녀 등을 기리고자 정문旌門(붉고 끝이 뾰족한 홍살문)을 세우고 표창하기 위해 건립한 상징적인 건물로 내부에 정려비(조정에서 충신, 효자, 열녀를 표창하여 내려준 비석)나 현판처럼 만든 정려기旌閣記(표창 내용을 기록한 나무)를 모신다.
>
> 이 건물은 1598년(선조 31)부터 영조 때까지 솔례마을의 현풍 곽씨 일문(조선 초기 익산 군수 곽안방의 한 가문)에 포상된 12 정려를 한 곳에 모은 정려각이다.
>
> 1597년 정유재란 때 안음 현감으로 황석산성에서 왜적과 싸우다가 가족과 함께 장렬히 순국한 곽준과 그의 두 아들, 그리고 딸이 일문삼강一門三綱(한 가문에 충신, 효자, 열녀가 모두 표창됨)으로 정려된 것과, 임진왜란 때 비슬산 자락의 사효자굴에서 병든 아버지를 대신하여 목숨을 바친 곽재훈의 네 아들 결潔, 청淸, 형洞, 호浩가 효자 사공孝子四公(네 명의 효자)으로 정려된 것을 비롯하여 정려가 내릴 때마다 따로 여각(정려각)을 세우던 것을 영조 1년(1725) 이후 현재의 자리에 모아 세웠다.

> 6.25 때 건물 일부가 포격으로 무너지고 비석 1기가 부서졌으나 1963년에 모두 보수하였다. 조선 시대에는 삼강오륜을 지켜 모범이 되면 조정에서 이를 포상하였는데, 한 문중에 12 정려가 내려진 것은 매우 드물고도 자랑할 만한 것이다.

곽준(1550~1597)은 임진왜란 때 의병장이다. 곽준은 1592년(선조 25) 임진왜란이 일어났을 때 평소 친하게 지내온 이웃 고을 선비 김면(1542~1593)이 의병을 일으키자 그를 도와 종군한다.

1597년 정유재란 때에는 안음安陰(경남 함양) 현감으로 있으면서 황석산성黃石山城을 지켰는데, 가등청정加藤淸正(가토 기요마사)의 대군을 맞아 끝까지 싸우다가 마침내 순절했다. 아버지의 죽음을 본 두 아들 곽이상과 곽이후도 분노와 한에 서려 적을 무찌르다가 이윽고 장렬한 죽음을 맞이했다. 사위 류문호도 전사했다.

전투를 돕기 위해 산성에 머물고 있던 맏며느리 거창 신씨는 시아버지와 남편의 전사에 절망한 나머지 나무에 목을 매어 세상을 이별했다. 아버지의 사망 사실을 안 뒤 줄곧 울고 있던 딸은 뒤이어 남편도 죽었다는 소식이 들려오자 '아버지가 돌아가셨어도 지아비가 살아있어 미처 죽을 수 없었는데 이제 지아비마저 적들에게 참화를 당했으니 어찌 나만 살아 남으리!' 하며 스스로 목숨을 끊었다.

곽준, 그의 두 아들, 사위는 나라를 위해 싸우다가 죽었으니 충성이요, 곽준의 전사를 보고 적과 더욱 분연히 결전을 벌이다가 두 아들과 사위가 전사했으니 이는 충성이자 효도이며, 지아비를 뒤따라 스스로 죽음을 선택한 딸과 며느리는 열녀이다. 그래서 한 가문에 충신, 효자, 열녀가 한꺼번에 탄생한 일문삼강으로 표창을 받은 것이다.

뒷날 곽준의 묘소 앞에 비를 세울 때 비명碑銘(비석에 새긴 글)은 정경세가 지었다. 정경세는 '체찰사體察使(전쟁 중에 임금 대신 군대 일을 총괄하는 관리) 이원익 공은 황석산성이 호남과 영남의 요해처이므로 공(곽준)이 충성스럽고 성실하며 강직하고 의젓하고, 또 아전(낮은 관리)과 주민들에게 인심을 얻었으므로 반드시 잘 지킬 것'로 여겨 그에게 수비 책임을 맡겼다고 썼다. 다만 '공이 서생書生(선비)으로서 무술을 익힌 바 없기에 김해 부사 백사림에게 전투를 돕게 하였다.'라고 기록했다.

곽준은 체찰사의 임명을 받고 즉시 초소와 성첩(성벽 위에 덧붙인 방어 시설)을 수선하고 식량과 무기를 비축했다. 곽준은 백사림에게 성을 나누어서 지키자고 제안했다.

황암사 황석산성 선열들을 기리는 사당. 경남 함양군 서하면 황산리 38-1

곽준은 성의 서남쪽, 백사림은 동북쪽을 사수하기로 하고 구역을 분담했다. 적의 대군이 남쪽 문을 공격해왔다. 곽준은 직접 전투에 참가하여 병사들을 독려하면서 밤낮으로 분투했다. 백사림은 그렇지 않았다. 그는 사람들에게 '적의 기세가 너무나 대단하여 우리를 핍박하니 어찌 겁나지 않겠는가?' 하고 떠들었다.

곽준은 '나는 이미 죽기를 결심하였으니 겁나는 것이 없소.' 하면서 백사림을 꾸짖었다. 백사림은 어둠을 틈타 가족들을 밧줄에 매달아 성 밖으로 먼저 내려보낸 뒤 자신도 군사들과 함께 도망쳐버렸다. 그 바람에 성의 동북쪽이 텅 비게 되었다. 군사들과 백성들은 크게 동요하였고 성곽 일대가 아수라장으로 변했다. 이 지경이 되어서는 적의 공격을 막을 방도가 없었다.

황석산성 가는 길 황암사에서 산 정상까지는 두 시간 걸린다.

상황이 급박해지자 모두들 곽준에게 '성을 버리고 달아나자'고 했다. 곽준은 '이 성은 내가 죽을 곳인데, 그 외에 무슨 계책을 세운단 말이냐?' 하면서 무기, 군량미 등을 모두 태우라고 명령했다. 마침내 적들이 성 안으로 밀려들어왔다. 곽준은 황석산성에서 47세의 나이로 한많은 세상을 떠났다.

정경세는 '공(곽준)이 전사하자 아들 곽이상과 곽이후가 공의 시체를 안은 채 적과 싸우다가 함께 칼에 찔려 죽었고, 딸은 남편 유문호가 적에게 사로잡히자 눈물을 쏟으면서 "아버지(의 시신)를 (성 안에) 남겨 두고 나온 것은 남편 때문이었는데 남편이 적에게 붙잡혔으니 (내가) 살아서 무엇 하리오!" 하고는 나무에 목을 매어 죽었다.'라고 기록했다.

정경세는 곽준의 선조들에 대한 기록도 비명에 남겼다. 곽준의 고조부 곽안방은 청렴결백으로 이름이 높았던 조선 초기 선비이고, 증조부 곽승화는 김굉필과 함께 김종직의 두 수제자였으며, 조부 곽미는 기묘사화己卯士禍가 일어나자 남쪽(고향 현풍)으로 돌아와 문을 닫고 밖에 나가지 않았던 인물이다. 곽준의 아버지는 곽지완, 어머니는 초계 정씨草溪鄭氏였다.

현풍 곽씨 12정려각 앞 안내판도 곽준과 그의 아들, 딸, 며느리의 장렬한 죽음을 가장 먼저 소개한다. 그 뒤를 이어 정려각은 곽재훈의 네 아들이 비장하게 죽은 사효굴(99쪽 참조)도 핵심적으로 안내한다.

비각 안을 살펴본다. 열두 정려기과 두 기의 빗돌이 장엄하다. 하나하나 읽어보는데, 안내판의 해설을 읽을 때에는 미처 짐작하지 못했던 참혹한 피해자 한 분이 발견된다. '곽재기의 처 광릉 이씨가 왜란 중 적을 만나 물에 뛰어들어 죽었다遇賊投水而死事'라는 정려기가 바로 그것이다. 현판의 검은 빛깔이 마치 당시의 처참한 광경을 상징적으로 보여주는 것만 같아 비각 안을 들여다보는 마음을 눈물겹게 한다.

정려각에 모셔져 있는 주인공들은 모두가 곽안방의 후손들이다. 따라서 정려각 관련 유적지를 답사하려면 곽안방이 모셔진 이양서원(현풍면 대리 907-4)과 곽안방의 후손들을 제향하는 화산서원(구지면 화산리 898)을 찾아야 한다. 또 곽준이 홍의장군 곽재우와 함께 배향되고 있는 예연서원(유가면 가태리 539)과 사효굴(유가면 양리 360)도 답사해야 한다.26)

이양서원을 찾아간다. 정려각에서 700m가량 떨어진 숲속에 자리 잡고 있다. 서원 앞에 닿아 안내판을 읽는다.

> 이 서원은 조선 세조 때 청백리인 곽안방을 배향하기 위해 세운 서원이다. 1907년(숙종 33)에 사당인 청백사淸白祠를 건립한 뒤 서원으로 발전되었다. 대원군의 서원 철폐령으로 훼철된 뒤 1945년에 사당을 복원하였으며, 1982년에 동재와 서재를 건립하였다. 서원은 8동의 건물로 구성되어 있는데 강당 오른쪽에 사당인 청백사가 있어 병렬형을 이루고 있다. 청백사에는 곽안방을 으뜸으로 하여 곽지운, 곽규, 곽황 등 네 분의 위패를 모시고 있다.

곽안방은 세조 당시 익산 군수를 지낸 이름 높은 청백리淸白吏였다. 맑고淸 하얀白 관리吏를 가리키는 청백리를 고려 시대에는 염리廉吏라 하였다. 염렴은 청렴淸廉을 의미한다.

---

26) 이 일대의 역사 유적을 두루 둘러보는 데 적합한 여정 : 현풍 곽씨 12정려각→ 이양서원→ 화원서원→ 송암서원→ 도동서원→ 홍의장군 곽재우 묘소→ 예연서원→ 사효굴→ '빨간 마후라' 기념관→ 유가사 (등산이 가능한 답사자는 유가사를 둘러본 뒤 비슬산에 올라 대견사 삼층석탑과 빙하기 암괴류도 감상할 일이다. 노약자는 소재사 입구로 가서 대견사 가까이까지 오가는 전기 자동차를 이용하면 된다.)

곽안방의 청렴성을 상징하는 일화에 현어懸魚가 있다. 현어는 관리가 임기를 마치고 이임하는 날 그 전에 선물로 받았던 고기魚를 창고에 매달아懸 두고 떠나가는 것을 말한다.

곽안방은 익산 군수 임기를 마치고 돌아오는 길에 노비 한 사람이 열쇠 하나를 차고 오는 것을 보고 놀라 꾸짖었다. "그것은 관공서의 물건인데 어찌 작은 것이라 하여 소홀히 가져온단 말이냐? 나를 더럽힐 수 없다." 또 곽안방이 말 한 필만 탄 채 들판을 조용히 통과하여 떠나가니 농사일을 하고 있던 백성들은 군수가 지나가는 줄도 알지 못했다. 이양서원의 사당 이름이 어째서 청백사淸白祠인지 잠깐 궁금했었지만 곽안방의 행적을 되새겨보니 단숨에 그 뜻이 헤아려진다. 하얗고 맑은 청백사 현판 글씨는 지금도 곽안방의 청렴한 정신이 생생한 기운을 드러내는 듯 느껴진다.

다락방처럼 생긴 외삼문도 눈길을 끈다. 강당 마루에 앉아 바라보면 외삼문 2층에 난 창으로 맞은편 산과 하늘이 시원하게 보인다. 인위로 시야를 가로막지 않고 자연과 벗하며 살기를 염원했던 선비들의 건축 철학을 엿보는 듯하다.

**청백사** 이양서원 사당

사당이 강당 동쪽에 있어 병렬을 이루고 있는 점도 남다르다. 흔히 서원과 향교는 전학후묘前學後廟라 하여 가르치고 배우는 공간이 앞에 있고 선현을 제사지내는 공간이 뒤에 있는데, 이양서원은 사당과 강당이 좌우로 나란히 서 있다. 사당을 먼저 지었기 때문에 빚어진 결과로, 사당 앞은 강당과 정원을 놓을 만한 공간이 없다.

사당 앞에 있는 동재에도 이양서원의 독특한 면모 한 가지가 엿보인다. 서원은 보통 외삼문의 오른쪽 작은 문으로 들어가 강당 앞뜰에 닿는 것이 일반적인데, 이양서원은 관리사의 대문으로 들어가서 동재 지붕 아래를 통과하면 사당과 강당 앞뜰이 나온다. 물론 웅장한 외삼문을 닫아놓는 대신에 협문을 사용하도록 조치한 임기응변의 결과이지만 동재 건물의 한 칸을 사당과 강당 접근 통로로 개발해낸 창조적 지혜가 돋보인다.

이양서원 외삼문

화산서원은 곽씨 문중이 네 분의 선조를 제사지내는 곳이다. 곽준의 증조부 곽승화와, 임진왜란 때 창의하여 왜적과 싸웠고 초계군(경남 합천군 초계면) 가수假守(전쟁 중 임금이 발령장을 보낼 겨를이 없어 초유사가 대신하여 임명한 군수)로 활동했던 곽율을 섬긴다. 곽승화는 곽안방의 아들이고, 곽율은 곽안방의 현손玄孫(손자의 손자)이다.

역시 곽안방의 현손인 곽간도 모신다. 강릉 부사 등을 역임했던 곽간은 대동찰방 겸 수은어사大同察訪兼搜銀御使로 있을 때 중국에 사신으로 갔다가 돌아오는 권력 센 고위 관리들의 짐을 수색하여 밀수품들을 압수하여 태워버리는 등 강직한 성품으로 이름이 높았던 인물이다.

화산서원이 모시는 마지막 한 분은 곽재겸이다. 곽재겸은 곽승화의 현손으로, 홍의장군 곽재우의 사촌형이다. 그는 46세 때인 1592년 임진왜란이 일어나자 초유사招諭使(전쟁 중에 임금을 대신하여 관리들을 다스리고 의병을 독려하는 관리) 김성일을 찾아가 군사와 군량미를 모집할 수 있는 계책을 제시했다.

7월 6일 대구 일원 선비들이 팔공산 부인사에서 공산 의진군公山義陳軍(대구 전체를 아우른 의병군)을 결성할 때에는 '해안 5면(대구 동구 일원) 도대장都大將(총대장)'을 맡았다. 정유재란 때에도 의병을 이끌고 (경남 창녕) 화왕산성에 달려가 곽준, 곽재우와 함께 왜적을 방어하는 데 힘을 쏟았다.

지금은 화산리 898을 찾아가도 화산서원을 볼 수가 없다. 구지면에서 도동서원 사이의 광활한 들판과 야산이 산업 단지 조성 공사에 들어갔는데, 화산서원을 다시 짓기로 하고 일단 기존 건물을 철거했기 때문이다. 임진왜란 의병장 곽율과 곽재겸 선생을 기려 경덕사(화산서원의 사당)를 찾아왔지만 오늘은 발길을 되돌릴 수밖에 없다. 재건될 때까지 기다리는 수밖에……

1794년(정조 18)에 정종로가 지은 「(곽재겸) 행장」 중 '공은 선비에게 한 가지 바른 행실이 있으면 그가 비록 권세가 없고 가난하더라도 반드시 공경하여 맞아 덕을 베풀었고, 본받을 바가 없으면 비록 신분이 높은 자일지라도 중하게 여기지 않았다.'라는 문장을 떠올린다. '늘 아침에 일찍 일어나고 저녁에 늦게 자면서 의관을 바르게 하고 손에는 책을 놓지 않음으로써 수양에 힘썼다.'고 한다.

그러나 그의 마음속에는 아마도 평생에 걸쳐 아픔과 슬픔이 가득 쌓여 있었을 것이다. 전란이 일어나고 얼마 지나지 않은 1592년 6월 '아들 점漸이 왜적에게 죽임을 당하고, 그 아내 송씨가 따라 순사殉死하는' 참혹을 겪었다.

화산서원 중건이 완료되어 사당에서 참배를 드릴 수 있는 그 날이 기다려진다. 다만 오늘은 여기서 가까운 현풍 곽씨 문중 묘소 (달성군 구지면 대암리 182)에 가보아야겠다.

화왕산성 경남 창녕읍 옥정리 산322

### 대구의 임진왜란과 명나라

"대구大丘의 유정이 주둔한 곳에는 멀고 가까운 지역의 배고픈 백성들이 떼를 지어 모여들었고, 굶어죽은 시체가 들판에 가득하여 아무리 구덩이를 파고 묻어도 처리할 수가 없을 지경이라고 합니다." 《선조실록》1593년(선조 26) 12월 24일 기사의 내용이다.

명군 유정의 부대는 1년 이상 대구 일원에 주둔하다가 1594년 8월 철수했다. 《선조실록》1594년 8월 16일자에는 '독부督府(유정)가 머문 지 2년 동안 굶주린 백성이 중국군 병영에 들어가서 하인이 되기도 하고 시집도 갔습니다. 그들이 중국으로 따라가는 것을 허락하지 않는다는 점을 미리 독부에 고하고, 대동강과 압록강을 건널 때 점검해서 건너지 못하도록 해야 합니다.'라는 기사가 실려 있다.

《선조실록》1594년 10월 8일자에는 류성룡, 이항복, 김수, 조경 등이 선조에게 '총병總兵(유정)의 군영軍營에서 나온 사람이 모두 560여 명인데 모두 굶주린 실업자로서 살아갈 수가 없기 때문에 중국 군대에 기대어 살아가려고 옷을 바꾸어 입고 강을 넘어가려 하였습니다. 나라에서 민망하고 불쌍히 여겨 (중략) 여러 초소에 나누어 배속시켜서 포포手와 살수殺手로 가르쳤습니다. (중략) 사천私賤(개인의 노비)인 경우에는 조만간 반드시 그 주인이 나타나서 자기의 노복이라면서 찾아가려 할 것입니다. 그렇게 되면 이미 모인 군사를 다시 흩어지게 하는 폐단이 생겨날 뿐더러, 조정에서 법을 세워 불러 모은 본래의 뜻에도 어긋납니다. 이미 모은 군인은 영원히 포수와 살수로 삼아 마음대로 찾아가지 못하도록 하는 것이 어떻겠습니까?' 하고 건의한다.

대구에는 명과의 관계 개선 등에 공을 세운 송원도·송원기 형제의 매양서원, 명군 제독 이여송이 조선의 발전을 막기 위해 지맥地脈(땅의 흐름)을 끊었다는 와룡산, 풍수지리의 대가로서 귀국하지 않고 대구에 남은 두사충의 유적 등 임진왜란 당시 중국과 얽힌 역사를 전해주는 답사지가 있다. 오늘은 이곳들을 찾아보아야겠다.

**매양서원** 북구 매천동 46
**와룡산** 달서구 용산동 508-2에서 입산
**모명재** 수성구 만촌2동 716

### 매양서원
# "할 말이 없다" 외교로 충성한 선비의 고독

　매양서원은 대구시 북구 매천동 46에 있다. 지금은 매천동이라 부르지만 이곳의 예전 지명은 매양마을이었다. 1692년(숙종 18) 아헌啞軒 송원기宋遠器(1548~1615)를 기려 서원이 세워질 때에도 매양서원이라는 이름이 선택되었다.

　송원기는 1548년에 태어나 1615년에 타계했다. 우리나라 전역을 휩쓴 초유의 전쟁, 즉 임진왜란은 1592년에 일어나고 1598년에 끝났다. 임진왜란 발발시 송원기의 나이는 43세였으니 그의 생애는 전쟁 시기였던 셈이다. 언행일치를 최고의 덕목으로 삼는 선비였던 그가 왜적의 침입을 맞아 결코 가만히 있지 않았으리라는 것은 너무나 상식적인 추측이다.

상현사 매양서원 사당

그의 벗 서사원, 곽재겸 등도 모두 임진왜란 당시 대구 일원의 의병장들이다. 전쟁 당시 명군은 1년 이상 팔거(지금의 칠곡) 등 대구 일원에 주둔했는데, 송원기는 형 송원도宋遠度와 함께 쌀 700석을 명나라 군사들을 위해 군량미로 지원했다. 또 체찰사 이원익에게 군무십책軍務十策을 제안하여 도움을 주기도 했다.

　특히 송원기는 명나라 관리 정응태가 '조선이 왜와 결탁하여 함께 명을 공격하려 든다.'라고 모함하는 바람에 조정이 곤경에 빠진 1598년, '결코 그렇지 않다.'라는 변무서卞誣書를 지어 중국 조정이 두루 읽어보게 함으로써 문제 해결에 크게 이바지하였다. 이 일로 그는 중국에까지 유명 인사가 되었고, 선조로부터 공신 임명도 받았다.

　매양서원 입구에 가면 선비 송원기의 임진왜란 당시 공적을 길이 역사에 새기기 위해 2009년에 세워진 비석을 볼 수 있다. 비석의 전면에는 「선무원종공신 야성 송공 아헌 선생 기적비(✓사진)」 열일곱 자가 한자로 뚜렷하게 새겨져 있다.

　선무원종공신宣武原從功臣은 임진왜란 종전 후 선조가 전란 극복에 기여한 사람들을 포상할 때 전투에 공을 세운 신하로 임명되었

다는 뜻이고, 야성 송공 아헌 선생 기적비冶城宋公啞軒先生紀績碑는 호가 아헌인 야성 송씨 송원기 선생의 업적을 기념하여 세운 빗돌이라는 의미이다.

　송원기는 선무원종공신이었을 뿐만 아니라 1610년(광해군 2) 문과에도 급제한 인물이지만 벼슬을 한 기간은 매우 짧았다. 조정에 들어간 그는 광해군에게 정심술正心術, 입지기立志氣, 진기강振紀綱, 용인재用人才, 득민심得民心, 수군정修軍政 등 6개 분야에 걸쳐 정치를 바르게 할 것을

253

주장하는 「육강소六綱疏」를 바쳤다. 광해군은 그의 충언을 받아들이지 않았다.

송원기는 '천하에 도가 있으면 벼슬을 하고天下有道則見, 도가 없으면 은거한다無道則隱.'라는 논어의 가르침대로 벼슬을 버렸다. 그는 몸이 아파 벼슬을 할 수 없다고 핑계를 댔다.

그 이후 그는 스스로 자신을 아헌啞軒이라 불렀다. 아啞는 벙어리, 헌軒은 조그마한 집을 뜻한다. 자신을 '할 말이 없는 소인'에 비유한 것이다. 하지만 나라를 걱정하는 마음에 몸이 병약해진 탓인지 그는 불과 몇 년 뒤인 1615년(광해군 7) 세상을 떠났다.

송원기는 마치 생육신의 한 사람인 이맹전李孟專(1392~1480)을 재현한 듯하다. 경은耕隱 이맹전은 1453년 수양대군이 단종을 몰아내고 권력을 탈취하자 이듬해 고향 선산으로 돌아간다. 그는 평생을 듣지 못하고, 보지도 못하는 사람인 척 살다가 89세의 나이로 세상을 떠났다. 심지어 가족들조차 실제 그런 줄 알았다고 전해진다. 이맹전의 충절은 참으로 지독한 고독이었다.

매양서원 강당

야성治城은 지금의 경상남도 합천군 야로를 가리킨다. 따라서 송씨 가문이 스스로 야성 송씨를 자칭하는 것은 가문의 선조들이 야로 지역과 관련하여 특별한 역사를 남겼다는 사실을 짐작하게 해준다. 기록에 따르면 가문의 시조 송맹영宋孟英이 고려 998년(목종 1) 야성군治城君에 봉해지고, 그의 11세손 송길창宋吉昌이 또 다시 1361년(공민왕 10) 홍건적의 난 때 세운 공로에 힘입어 야성군에 봉해진다. 야성은 한때 송씨 가문의 땅이었던 것이다.

기적비 옆에는 '야성 송씨 매남 세거지世居地의 유래'를 밝힌 안내판이 서 있다. 안내판은 '매남 이주移住 1대가 매헌공(송명기)이요, 2대가 남촌공(송명기의 아들 송이석)이며 3대가 문양공(송이석의 아들 송학렴)이다. 매헌공과 문양공은 진사시에 합격하고 문양공은 학문과 덕망이 높았으며 인품이 뛰어나 지방 유림에서 극진한 추앙을 받았다. 칠곡 일대와 대구 근교 유생들이 매남마을을 지날 때는 말에서 내려 읍揖(허리 굽혀 절함)하는 예를 갖추었다고 전하니 이때가 아헌공파의 전성기라 하겠다.'라고 말한다.

매양서원 강당 일부와 사당

향교와 서원 앞에서 흔히 볼 수 있는 작은 빗돌에 하마비下馬碑가 있다. 요즘말로 하면 '지위 고하와 관계없이 차에서 내려 걸어서 학교 안으로 들어오라'는 명령이다. 게다가 예전에는 학교인 향교와 서원이 공자 등 중국과 우리나라의 뛰어난 선비들을 제사 지내는 역할까지 한 시설이었으므로 '말(현대 사회의 자동차)에서 내려서 걸어 들어오라.'는 것은 당연한 요구였다.

대구 일원 선비들은 매양서원 안으로 들어올 때는 물론이지만 심지어 매양마을 앞을 지날 때에도 말에서 내려 공손히 절을 한 뒤 통과했다고 한다. 학문과 진리를 탐구하고 실천하는 진정한 지식인으로서의 선비를 진심으로 공경하는 사회 풍토를 알게 해주는 일화이다. 현대 사회에서도 이같은 광경을 볼 수 있다면 참으로 세상은 아름다워질 것이다.

안내판 옆 「매양서원의 연혁沿革」은 이 서원이 '1868년(고종 5) 대원군에 의하여 훼철되었다가 겨우 복건復建, 유지되어 오던 중 연도는 알 수가 없으나 두 차례에 걸쳐 소실되는 재난을 겪고 2006년 4월 후손들의 단성丹誠(지극한 정성)을 모아 재건, 복원되었다.'라는 사실을 안내해 준다.

좌우로 나란히 서 있는 두 안내판 「야성 송씨 매남 세거지의 유래」와 「매양서원의 연혁」은 높이도 폭도 빛깔도 재질도 동일하지만 특히 마지막 문장이 똑같아 답사자의 마음을 사로잡는다. 두 안내판은 한결같이 '찾아주셔서 감사합니다.' 하고 인사를 한다.

따뜻한 안내판을 즐겁게 읽은 후 서원 전역의 출입문인 양정문養正門을 지나고, 강당과 사당을 둘러본다. 사당이 강당 옆에 있는 점이 특이하다면 특이하다.

**와룡산**
# '조선이 잘 되는 꼴은 못 본다' 이여송의 행패

'호부 주사戶部主事 애자신艾自新이 군량이 계속 조달되지 않는다는 이유로 관량관管糧官(군량미 조달 책임관) 김응남, 민여경, 황진에게 곤장을 쳤다(《선조실록》 1593년 2월 1일).' 명나라 호부(우리나라의 재정경제부에 해당)의 주사 애자신이 조선의 군량미를 관장하는 책임자 김응남 등에게 매질을 했다는 증언이다.

김응남은 정2품 지중추부사였다. 국무총리 격인 영의정과 부총리 격인 좌의정과 우의정이 정1품이고 장관 격인 판서가 정2품이었다. 김응남과 함께 애자신에게 매를 맞은 민여경과 황진 또한 호조 참판(종2품, 재정경제부 차관)과 의주 목사(정3품, 시장) 자리에 있던 상당한 고관이었다.

매질을 한 명나라 관리 애자신은 6품 주사였다. 현재의 우리나라 관료 체제에서 주사는 관리 중 관官보다 낮은 리吏에 들어간다. 사무관인 5급 이상을 관, 주사인 6급과 그 이하 공무원을 리로 나누기 때문이다. 명나라 6품과 대한민국 6급이 일치하는 것은 아니지만 남의 나라 최상위급 고관을 매질할 만큼 애자신이 엄청난 직급에 있지 않았던 것은 의심할 여지가 없다.

257

애자신이 조선의 정2품 지중추부사, 종2품 참판, 정3품 목사에게 곤장을 칠 수 있었던 것은 자신이 명나라 관원이라는 이유 하나뿐이었다. 애자신 기사는 임진왜란 당시 조선이 명에게 얼마나 치욕을 당하고 있었는지 단적으로 말해준다. 김응남, 민여경, 황진 같은 고관들까지 그토록 민망한 꼴을 당한 것을 보면 일반 백성들이야 차마 기록으로 남길 수조차 없을 만큼 압제와 고통에 시달렸을 터이다.

류성룡의 《징비록》은 조선 백성들이 '왜군은 얼레빗, 명군은 참빗'이라고 한탄했다는 사실을 전한다. 왜군의 수탈이 '대충' 수준이었다면 명군의 그것은 '지독'이었다는 뜻이다. 1593년 1월 11일자 《선조실록》에는 중국 관리가 제 나라 황제에게 올린 보고서에 '이여송이 평양에서 목을 벤 수급 가운데 절반은 조선 백성입니다. 또 불에 타 죽거나 물에 빠져 죽은 1만 여 명도 모두 조선 백성이라 합니다.' 하고 탄원했다는 놀라운 증언이 수록되어 있다.

임진왜란 초기, 대구에는 일본군 본부가 주둔했다. 1593년 4월 19일 한양에서 물러난 일본군은 5월 중순 부산까지 내려갔고, 대구도 5월 이후 왜적의 손에서 풀려났다. 일본군이 떠나자 명군 본부가 대구에 머물렀다. 조선 정부보다는 외국 군대들이 대구의 군사적, 지리적 중요성을 효율적으로 잘 활용한 꼴이었다.

그 결과 임진왜란이 끝난 뒤에는 경주, 안동, 상주 등지를 돌아다니던 경상감영이 대구로 왔다. 경상감영은 1601년(선조 34)부터 지방 행정 체제가 13도로 재편되는 1896년(고종 33)까지 거의 300년 동안 대구에 아주 붙박이로 설치되었다. 당시 경상 감영의 수령 경상 감사(관찰사)는 지금의 부산광역시, 대구광역시, 울산광역시, 경상북도, 경상남도 전역의 행정권과 군사권을 한 손에 거머쥔 막강한 권력자였다.

명군 총본부가 설치되었던 대구에 명군 대장 이여송의 흔적이 남아 있는 것이야 당연한 일이다. 그 중 대표적인 것은 와룡산에 서려 있는 전설이다. 물론 이여송 전설은 그가 조선에 어떤 위해를 가했는지에 대한 비유적 증언이다. 명군 주사도 조선 정2품에게 곤장을 쳤지만, 이여송 본인 역시 선조의 말을 자기가 타고 다니겠다고 했던 무례한 위인이기 때문이다.

와룡산은 대구광역시 달성군 서재 지역의 낙동강변에서 출발하여 달서구 성서 일대를 북쪽으로 휘어감은 다음 서구 상리동을 거쳐 금호강변에서 꼬리를 내린다. '꼬리를 내린다'라고 표현하는 것은 낙동강에 붙은 용두봉이 두드러지게 높고 금호강에 붙은 용미봉이 눈에 띄게 낮기 때문이다.

용두봉부터 용미봉까지 이어지는 와룡산의 능선은 기이하게도 Ω 모양을 하고 있다. 용의 머리를 뜻하는 용두봉과 용의 꼬리에 해당되는 용미봉이 서로 맞닿을 듯이 가까이 위치한다. 뿐만 아니라 와룡산의 길다란 능선은 높고 낮음을 되풀이하면서 커다란 원형을 만든다. 마치 산 전체가 용이 머리와 꼬리를 맞대고 엎드려 있는 듯한 모습이다. 그래서 와룡산이라는 이름을 얻었다.

와룡산의 꿈틀대는 기세를 본 이여송이 경치만 감상하고 돌아갈 리 없다. 이여송은 '와룡산은 큰 인물을 탄생시켜 명나라를 위협할 지세를 지닌 곳'이라면서 칼을 뽑아 용의 머리인 용두봉, 용의 몸통 한복판인 산 정상, 용의 꼬리인 용미봉을 난도질했다. 이여송의 칼날이 몸부림을 칠 때마다 와룡산은 검붉은 피를 하늘로 솟구쳐 뿜었다고 한다.

대구시 달성군 가창면에도 와룡산의 이여송 전설과 비슷한 이야기가 전해진다. 대일리와 단산리 사이에 있는 부엉덤산이 바로 그곳이다. 부엉덤산의 산세가 용장勇將을 낳을 명당이라고 판단한 이여송은 종이에 부엉덤산을 그린 다음 그 위에 무거운 붓을 올려놓는다. 그러자 마른하늘에 천둥번개가 쳤고, 산이 꿈틀거리더니 지맥 가운데가 잘록 끊어졌다. 그날부터 부엉덤산에는 100일 동안 피가 흘러내렸다.

부엉덤산 달성군 가창면 대일리

이여송은 류성룡 등 조선 대신들에게 '(우리 덕분에) 그대들은 나라가 없는 데서 나라를 갖게 되었다.'면서 고분고분 말을 잘 듣지 않으면 '군사를 인솔하여 요동으로 돌아가 그대들이 다시 나라를 잃는 슬픔을 당하게 할 것'이라고 위협한 자였다. 선조는 1593년 2월 2일 이여송을 찬양하는 비석을 세우고, 그것도 모자라 생사당生祠堂까지 지으라고 명령한다.

풍수지리설에 기반한 이여송 설화는 대구의 와룡산과 부엉덤산만이 아니라 우리나라 곳곳에 무수히 서려 있다.

그렇게 된 데에는 첫째, 이여송 등 명나라 사람들이 풍수지리설을 깊이 신봉했기 때문이다. 이여송 등은 한반도의 지맥을 끊어버리면 인재가 태어나는 기운을 끊을 수 있고, 결국 조선의 국력이 강성해지는 일을 막을 수 있다고 믿었다.

물론 어느 산을 해칠 것인지를 정하는 데에는 수륙지획주사水陸 地劃主事 직책을 맡아 이여송을 보좌했던 두사충 등 풍수지리 전문가들의 역할이 지대했다. 수륙지획주사는 군영을 설치하고 작전을 수립할 때 이여송에게 풍수지리설에 입각한 조언을 하는 자리였다. 두사충 등은 어디서 어떻게 싸워야 일본군을 제압할 수 있는지에 대해 고민하는 것이 본연의 임무였지만, 앞으로도 조선을 영원히 속국으로 두려면 어떤 조치를 취해야 하는지에 대해서도 이여송에게 말했다.

그들은 이여송이 '조선에 큰 인물이 태어나지 못하게 하려면 어디를 잘라야 하는지 알아보라.'는 지시를 내리면 그에 성실히 답변하기도 했고, 스스로 연구하여 '이곳의 지맥을 끊어야 조선이 감히 명에게 도전하는 일이 없을 것입니다.' 하고 건의하기도 했다. 와룡산과 부엉덤산이 오랫동안 피를 흘리게 된 사건도 두사충을 비롯한 명나라 풍수전문가들의 머리가 빚어낸 결과라는 말이다.

둘째, 군담소설 《임진록》이 한몫을 했다. 임진왜란을 시대적 배경으로 가진 작자 미상의 이 고전소설은 대략 병자호란 이후에 출현한 것으로 추정되는데, 황당한 사건 전개로 일관하고 있어 문학적 가치는 별로 인정받지 못하는 작품이다.

하지만 사명 대사가 바다를 건너가 일본왕의 항복을 받아내는 등 민족적 자존심을 북돋우는 설정 덕분에 당시 대중들에게 선풍적인 인기를 얻었다. 임진왜란과 병자호란 이후 심리적으로라도 전란의 피해를 극복하고 싶어했던 조선 백성들의 정서에 딱 들어맞았던 까닭이다.

> 《임진록》 줄거리
> 평안도 삭주 최위공의 부인이 최일경을 낳는다. 부인은 꿈에 관운장을 만난 뒤 아들을 잉태했다.

> 선조의 꿈에 한 계집이 기장 자루를 가져와 대궐 뜰에 내려
> 놓자 큰불이 일어난다. 선조가 영의정 최일경에게 해몽해보라고
> 한다. 최일경은 왜란이 일어날 징조라고 답하자 선조는 성질을
> 내며 그를 동래로 귀양보낸다.
> 　3년 뒤 일본국 도원수 조섭과 부원수 청정이 군사를 이끌고
> 조선에 쳐들어온다. 삭주의 이순신이 거북선을 만들어 대항하다
> 가 적장 마홍에게 피살된다.
> 　선조는 몽진길에 나선다. 최일경이 용강의 김응서를 천거하
> 고, 곡산 사람 김덕령이 나타나 신술로 승리를 일군다. 명나라
> 에 갔던 유성룡은 구원병을 얻어오는 데에는 성공하지 못하지
> 만 관운장의 도움 덕분에 이여송을 얻어 귀국한다.
> 　이여송은 온갖 트집을 잡으며 출전을 하지 않다가 이윽고 선
> 조가 통곡을 해대자 싸움터로 간다. 김응서는 평양 기생 월선을
> 시켜 조섭을 살해한다. 김덕령은 억울한 죽임을 당한다.
> 　청정을 죽이고 승전한 이여송은 조선의 지맥을 끊으려 한다.
> 그러나 초립동으로 변장한 태백산 산신령이 그를 중국으로 내
> 쫓는다. 사명당이 일본으로 건너가 왜왕의 항복을 받는다.

《임진록》 속에서 이여송이 우리나라 산천 곳곳의 지맥地脈(땅의 흐름)을 자르는 장면은 《정감록》 등 비서秘書(세상과 개인의 운명을 예언한 책)를 읽으며 풍수지리설에 심취해 있던 조선 백성들에게 현실의 일처럼 각인되었다.

용은 우주 만물의 최고를 상징하는 영험한 존재이다. 와룡산은 이름에도 용을 품고 있고, 능선 또한 용이 엎드려 있는 형세를 하고 있다. 이여송이 '명나라를 위협할 큰 인물을 배출시킬 지세'라면서 용두봉, 정상, 용미봉에 칼질했다는 '전설'을 남길 만한 산인 것이다.

와룡산 용두봉에 오르면 바로 아래로 흘러가는 낙동강이 보인다. 일몰 때의 낙조 경치가 특히 대단하지만 가파른 등산로와 어둠을

감안할 때 완상을 권장할 수는 없다. 다만 우리나라 4대강의 하나인 낙동강의 위풍당당한 물길이 들판을 S자로 휘저으며 내닫는 정경은 한낮에 보아도 정말 장관이다.

낙동강을 바라보고 있노라면 문득 왜선들이 깃발을 휘날리며 그 강물을 거슬러 올라가는 환상이 눈에 어른거린다. 임진왜란 당시 일본군들은 배를 타고 낙동강을 돌아다녔다. 명군도 대구에 본부를 설치한 채 온갖 행패를 부렸다. 이제는 외국군이 우리나라에 뙈리를 튼 채 앉아 있는 일이 없어야 할 텐데…….

대구 중심부와 왜관읍에서 오늘도 휘날리고 있는 미군 부대의 깃발은 환상도 아니고 엄연한 현실이다. 중국과 일본 사이에 끼여 임진왜란의 참화를 입었던 우리나라, 지금도 강대국들 사이에서 분단의 고통을 겪고 있다. 명나라 군대의 횡포를 아직도 기억하고 있는 와룡산에 올라27) 통일의 그날을 꿈꿔본다.

---

27) 일반인들이 가장 많이 애용하는 **와룡산 등산로** 초입으로는 네 곳을 소개할 만하다. 대구 달서구 새방로 7길 33 성산고 운동장 옆, 선원로 33길 105 선원초교 정문 앞, 선원로 37길 65 이곡중 옆, 선원로 11길 21 대구외고 옆이 바로 그곳들이다. 모두 학교 옆이라 찾기도 쉽다.

병암서원과 용강서원에서 오르면 헬기장을 거쳤다가 왼쪽으로 정상부와 용두봉 가는 길을 걷게 된다. 이곡중과 대구외고에서 오르면 정상부보다도 더 서쪽 능선에 닿아 곧장 좌측으로 용두봉을 바라보며 걷게 된다. 따라서 이여송 전설의 흔적을 밟아보려면 성산고 또는 선원초에서 출발하는 것이 좋다.

어디에서 출발하든 정상까지 가려면 대략 35분가량 걸어야 한다. 용두봉까지 가는 데에도 비슷한 시간이 소요된다. 입산 후 용두봉에 올랐다가 (용미봉 답사는 포기하고) 출발지로 돌아오는 데는 총 2시간 정도 걸린다. 높이는 낮지만 능선이 길고 높낮이가 많기 때문에 생각보다는 만만하지 않은 산이 와룡산이라는 사실을 염두에 두는 것이 좋다.

## 모명재
## '임도 보고 뽕도 따고' 두사충의 조선 귀화

시성詩聖 두보의 22대손 두사충은 임진왜란 때 두 번 조선에 종군했다가 귀국은 한 번만 한다. 그는 전쟁 초에는 총병관 이여송 휘하의 수륙지획주사水陸地劃主事로서 지리 참모 임무를 수행한 뒤 귀국한다. 1597년 정유재란 때는 수군 도독 진린을 보좌하는 비장 복야문하주부裨將僕射門下主簿로 참전한다. 그는 종전 뒤 명으로 돌아가지 않는다.

《두릉 두씨 세보杜陵杜氏世譜(1999년)》에 따르면, 철군하는 명군을 따라 1598년 압록강까지 올라간 두사충은 매부 진린에게 '그대는 황제의 명을 받아 출정한 사람이니 돌아가야 마땅하지만君復命之行有不得已, 내 생각은 말로 드러낼 수가 없구려我則欲語而有不能語.' 하고 작별 인사를 건넨다. 진린은 황제에게 귀국 보고를 하지 않다가는 역적으로 몰릴 신분이지만 두사충 자신은 몸을 움직이기에 편한 입장이므로 그냥 조선에 남겠다는 뜻이다.

두사충은 자기가 조선에 남으려는 까닭을 말로 나타낼 수 없다고 한다. 과연 두사충은 무슨 생각을 하고 있었기에 그것을 밝힐 수 없다고 하였을까? 대화 상대가 매부인데도 차마 발설할 수 없는, 어느 누구에게도 언급해서는 안 되는 금기의 진심은 정녕 무엇이었을까? 짐작하자면 두사충은 '본국에 돌아갔다가는 장차 오랑캐(청)의 지배를 받으며 종처럼 살아야 할 테니 나는 차라리 조선에 남겠소.' 하고 속으로 중얼거렸을 것이다.

함부로 '망국 예견' 발언을 내뱉다가는 일족이 한꺼번에 주살되기 십상이다. 두사충도 끝내 그 진심을 토로할 수 없었다. 두사충은 내심 '아직은 미미하지만 결국 누루하치(청 태조)가 천하를 손에 넣게 되오, 오랑캐의 노예로 참담히 생활하는 것보다는 "속국" 조선에서 사는 것이 우리 본인과 후손들에게 훨씬 좋을 것이오.' 하며 진린을 붙잡고 싶었으리라. 그는 명이 청에게 멸망당한다는 사실을 일찌감치 예견하고 있었고, 당시 조선은 명의 속국이나 다름이 없었기 때문이다.

天邊老人歸不得 하늘 끝에 선 늙은이 돌아갈 수 없어
日暮東臨大江哭 저물 무렵 동녘 큰 강에서 목 놓아 우네

진린과 헤어지면서 두사충은 위와 같은 시를 남겼다. 돌아가고 싶지만 돌아갈 수 없는 상황에, 나이는 많고, 해는 슬픔을 북돋우며 저무는데, 나는 국경 큰 강에서 목 놓아 운다……. 실제로 귀국을 했으면 두사충은 정말 청나라 백성으로 살아가게 되었을까?

두사충의 정확한 출생 연도와 사망 시기는 확인되지 않고 있다. 다만 1543년생인 진린의 처남이었다는 점을 감안하면 나이가 진린과 엇비슷했으리라는 추정은 가능하다. 귀국을 포기하고 조선에서 살기 시작하는 1598년 당시 두사충은 대략 50세 전후였을 듯하다(시에서도 '노인'을 자칭하고 있다). 두 아들 산山과 일건逸健이 아버지를 도와 임진왜란에 참전하였고, 조선에서 함께 영주하기로 뜻을 모았다는 사실도 두사충의 나이를 짐작하게 해주는 대목이다.

명은 1644년에 멸망한다. 그때까지 살았다면 두사충은 100세 안팎의 엄청난 고령이 된다. 따라서 두사충 본인은 귀국했더라도 청의 피지배민으로 살아가게 되었을 가능성이 없다. 실제로도 그는 조국 멸망의 비극을 보지 않고 마음 편안하게 하늘나라로 갔다. 《두릉 두씨 세보》에 연도 없이 나오는 두사충의 사망 시기 '희종 (1620~1627) 7월 24일'을 기준으로 잡더라도 그는 명이 멸망하는 해보다 24년에서 17년 이전에 이미 세상을 떠났다.

오랑캐(청)의 피지배민이 되는 굴욕을 모면한 것은 그의 후손들이었다. 두사충이 중국으로 돌아가지 않고 조선에 남았으므로 후손들은 오랑캐의 직접 지배는 받지 않아도 되었다. 《두릉 두씨 세보》 국역본은 이에 대해 '우리 선조 복야공께서는 임진년과 정유년에 왜적을 정벌하러 조선에 오실 때 많은 책을 가지고 오셨다. 이는 다시 돌아가지 않으실 뜻이 이미 결정되어 있었음을 알 수 있게 해준다. 뒷일을 깊이 근심하시고 장래의 자손들을 위하신 바'라고 기술하고 있다.

지금도 풍수지리 연구자들 사이에는 '《모명유결慕明遺訣》을 제대로 공부하지 않은 사람은 진정한 풍수 전문가로 인정할 수 없다.'는 말이 회자되고 있다. 《모명유결》은 두사충의 저술이다. 명군의 지리 참모로 외국과의 전쟁에 파견된 것만으로도 충분히 짐작이 되지만 《모명유결》에 대한 세간의 평가 또한 그만큼 풍수전문가로서 두사충의 권위를 입증해준다.

당대 최고의 풍수지리 대가 두사충도 자신의 전문 분야 일 때문에 죽을 뻔한 고비를 맞기도 했다. 소서행장小西行長(고니시 유키나가)의 일본군이 점령하고 있던 평양성을 1593년 1월 9일 빼앗은 조명 연합군은 기세를 몰아 서울로 진격하다가 1월 17일 벽제관에서 참패를 당하는데, 그와 관련된 일이다. 함경도로 갔던 가등청정加藤清正(가토 기요마사) 정도만 제외하고 대부분의 병력을 집결시킨 일본군은 치밀하게 반격을 준비한다.

1593년 1월 17일 이여송이 죽을 뻔했던 숫돌고개(경기 고양시 덕양구 삼송동 57-65 오른쪽 고개)에 당시 전투를 해설한 안내판이 서 있는 모습

　벽제관 일원(경기도 고양시)에서 대회전이 벌어진다. 이 전투를 앞두고 이여송은 일본의 전력을 아주 과소평가하고 있었다. 평양성 전투 승전의 쾌감에 지나치게 젖어 있었던 탓에 오만이 넘쳤고, 경계도 게을리했다. 이여송은 포병도 없이 일본군과 맞선다. 결과는 자기 자신조차 간신히 살아남는 대패였다. 오롯이 이여송의 무모함이 낳은 예견된 참패였다.
　이여송은 패전의 책임을 두사충에게 덮어씌운다. 두사충이 진지 구축 장소를 잘못 설정한 탓에 무참히 졌다며 터무니없는 억지를 부린다. 이여송은 두사충을 참수하려 든다. 우의정 정탁을 비롯한 조선의 대신들이 이여송을 말린다. 조선 사람들 덕분에 겨우 목숨을 구하게 된 두사충은 그 이후 조선에 호의를 가지게 된다.

정유재란 때 다시 종군한 두사충은 수군 도독 진린의 휘하였으므로 당연히 해전에 참가한다. 그는 조선 수군과 합동 작전을 펼치는 과정에서 이순신과 서로 공경하는 마음을 가지게 된다. 멀리 이역만리에서 두 번이나 종군한 두사충에 감복한 이순신은 한시「봉정 두복야奉呈杜僕射(두복야에게 바친다)」를 지어 감사의 마음을 전한다. 이순신이 두사충을 '두복야'라고 부른 것은 그의 관직명 '비장복야 문하 주부'에 복야가 들어있기 때문이다.

北去同甘苦 북(명)으로 갈 때는 고락을 함께 했고
東來共死生 동방(조선)에 와서는 생사를 함께 했네
城南他夜月 성 남쪽 남의 나라 달빛 아래서
今日一盃情 오늘은 한 잔 술로 정을 나누세

이순신의 이 오언절구는 수성구 만촌2동 716의 모명재 기둥에 주련柱聯으로 새겨져 있다. 주련은 건물의 기둥이나 벽에 새겨진 글귀를 말한다. 두사충을 제사지내는 재실 기둥에「봉정 두복야」가 새겨져 있는 것은 그만큼 그의 후손들이 이순신으로부터 시를 받은 사실을 자랑스럽게 생각한다는 뜻이다.

오는 정이 있으면 가는 정도 있는 법이다. 두사충 또한 이순신에게 마음을 준다. 가장 단적인 사례는 1598년 노량 해전에서 이순신이 전사했을 때 두사충이 충남 아산시 음봉리에 묘터를 보아준 일이다. 뒷날 이순신의 7대손인 통제사 이인수(1737~1813)도 두사충의 신도비 비문을 쓴다. 이인수가 쓴 비문은 지금도 모명재 뜰 신도비에 새겨져 있어 답사자의 눈길을 끌고 있다.

'명明을 그리워하는慕 집齋' 모명재慕明齋는 1912년에 처음 건립되었고, 1966년 중수되었다. 1912년 경산 객사(중앙 관리가 출장을 왔을 때 머무는 숙소)가 헐렸을 때 두사충의 후손들이 그 목재를 가져와 조상을 제사지내는 데 활용할 재실(모명재) 건립에 썼다.

이순신 장군의 후손 이인수가 비문을 쓴 **두사충 신도비**와 모명재 중수에 많은 공을 세운 **두병선 공덕비**가 모명재 뜰에 나란히 서 있다.

후손들은 대문에 만동문萬東門이라는 현판을 걸었다. 만동은 '모든 하천은 동쪽으로 흘러간다'는 뜻의 관용어 '백천 유수 필지동百川流水必之東'에서 따온 말로, 근본(명)을 잊지 않겠다는 두사충의 마음을 대변한 표현이다.

두사충은 일본군과 숱한 전투도 벌였지만 이여송을 도와 조선의 지맥을 끊는 일에도 많이 간여했다. 풍수지리를 굳게 믿었던 이여송은 '조선에서 뛰어난 인물이 날 만한 지세를 가진 곳은 온통 쑥대밭을 만들어야 한다.'라고 지시했고, 두사충은 삼천리 한반도 곳곳을 살펴 지맥을 끊는 일에 앞장섰다. 하지만 조선 대신들의 도움으로 억울한 죽음을 모면하게 되고, 정탁, 이순신 등과 형제의 친교를 다지면서 그의 심경에는 큰 변화가 일어났다. 조국은 멸망하여 오랑캐의 손에 들어갈 터이고, 귀국을 하면 후손들이 오랑캐의 노예가 될 것도 눈에 선했다.

두사충은 대구에 남았다. 두사충이 대구를 선택한 것은 명군 본부가 있던 고장이라 심정적으로 이미 익숙했고, 풍수지리상 명당 지역이란 판단 때문이었다. 그는 현재의 경상감영 공원 자리를 '하루에 천 냥이 나올 곳'으로 지목했다.

1601년 경상감영이 두사충의 집 둘레에 들어서게 된다. 그는 지금의 계산 성당 인근으로 집을 옮겼다. 두사충은 열악한 의복 문제도 해결하고 경제적 소득도 올릴 겸 거주지 일원에 뽕나무를 많이 심었다. 그 결과 계산동 일대는 '뽕나무 거리'라는 별칭을 얻었다.

두사충은 이웃의 어여쁜 과부에게 마음을 빼앗겼다. 두사충은 날마다 '오디 딴다.'는 핑계로 뽕나무에 올라가서는 그녀를 훔쳐보느라 해가 저물어도 내려오지 않았다. 아버지의 속마음을 눈치 챈 두 아들은 여인을 찾아가 '어머니로 모시고 싶소.' 하고 간청했다.

여인은 본래 두사충을 좋게 생각하고 있던 차였다. 두 사람은 결혼에 이르렀다. 그 후 '임도 보고 뽕도 따고'라는 말이 유행하게 되었다. 계산동의 이상정 장군 고택 옆집 담장에는 두사충 초상과 여인 및 뽕나무 그림이 벽화로 그려져 있다.

두사충은 늘 조국 명나라를 그리워했다. 아호를 '명나라를 그리워한다'는 의미의 모명慕明으로 바꾸었고, 최정산 아래 좋은 터(현재 대구고 자리)에 제단 대명단大明壇을 쌓아놓고서 매달 초하루마다 관복을 입은 채 명 황제가 있는 북쪽을 향하여 배례를 올렸다.

절을 하면서 두사충은 '조선인小中華人이 될지언정 머리 묶은 오랑캐의 종虜奴이 될 수는 없다.'면서 눈물을 쏟았다. 압록강에서 진린에게는 끝내 드러내지 못했던 진심을 모두 털어놓은 것이었다. 그 이후 대명단 일대는 대명동大明洞으로 불리기 시작했다.

두사충은 늙고 병마에 시달리게 되자 묻힐 곳을 찾아다녔다. 처음 두사충은 수성구 성동 금호강변의 고산서당孤山書堂 주변을 훌륭한 명당터로 여겼다. 그는 두 아들에게 그 자리를 설명해주기 위해 집을 나섰지만 이미 몸이 너무 쇠약해진 터라 담티 고개에 이르렀을 즈음에는 더 나아갈 수가 없었다.

두사충은 고산서당 일원이 자신의 묘터가 아니라는 사실을 깨달았다. 찾아가는 도중에 이토록 몸이 아픈 것도 다 자연의 섭리, 곧 하늘의 뜻임을 그는 인정했다.28)

---

28) 담티 고개와 민간 어원설
대구시 수성구청이 제작한 모명재 소형 홍보물에 '(두사충은) 풍수지리에 밝아 일찍부터 장차 당신이 묻힐 곳으로 지금의 수성구 고산 일대를 잡아 두었습니다. 어느 날 묘터를 아들에게 일러주기 위해 고개에 이르렀으나 기침가래가 심하게 끓어 그 위치를 알려주지 못했습니다. (그 후) 두사충이 발길을 돌린 그 고개를 담이 끓은 고개인 "담티 고개"라 부르게 되었습니다.'라는 표현이 나온다. 이런 어원 유추를 민간어원설이라 한다.
민간어원설의 대표적 사례는 소나기이다. '두 사람이 소를 걸고 내기를 했는데 그 때 마침 벼락같이 쏟아졌다. 그 후 사람들은 갑자기, 잠깐 큰 비가 내리는 것을 "소내기"로 부르게 되었고, 그것이 변하여 소나기가 되었다.' 이렇게 민간어원설은 발음이 비슷한 데 근거를 두고 어원을 찾는 방식이다.
두사충의 담이 끓어오른 곳이라 하여 담티 고개라는 이름을 얻었다는 속설도 민간어원설의 한 부류이다. 그런데 영조 연간(1757~1765)에 편찬된 《여

271

그는 지금의 묘터 일대를 '내가 죽으면 저기 묻도록 해라. 그러면 자손들이 번창하리라.' 하고 두 아들에게 말했다. 모명재를 왼쪽에 두고 형제봉으로 들어가는 등산로를 걸으면 오른쪽으로 300m 가량 떨어진 곳에 두사충의 묘소가 있다. 모명재 바로 뒤는 두사충의 7대손이자 효자로 널리 알려진 두한필의 묘소이다.

대도로변에서 모명재로 가는 길목에는 1912년 모명재가 건축될 때 두한필을 기리기 위해 함께 세워진 명정각이 오늘도 '조상의 이름을 빛내고' 있다. 두한필이 효자로서 자신의 이름을 빛내는 것이 아니라 '조상의 이름을 빛내고 있다'라고 말한 것은 명정각 옆 안내판의 표현이다. 안내판은 '조상을 빛내는 효耀祖之孝心'라는 제목을 달고 있다. 이 제목은 아마도 "저 아이가 누구의 자식이냐?" 같은 질문을 염두에 둔 결과일 것이다. 선행 또는 그 반대 행동을 했을 때 사람들이 자신의 부모를 평가한다는 사실을 생각하면 누군들 착하게 살지 않을 수 없으리라.

조국을 멸망시킨 적국을 섬길 수 없어 아예 타국에서 평생을 산 충신 두사충, 조선 사람들과 우정을 쌓고 의리를 중시한 대장부 두사충, 사랑을 안 남자 두사충, 아버지의 마음을 이해하고 도운 착한 아들들, 효를 실천하여 조상의 이름을 빛낸 두한필, 많은 재산을 기부하여 조상을 기리는 일에 앞장선 두병선……

모명재는 많은 것을 생각하게 한다. 한 사람의 한 번밖에 없는 인생은 짧지만 귀한 시간들이 쌓여서 이루어진 것이다. 모명재는 생애의 하루를 보낼 만한 충분한 가치를 지니고 있다.

---

지도서》를 보면 담티 고개는 장현墻峴으로 표기되어 있다. 지금의 대구시 수성구 만촌동 쪽과 시지동 사이를 담장墻처럼 가로막고 있는 고개峴라는 뜻이다. 고개 이름이 두사충에서 연유했다면 비슷한 시기에 편찬된 지리서가 전혀 다른 지명 유래를 밝혀두었을 리가 없다. 그런 점에서 담티 고개 두사충 유래설은 말 그대로 민간어원설인 셈이다. 국토지리정보원의 《한국 지명 유래집》도 이를 '속설'로 소개하고 있다.

### 두사충 유적 역사 여행 여정

**모명재 일원** (1) 모명재(수성구 만촌2동 716) 앞 주차장 도착 > 만동문 왼쪽 안내판 읽기 > 만동문 현판 > 모명재 강당 건물 감상 > 강당 앞뜰 좌우 문인석(청나라에서 가져온 돌로 제작) > 뜰 오른쪽 문인상 앞의 두사충 신도비(이순신의 7대손 이인수 이름 확인) > 신도비 옆 두병선 공적비 > 공적비 오른쪽 두병선 공적 안내판 > (2) 모명재 밖으로 나와 오른쪽 담장을 타고 산으로 들어가 우측으로 이어지는 안내 표식을 따라 300m 걸으면 두사충 묘소 (3) 돌아나와 모명재 바로 뒤의 두한필 묘소 (4) 모명재에서 왼쪽으로 도로를 따라 100m 가량 떨어져 있는 명정각 (5) (주차한 곳으로 돌아와서) 모명재 앞 한국전통문화체험관

**시내** (1) 박기돈 고택 담장(대구시 중구 계산동2가 92) 두사충 벽화 (2) 바로 왼쪽 이상정 장군 고택(바보 주막) (3) 20m 왼쪽 상화고택 (4) 상화고택 바로 맞은편 서상돈(국채보상운동) 고택 (5) 대명단 자리(대구고등학교), 대구고 교정의 2·28기념탑

위 **모명재** 아래 **문인석**

## 또 다른 중국인 관련 임진왜란 유적

### 인흥서원 仁興書院

　인흥사는 일연 스님이 1264년 이래 11년 동안 머물면서 《삼국유사》 집필의 기초 작업을 했던 사찰이다. 인흥사는 지금 없다. 숭유억불의 조선 시대가 시작되면서 절이 폐사된 때문이다.
　절은 없어졌어도 주민들은 자신들이 사는 동네를 인흥마을이라 부른다. 1825년(순조 25) 선비들은 서원을 세우면서 마을이름 인흥을 그대로 썼다.
　인흥서원은 《명심보감》을 지은 추적秋適(1246~1317)을 기리는 곳이다. 《명심보감》은 어린이들의 학습을 위해 중국 고전에 나오는 금언과 명구를 뽑아 편집한 교육 서적으로, 정신문화연구원의 《한국 민족문화 대백과》는 '이 책은 고려 말, 조선 초 이후 아동들의 기본 교재로 널리 쓰였으며, 수백 년 동안 즐겨 읽혀지면서 우리 민족의 정신적 가치관 형성에 일익을 담당하였다.'라고 평가한다.

달성군 화원읍 본리리 730에 있는 인흥서원은 추적 외에도 추수경 등 세 분을 더 배향하고 있다. 추적의 7대손인 추수경은 명나라에서 무강 자사로 있던 중 임진왜란이 일어나자 두 아들과 함께 조선에 와서 왜적 퇴치에 큰 공을 세운 인물이다. 그러나 종전 직후 귀국하던 길에 부상 후유증이 도져 전주에서 사망하였다.

박웅성 의병장 유적인 망월산성 터는 대구에 있지만 그의 묘소는 대구와 경북의 경계선인 경북 경산 성암산에 있습니다. 정변함·변호·변문 삼형제 관련 유적인 고산서당은 대구에 있지만 그들을 기리는 삼의정은 경산에 있습니다. 그곳들을 이 책 《대구 임진왜란 유적》에 싣습니다. 또 경북 군위와 의성의 임진왜란 유적도 이 책에 싣습니다. 경북 중부 지역인 두 곳의 임진왜란 유적들은 《동해안 임진왜란 유적》과 《경북 서부 북부 임진왜란 유적》에 소개하기에는 거리가 너무 멀고, 오히려 대구 근교이기 때문입니다.

## 망월산성 터, 경북 경산 박웅성 의병장 묘소
## 같은 날 전사한 네 부자, 왜적의 경산 침입 막은 곳

금강산 건봉사,
지리산 화엄사,
설악산 신흥사,
가야산 해인사,
오대산 월정사,

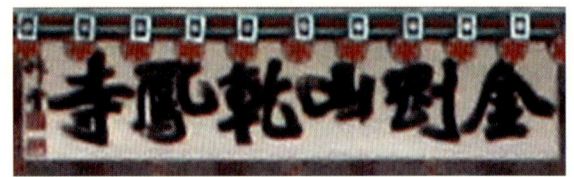

'금강산 건봉사' 현판

소백산 부석사, 팔공산 동화사…… 앞은 산 이름, 뒤는 절 이름이라고 생각하기 쉽다. 하지만 그렇지 않다. 일반적으로 사찰의 일주문이나 강당에는 '금강산 건봉사' 식의 현판이 붙어 있다. 금강산 건봉사는 금강산에 있는 건봉사라는 뜻을 담고 있기는 하지만 실제로는 그 전체가 사찰 이름이다.

예외 없는 법칙은 없다는 말처럼 경주 '천경림 흥륜사', 김해 '초선대 금산사' 같은 특이한 사찰명도 있기는 하다. 그러나 대체로 사찰명의 앞부분은 산 이름이 차지한다. 사찰들이 산 속에 많이 자리를 잡고 있기 때문이다.

대구 수성구 욱수동 419에 '대덕산 불광사'라는 절이 있다. 대구

미술관 뒤편 대덕산에는 청계사와 백련사뿐인데도 망월산 아래에 있는 이 절은 '대덕산 불광사'라는 이름을 쓰고 있다. 절이 대덕산에 있어서가 아니라 대구미술관 뒤편의 여러 봉우리 중 가장 높은 주봉主峰의 이름을 사찰명에 사용한 까닭이다.

불교가 왕성한 시대를 살았던 옛사람들은 산과 봉우리의 명칭을 불교식 발상의 새 이름으로 바꾸었다. 설악산 비로봉, 오대산 비로봉, 팔공산 비로봉 등에 석가모니를 뜻하는 비로毗盧를 써서 그 봉우리가 산의 최고봉이라는 사실을 표시했고, 전국 곳곳의 산이름에 부처를 가리키는 대덕大德을 붙였다. 그 결과 대구 남구의 앞산이 대덕산이 되었고, 수성구의 불광사도 '대덕산 불광사'가 되었다.

불광사 앞에는 그리 크지 않은 호수가 아름다운 자태를 뽐내고 있다. 이 호수는 이름이 무엇일까? 규모가 큰 호수의 못둑에는 한국수자원공사가 세운 큰 간판들이 있어 이름을 알기가 쉽지만, 이곳은 작은 연못이라 그런 것도 없다. 하지만 못둑을 거닐다 보면 '망월지의 두꺼비를 보호합시다.'라는 팻말을 여기저기서 만나게 된다. 망월지가 이 연못의 이름이다.

망월지望月池라면 달을 바라보는 못이라는 뜻이다. 이 연못에 이토록 아름다운 이름이 붙은 것은 절 뒤의 산이 망월산이기 때문이다. 해가 동쪽, 달이 서쪽의 상징이라는 점을 감안할 때 달을 바라보는 산이라는 이름은 정상에 오르면 서쪽 전망이 확 트여 있다는 사실을 짐작하게 해준다.

실제로 망월산에 오르면 서쪽, 즉 대구미술관, 연호동, 만촌동 방향의 풍경이 그대로 눈에 들어온다. 아무 것도 가로막지 않는다. 비록 대덕산이 이곳 봉우리보다 50m 가량 높지만 정상이 남쪽으로 치우쳐 있어서 사람의 시야를 가로막지는 않는다. 이곳에서 두리봉 및 담티고개 사이가 온통 들판인 까닭에 연호동과 만촌동 쪽에서 이리로 오는 것들은 차량만이 아니라 '개미새끼 한 마리'까지 모두 육안으로 확인된다.

임진왜란 때 의병들은 이곳에 진을 치고 대구 쪽에서 쳐들어오는 왜군을 감시했다. 박응성 의병장을 위시한 의병들이 이곳 망월산에서 전투를 준비한 까닭은 이미 앞에서 설명했다. 망월산은 적들이 침범해 오는 기세를 정확하게 파악할 수 있는 곳이었다.

그 반면 망월산은 경산 쪽에서 진격해오는 적의 움직임은 포착할 수 없는 곳이다. 성암산에 차단되어 시야가 완전히 가로막혀 버리기 때문이다. 그런 까닭에, 대구 방향인 서쪽은 '개미새끼 한 마리'가 이동하는 것까지 빠짐없이 관찰할 수 있지만, 경산 방향인 동쪽은 대군이 이동한다 해도 그 낌새를 사전에 알 수가 없다.

박응성 의병군은 적을 막기 위해 이곳에 성을 쌓고 진지를 구축했다. 어째서 한쪽만 잘 보이는 지점을 선택했던 것일까? 공산의진

망월산 정상에서 바라본 대구와 경산 사이의 풍경. 모든 것이 다 보인다.

군公山義陣軍(대구 의병 연합군)의 첫 총대장을 맡았던 서사원의 《낙재일기》 1592년 4월 22일자는 그 까닭을 말해준다.

'아침에 (팔공산) 응봉에 올라 관찰하니 파잠(수성구 파동)과 상동에서부터 불꽃이 이어지기 시작하여 가끔 치솟아 퍼지더니 적의 무리가 (대구부) 경내에 들어온 것을 알았다. 이윽고 수성현 안에 불꽃이 매우 치열하다가 얼마 후에 읍내에서도 일어났다.'

서사원의 일기는 왜군들이 청도에서 팔조령을 넘어 대구 수성구 파동과 상동으로 침입한 것을 증언한다. (1597년 정유재란 때에도 일본군은 팔조령을 넘어 대구로 쳐들어 왔다.) 4월 13일 부산에 상륙한 왜적들은 며칠도 지나지 않은 4월 22일에 이미 대구 전역을 모두 점령했던 것이다. 대구읍성은 21일에 함락되었고, 23일에는 팔공산 기슭 파계사까지 쳐들어왔다.

경산에도 읍성이 있었다. 《여지도서》를 인용한 《경산 시지》는 '경산읍성이 석축 둘레 320m, 높이 3m로 성 위에 따로 여첩女堞(담장)은 없고, 사방에 문과 문루門樓(문 위에 세워진 누각)가 있었다.'라고 기록하고 있다. 《여지도서興地圖書》는 전국의 읍지邑誌를 모아 영조 때 간행된 책이다.

하지만 의병들은 경산읍성만 믿고 왜적에 맞설 수는 없었다. 성곽 둘레 2,700m, 높이 5m로 경산읍성과 견줄 수 없을 만큼 규모가 컸던 대구읍성도 공격을 받아 바로 무너졌으니 이는 당연한 판단이었다. 박응성, 정변함, 정변호, 정변문, 진섬, 진엽 등 경산 의병들은 가파른 오르막을 사방에 거느리고 있을 뿐만 아니라 적의 동태를 한눈에 파악할 수 있는 망월산에 성을 쌓고 적들을 막기로 했다.

대구 선비들은 전쟁이 일어나고 두 달가량 지난 7월 6일이 되어서야 팔공산 부인사에서 창의를 결의한다. 그에 비해 경산은 이미 5월 7일 최문병, 김홍, 유인춘, 박춘, 김응광, 안천민, 김응광 등이 창의를 결의하고, 5월 11일 오목천에서 왜군과 일전을 겨룬다.

박응성 의병군이 망월산성에서 왜군과 싸운 때도 6월 중순이었고, 최응담 의병장이 대구와 청도의 경계인 남성현에서 왜적 30여 명을 죽이고 말 10여 마리를 빼앗은 때도 6월 11일이었다.

경산시가 발간한 《내 고장 전통》에는 정경세의 '경산여두소읍慶山如斗小邑 수선창의首先倡義'라는 발언이 실려 있다. 경산 사람들이 타 지역에 비해 상대적으로 일찍 창의했다는 증언이다. 어째서 경산 지역은 창의가 일찍, 활발하게 일어났을까?

《경산 시지》는 '대구, 경주 등지가 적에 의해 장악되어 의병 활동이 여의치 않았던 것과는 달리 경산 지역은 적이 약탈을 자행하기는 했으나 주둔하지 않아 의병 모집이 상대적으로 쉬웠던 때문'이라고 자평한다.

망월지와 불광사 뒤로 망월산이 보이는 풍경

시지의 기록은 '일본군은 (경산에는 군대를 주둔시키지 않았지만) 부산 8,000, 동래·(경남)양산·밀양 1,500, 청도·대구 1500, 창원 5,000, 금산(김천) 4,000, (김천)개령 1만, (경북)선산 1,500, 상주 4,000, (상주)함창 1,000, 문경 2,000, 도합 4만여 병력을 머물러 두었다.'라는 이경석 《임진 전란사》의 기록이 뒷받침을 해준다.

망월산 일대에는 박응성 의병군의 피땀이 서린 산성 흔적이 눈에 띌까 말까 할 정도로 흐릿하게 남아 있다. 왜군이 쳐들어오는 긴급 상황을 맞아 부랴부랴 쌓은 만큼 튼튼하고 웅장하게 축성되지 못했기 때문이다. 본래 삼국 시대 옛 성인 고포성古浦城 성터에 덧얹어 쌓은 것으로 추정되지만 확실하게 고증된 상태는 아니다.

망월산성에 올라 왜적들이 쳐들어온 경로를 살펴본다. 정상과, 정상에서 대구스타디움으로 약간 하산했을 때 나타나는 큰 바위 위가 조망을 하기에 가장 적당한 지점이다. 대구미술관과 대구스타디움 앞으로 펼쳐져 있는 고산 들판이 한눈에 다 들어온다. 두사충의 무덤이 있는 형제봉과 그 왼쪽의 두리봉도 보인다. 대덕산으로 이어지는 희미한 능선 탓에 대구 시내까지 또록또록하게 눈에 담을 수는 없지만, 그 능선과 망월산 사이 넓은 들판의 것들은 무엇이든 육안으로 확인된다. 임진왜란 때 이곳에 서서 왜적의 동태를 살펴보았던 의병들과 같은 기분을 잠시 느껴본다.

망월산성은 흩어져 뒹구는 돌들이 전부일 만큼 흔적이 거의 남아있지 않다.

망월산은 본래 경북 경산의 것이었다. 경산 의병군이 임진왜란 때 이곳에 산성을 쌓은 것도 그래서였다. 망월산이 대구에서 경산으로 넘어오는 경계선에 자리를 잡고 있기 때문이다. 지금도 대구 망월산 정상과 경산 성암산 정상은 산책길만큼이나 평탄한 등산로로 이어져 있다.

망월산에 오른 김에 박응성朴應成 의병장 묘소에 가볼까 한다. 망월산에서 남쪽으로 능선을 타고 계속 걸어 만보정 정자에 닿고, 다시 동쪽으로 성암산 정상을 향해 나아가면 박씨재실이 나타난다. 대략 두 시간가량 부지런히 걸은 사람만이 닿을 수 있다. (망월지에서 가는 길은 네이버 <지도>에서 '밀양박씨재실' 검색으로 확인된다.)

길이 멀지만 가파른 험로는 없으므로 누구든지 마음만 먹으면 밀양박씨재실까지 갈 수 있다. 재실에서 동북쪽으로 200m 정도 떨어진 곳에 박응성 의병장의 묘소가 있다. 능선 꼭대기를 타고 이어지는 임도이자 등산로를 가운데에 두고 재실과 묘소는 각각 반대편에 있다.

묘소 앞에 비석에는 '선무원종공신 증 병조참의 밀양 박공지묘'라는 한자가 새겨져 있다. 박응성 의병장의 묘이다. 무덤 앞에 참배를 한 후 그의 생애를 잠깐 돌이켜 본다.

박응성은 밀양박씨 대사헌 박해朴晐의 5대손으로, 아버지는 주부 박인朴麟이다. 박응성은 1592년에 타계했다. 의병장이 임진왜란이 일어난 해에 세상을 떠났으니 전사했다는 사실을 대뜸 짐작할 수 있다.

박응성 의병장 묘비

임란이 발발했을 때 박응성은 세 아들 박근, 박장, 박헌, 집안동생 박응량, 경산 선비 정변한·정변호·정변문 삼 형제, 진섬 등과 더불어 의병을 일으켰다. 경북 고령에 본부를 둔 경상우도 의병 도대장 김면 휘하에 들어 활동을 펼친 박응성은 1592년 6월 중순 금산(경북 김천)에서 대구로 왜군 부대가 이동 중이라는 김면 도대장의 연락을 받고 망월산성에서 왜군의 경산 진입을 막았다.

6월 하순 박응성은 김면 의병군의 성주성 공격에 동참하기 위해 낙동강 물가로 이동했다. 이 무렵 적들은 성주, 현풍 쪽에서 남쪽으로 내려올 때면 낙동강 수로를 이용하여 배를 타고 다녔다. 배에는 항상 많은 군사 장비들과 군량미 등이 실려 있었다.

7월 17일 적 300여 명이 배를 타고 나타났다. 잠복한 채 기다리고 있던 의병들은 일제히 적선을 공격했다. 하지만 무기와 병사 수에서 불리했던 아군은 오히려 궁지에 몰렸다. 이 싸움에서 박응성 의병장, 그의 세 아들 박근, 박장, 박헌이 모두 전사했다. 그 외에도 장사길張士佶, 민척閔倜 등의 용사들이 장렬한 최후를 맞았다.

박응성 의병장 묘 뒤로 그의 선친 박인의 산소가 보이는 모습

박응성 의병장의 막내아들 박무朴珷는 당시 겨우 열 살밖에 안 된 아이였다. 그는 아버지와 형들을 따라 전쟁터로 가지 못한 채 집에 남았다. 박무는 어머니 안씨 부인과 함께 망월산 뒤쪽 깊은 동굴에 숨어 지내면서 풀뿌리를 캐먹고 연명했다. 왜군들이 의병 가족을 찾아 보복할 것을 우려한 때문이었다.

박응성 의병장 가족에 대한 일을 보고받은 선조는 '종사宗社(나라)의 중신이요, 나에게 구슬璇과 같도다.'라고 찬탄했다. 1605년(선조 38) 조정은 박응성 의병장을 병조참의에 추증하고 선무원종공신으로 책록했다. 물론 세 아들도 포상을 하였다.

박무는 그 후 이름으로 박선朴璇으로 바꾸었다. 1610년(광해 2) 박선은 무과에 급제하여 해남 등지의 현감을 지냈다. 박선의 묘소는 아버지 박응성 의병장 산소 인근 동북쪽 지점에 있다. 1592년 7월 17일 이래 박응성 의병장이 단 한 번도 보지 못했던 막내아들 박선, 지금도 아버지를 그리워하며 한쪽 어깨에 살포시 몸을 기댄 채 누워 있다.

박응성의 막내아들 박선의 묘

## 고산서당, 경북 경산 삼의정
# 임진왜란 의병장 정씨 3형제와 서원 건립

경북 경산시 옥곡동 780에 우경재寓敬齋라는 재실이 있다. 재실이 자리 잡고 있는 터는 성암산 아래로 들어가는 막다른 길의 끝으로, 옥곡동 550의 삼의정三義亭과 거의 붙어 있다. '이 재실은 초계 정씨 휘諱(돌아가신 분의 이름) 언후彦垕, 자字 군회君會 공의 후손들이 세운 것이다.(재실 앞 안내판의 표현)'

우경재는 정언후의 증손자 정동민東珉과 관련이 있다. 그렇지만 정동민이 건립한 것은 아니다. 정동민은 선조들의 묘소가 있는 덕등德嶝 기슭에 재실을 겸해 독서도 할 수 있는 병사丙舍(묘소를 관리하는 산지기 집) 한 채를 마련하는 것이 평소 소원이었다. 그러나 미처 그 뜻을 이루지 못하고 타계했다.

그후 정동민의 장남 정태연兌淵이 선친의 유지를 받들고자 경비를 부담하여 재실 건축에 나섰다. 그러자 일가친척들도 성력誠力(성의와 힘)을 다하여 도왔고, 1913년 섣달에 착공하여 이듬해인 1914년 가을에 완공되었다.

우경재 앞에는 그보다 90년가량 뒤인 2003년 「탁와琢窩 정기연 鄭璣淵 선생 시비」도 세워졌다. 정기연은 정동민의 차남으로, 34세 때 나라가 망하자 그 비통한 심정을 세 편의 시에 담았다. 그의 한시 세 편이 새겨져 있는 검은 빗돌을 바라본다.

우경재 기둥 사이로 성암산 기슭이 보이는 풍경 경산시 옥곡동 780

我安之我安之
나는 어디로 갈꼬 나는 어디로 갈꼬
五江冷日已移
한강은 차갑고 해는 이미 기운 가운데
抱麟經行且泣
망국의 슬픔 안고 길 가면서 울먹인다
非首陽我安之
수양산 아니면 나는 어디로 갈꼬

誰與歸誰與歸

누구랑 같이 가리 누구랑 같이 가리

望路人空倚扉

행인을 바라보며 사립문에 기대선다

梅菊乎從我久

매화야 국화야 날 따른 지 오래구나

不與汝誰與歸

너희를 버리고 누구랑 같이 가리

奈若何奈若何

어찌하면 좋을까 어찌하면 좋을까

寧踽涼矢靡他

차라리 홀로 가지 딴마음 없건만

二千萬讐人役

이천만 우리 겨레 왜적에게 시달려도

天不吊奈若何

하늘은 무심하니 어찌하면 좋을까

정기연의 「술지삼수述志三首(마음을 적은 세 편의 시)」는 그가 삼의사三義士의 후손답다는 사실을 말해준다. 삼의사는 누구인가? 《경산시지》의 내용을 거의 그대로 새겨놓은 '草溪鄭氏초계정씨 三義士삼의사' 빗돌이 2002년 이래 삼의정 입구에 세워져 있다.

> 경산시 상방동은 고려 말 양헌공良獻公 정연鄭珚이 은거한 곳인데 그 5세손에 삼의사가 있었다. 삼의사는 변함, 변호 형제와 그 종제(4촌) 변문을 두고 일컫는 말이다. 변함, 변호 형제는 일찍이 서로 이어 김제 훈도로 재임한 바 있으며 향내 사림과 힘을 합쳐 고산서당을 창건하였다.

> 1952년 임진왜란을 당하자 이들 삼 형제는 솔선하여 창의하였다. 박응성, 최응담, 진섬 등과 의병을 모아서 금성산과 망월산성에서 항전하였다.
>
> 조령朝令(조정의 명령)에 따라 성주 사원으로 이진(군대를 옮김)하여 거기서 적의 대군과 격전 끝에 박응성 4부자는 순절하고 3종반은 잔병을 수합하여 곽망우당(홍의장군 곽재우) 진영에 합류하였다. 정유재란 때에도 화왕산성에서 망우당을 도와 크게 활약하였다.
>
> 전쟁이 끝난 후는 그 간의 전공을 앞세우지 않고 초연히 향리로 돌아왔다. 고산서당을 재건하여 매 춘추(봄과 가을)에 인근 사우(선비)들과 회강會講(모여 공부)하고 후진 양성을 천직으로 여기면서 여생을 보냈으니 세인(세상 사람)들은 이들을 삼의사三義士로 높이 추앙하였다.
>
> 서기 2002년 3월 謹書근서(삼가 적음) 11세손 五烈오열
>
> 立石입석 三義公派삼의공파 宗中종중

후문 입구에는 '三義亭삼의정' 빗돌이 서서 안내판 역할을 해준다. 빗돌은 '이 정각亭閣은 임진왜란 때에 향우鄕友(지역의 벗)들과 의병을 일으켜 현민縣民(경산 시민)을 구하고 나아가서 화왕산성 전역戰役(전투)에 동참한 삼의사三義士 정변함鄭變咸 변호變護 변문變文을 기리기 위하여 1948년 후손들이 성력誠力(성의와 힘)을 모아 건립한 것'이라고 안내하고 있다. 안내문 아래에는 삼의정을 낙성落成(준공)한 기념으로 정기연이 읊은韻 시도 한 수 새겨져 있다. 제목이「落成韻낙성운」이다.

三義亭閣玉水邊
삼의정 누각이 옥 같은 물가에 세워졌네

龍蛇風浪幾何年
임진왜란 겪고 얼마나 많은 세월 흘렀나
束牲金幕聯盟重
금성산에 장막 치고 창의 맹약 다졌으며
執策山堂見義先
고산서당에서 학문의 길 깨우쳤도다
東出腥塵今退宿
동쪽에서 번진 전쟁 먼지 물러갔지만
西來淸信尙遲延
서쪽에서 오는 맑은 기운 아직 더디구나
堪憐往蹟無人續
안타깝구나 지난 공적 잇는 사람 없으니
嘯倚方欄月上圓
난간에 기대어 읊조릴 때 둥근 달이 떠 있네

삼의정 경산시 옥곡동 550

삼의정 2층 「求道구도」 편액에 대해 안내하고 있는 정유열 교수

    삼의정 2층에는 당연히 「삼의정기記」 편액이 걸려 있다. 기記는 일반적으로도 기록한다는 뜻이지만, 서원이나 정자 등에서는 특히 그 곳의 역사를 적은 글을 말한다.
    「求道구도」 두 글자로 된 편액도 눈길을 끈다. 도를 구한다? 1569년 무렵, 고산서당을 창건하는 선비들에게 이황은 이 두 글자를 문호門號(문의 이름)로 써 주었다. 학문에 정진하고, 선비의 올바른 길을 찾는 데 전념하라는 지침일 것이다. 이 두 글자를 새긴 편액이 삼의정에 걸려 있는 것은 삼의사가 고산서당 창건의 주역들이기 때문이다.

2층 누각 외에도 삼의정 경내에는 유허비와 「聞安重根義士殺伊藤博文문 안중근 의사 살 이등박문」 시비가 있다. 유허비는 1948년에 세워진 것으로, 빗돌은 정상훈, 비각은 정시찬과 정홍덕이 제작과 건립 경비를 부담하였다. 정문인 감룡문은 정수열이 지었다.

「문 안중근 의사 살 이등박문」 시비를 읽어본다. 안중근 의사의 이등박문 사살 소식을 들은 정기연이 기쁨에 겨워 쓴 시가 돌에 새겨져 뜰에 서 있다.

封狐渡海禍俱臻
벼슬한 여우가 바다를 건너오니 재앙도 함께 따라 왔구나
抱劍躊躇幾個人
응징할 칼을 들고 망설인 사람 얼마던고
有一少年伸大手
한 젊은이가 있어 큰 손을 내밀어 쏘아 죽이니
東天快嘯動西隣
동녘 하늘엔 쾌재소리 들리고 서녘 이웃들은 감동하였도다

고산서당은 대구시 수성구 성동 171에 있다. 서원이 아니라 서당인 것을 보면 이곳에는 현재 사당 건물이 없다는 사실을 짐작할 수 있다.

고산서당에 처음부터 사당이 없었던 것은 아니다. 1592년(선조 25) 임진왜란 때 불타고, 1868년(고종 5) 서원 철폐령을 맞아 다시 소멸되는 바람에 그렇게 되고 말았다.

고산서당은 언제 지어졌는지 그 시기가 정확하게 확인되지 않는다. 1569년(선조 2) 무렵에 창건된 것으로 여겨지지만 분명한 근거가 있는 것은 아니다. 그러나 창건 시기도 불분명하고, 사당도 다시 갖추지 못할 만큼 쇠락한 상태를 모면하지 못하고 있는 상황이지만 고산서당의 이름만큼은 꽤 널리 알려져 있다.

고산서당이 유명세를 떨치게 되는 데에는 두 사람이 크게 기여했다. 이황과 정경세이다. 이황은 고산서당이 창건될 때에 「고산孤山」이라는 재호齋號(집의 이름)를 지어주었을 뿐만 아니라 '구도求道'라는 문호도 직접 써서 주었다. 고산은 지역의 이름을 딴 재호이고, 문호 구도는 '도를 구하라'는 뜻이다.

고산서당은 임진왜란 때 화를 입지만 1605년 중건된다. 그 후 1607년에는 대구부사 정경세가 서당을 찾아 직접 강의도 한다. 정경세의 몇 차례 강의에는 명군 도독 이성삼李省三이 참석하여 배웠다는 말도 전해진다. 하지만 이때는 명군이 자기 나라로 돌아간 뒤이므로 '이성삼 청강聽講(강의를 들음)설'은 사실이 아닐 듯하다.

다만 이성삼 청강설은 정경세의 강학이 그만큼 고산서당의 존재감을 당시 사회에 알리는 데 크게 기여했다는 사실을 짐작하게 해준다. 지금도 고산서당 바로 뒤에 있는 두 그루 큰 고목에는 '이황 나무'와 '정경세 나무'라는 이름이 붙어 있다. 고산서당에 깃든 이황과 정경세의 애정을 후세인들은 변함없이 기리고 싶은 것이다.

고산서당 대구시 수성구 성동 171, 본래는 경산시 고산면 관할이었다.

서당이 널리 알려지게 되자 선비들은 고산서당 서원 승격 운동을 시작했다. 1644년(인조 22) 이래 뜻을 모은 선비들은 1690년(숙종 16) 이황과 정경세를 모시는 사당을 지었고, 마침내 1697년(숙종 23) 고산서원으로 승격되는 경사를 누렸다.

1734년(영조 10) 번듯한 강당과 동재, 서재가 완공되었고, 1776년(영조 52) 크게 수리를 하는 공사도 진행되었다. 1789년(정조 13)에는 문루門樓도 건립되어 서원의 규모와 품위가 거리낄 것 없이 당당해졌다.

서당 뒤에 이황과 정경세를 기리는 비석이 세워져 있다. 사진에서 오른쪽에 보이는 두 그루 나무가 '이황 나무'와 '정경세 나무'이다.

1868년(고종 5) 서원 철폐령 때 고산서원도 훼철의 운명을 맞았다. 1872년(고종 9) 경산현령 이현소가 사당 터에 「퇴도退陶(퇴계 도산) 이 선생 우복 정 선생 강학 유허비」를 세웠다. 다시 1876년(고종 13) 퇴계의 후손 이만승이 옥산현령으로 부임해와 서원 복원 운동의 불을 지폈고, 1879년(고종 16) 이윽고 작은 건물 하나를 완공했다. 서원에 미치는 규모가 못 되었으므로 현판에는 '고산서당'(대구시 문화재자료 15호)이라 걸었다.

그런데 고산서당 창건설에는 두 가지가 있다. 하나는 경산현령 윤희렴이 창건했다는 설이고, 다른 하나는 정변함 등 경산 지역 선비들이 세웠다는 설이다. 윤희렴 창건설은 관공서가 발간하는 공식 간행물인 《경산 읍지》에 줄곧 실려 왔다는 점에서 어느 정도 공신력을 인정받고 있다. 다만 향교를 책임져야 하는 지방 수령이 사설 교육기관인 서원을, 그것도 아주 외딴 자리에 세웠다는 것이 상식에 맞지 않다. 또 선비들이 설립한 것을 관청에서 자신들의 공적으로 치부한 게 아닐까 하는 점에서 의문을 사기도 한다.

정변함 창건설은 《옥산 삼강록玉山三綱錄》 등에 실려 있다. 이 가설의 핵심은 정변함이 자신의 선조 정연鄭珚이 유배 생활을 했던 성산城山(현 고산서당 일대 야산)에 서원을 세우면서 경산현령 윤희렴의 협조를 얻었다는 것이다.

한편 《경산 시사》는 '(정변함 형제가) 사림과 힘을 합쳐 고산서당을 창건했다.'와 '정변함이 도감都監(책임자)이 되어 소실된 고산서당을 재건했다.'라는 두 문장을 통해 삼의사가 고산서당의 창건과 재건을 모두 주도한 것으로 설명하고 있다. 결론은, 삼의사가 고산서당 건립에 크게 기여한 것만은 분명한 사실이다.

경북 의성 **임진왜란 유적**
# 김치중, 의로운 개, 김사원, 류성룡, 이탁영

'의성 군지 편찬 위원회'가 1998년에 발간한 《의성 군지》에 '여헌 선생의 예언'이라는 설화가 실려 있다. 여헌旅軒은 '17세기 영남 학파를 대표하는 유학자(《두산백과》)'로, 세상을 떠났을 때 인조가 제문祭文(제사 때 읽는 추모의 글)을 내리면서 '500년에 한번 태어날 만한 우리나라의 위대한 인물'이라고 평가한 장현광張顯光(1554~1637)의 호이다. 설화를 요약해서 읽어본다.

'임진왜란이 일어나기 얼마 전이었다. 돈을 빌려준 사람과 빌린 사람 사이에 소송이 제기되었다. 의성 현령 여헌은 돈을 빌리고 갚지 않는 사람에게 "세상에 바른 마음을 가지고도 옳게 살기가 어렵거늘 너는 어찌하여서 남의 돈을 쓰고도 갚을 생각을 하지 않는단 말이냐? 어서 갚아라." 하고 크게 꾸짖었다. 그리고 돈을 빌려 준 사람에게는 "돈을 돌려받아 보았자 너에게는 별 쓸모도 없겠으니 그 일을 어찌 하겠느냐?"라는 알 수 없는 말을 했다.

얼마 지나지 않아 임진왜란이 일어났다. 강산은 초토가 되고 인명은 무참하게 유린되었다. 목숨이 위태로운 지경이 되니 엽전 꾸러미는 아무 소용이 없었다. 사람들은 그제야 여헌이 한 말의 뜻을 알아차릴 수 있었다. 돈이 가치를 잃을 것이라는 여헌의 명담은 크게 적중하여 사람들을 놀라게 하였고, 임진왜란을 예측한 선견지명까지 인구에 회자되었다.

그 후 여헌 선생은 의성을 떠났으나 높은 학덕과 현령으로 재임할 때의 업적을 인정받아서 청덕 선정비淸德善政碑가 세워졌으며, 의성 향교 경내에 오늘날까지 남아 있다.'

설화는 장현광이 임란 발발 이전에 의성 현령으로 왔다고 말하고 있다. 이는 사실이 아니다. 장현광은 1603년(선조 36) 의성 현령으로 왔다가 이듬해인 1604년(선조 37) 그만두었다. 재임 기간은 불과 몇 달뿐이었다.

사람들은 장현광이 떠난 뒤 그의 '높은 학덕과 현령으로 재임할 때의 업적을 인정'하여 의성읍 도동리 808 의성향교 경내에 「현령 여헌 장 선생 청덕비」를 세웠다. 그것으로도 모자라 사람들은 '여헌 선생의 예언' 설화를 만들어 회자시켰다. 장현광의 덕망을 숭앙한 나머지 그가 현령으로 재임한 시기마저 사람들은 깜빡 잊고 말았다.

장현광 선정비

왜란을 겪으며 백성들은 무참한 피해를 입었다. 백성들은 종전 이후 새로 부임한 장현광 현령의 선정을 경험하면서 '장 현령 같은 선비들의 고견이 국정 운영에 제대로 반영되었더라면 왜란을 당하지 않았을 것'이라는 '역사의 가상'에 사로잡혔다. 그래서 '여헌 선생의 예언'과 같은 설화가 생겨났고, 또 입에서 입을 타고 전파되었던 것이다.

점곡면 사촌리 출신의 김치중金致中(?~1592) 가문은 임진왜란 당시 의성인들이 입은 피해를 상징적으로 말해준다. 1594년 4월 13일 부산 앞바다로 쳐들어온 일본군은 금세 의성까지 치달았다. 김치중은 격문을 뿌려 의병을 규합했다. 물론 그의 작은아버지인 김응주應周, 친동생 김치화致和, 사촌동생들인 김치홍致弘, 김치강致剛, 김치공致恭 등 집안사람들부터 솔선수범하여 창의에 가담했다.

그러나 몇 명 되지도 않은 의병군이 적의 대군을 막을 수는 없었다. 미천강을 옆구리에 낀 채 솟아있는 건마산乾馬山 일대에서 전투가 벌어졌지만 시간이 지날수록 중과부적은 어쩔 수가 없었다.

「의사 의성 김공 치중지려」가 전투 장소 건마산을 바라보고 서 있다.

의병들은 모두 순절했다. 그 참혹한 소식을 들은 큰아버지 김응하應夏가 자결했다. 김치중이 마지막 순간에 뛰어내려 목숨을 버린 절벽으로 올라간 그의 아내 평산 신씨가 남편이 간 길을 그대로 뒤따랐다. 김치강의 아내인 안동 권씨도 같은 곳에 올라 자진했다.

평산 신씨의 몸종 복분福分과 김치중의 순절을 알리기 위해 집으로 달려왔던 종 서석徐石을 비롯해 집의 일꾼 10여 명도 스스로 목숨을 끊었다.

김치중 가문 사람들만이 아니라 의성에서는 김희金喜, 박광춘朴光春, 박사숙朴嗣叔, 신심申伈, 신흘申仡, 오계방吳啓邦, 오득심吳得心, 정몽열丁夢說, 정호鄭瑚 등의 의사들도 왜적과 맞서 싸우다 순절했다.

왜적들은 무자비하게 조선 사람들을 죽였다. 의성이라고 다를 바 없었다. 다인면 용곡리의 남평 문씨 집성촌인 동동東洞에서도 마찬가지였다. 갑자기 마을로 들이닥친 왜군들은 습독관習讀官(요즘의 학예사와 비슷한 성격의 분야별 전문직 공무원)을 역임한 문경제文經濟와 그의 두 아들 문응주應周와 문명주命周를 살해했다.

문경제의 처 남양 홍씨가 손녀를 부둥켜 안은 채 며느리 함양 여씨와 마주 앉았다. 논의의 결과는 뻔했다. 세 사람은 낙동강이 저 아래로 휘돌아 흐르는 반룡담 절벽 위로 올라갔다.

봉양면 장대리에도 왜군이 밀어닥쳤다. 사람들은 뿔뿔이 흩어져 도망을 쳤지만 정태을鄭泰乙의 집에서는 그의 아내 박씨와 두 딸이 사로잡혔다. 왜군들이 그녀들을 욕보이려 하자 박씨는 부엌에서 칼을 들고 나왔다. 그러나 대응이 될 리가 없었다. 그녀가 손에 칼을 잡자 왜군들은 오히려 재미있어 했다.

어쩔 수 없었다. 박씨는 칼로 두 딸을 찌르고 스스로도 목을 찔렀다. 왜군들이 놀라서 뒷걸음질을 쳐 사라졌다. 피란 갔던 마을 사람들이 며칠 뒤 돌아와 보니 세 여인의 시신은 산짐승이나 까마귀가 건드린 흔적 없이 온전했다. 봉양면 장대리 산29, 요즘은 도로가 나서 길가에 붙은 산비탈이지만 당시만 해도 산짐승이 유유히 돌아다니던 곳이었다.

세 사람의 주검 옆에 바짝 마른 개 한 마리가 죽어 있었다. 개는 세 모녀가 죽자 그 옆에서 시신을 지켰다. 산짐승이나 까마귀가 덤비면 죽을힘을 다해 쫓았다. 그 덕분에 시신은 온전할 수 있었다. 그리고 개는 굶어죽었던 것이다. 사람들은 그 자리에 모녀를 기리는 비석 「烈女 鄭太乙 妻 朴氏之閭 孝娘 鄭 鄭」을 세우고, 바로 옆에 별도의 작은 비석 「義狗」를 세웠다. 「열녀 정태을 처 박씨지려 효랑 정 정」에서 '정 정'은 두 딸을 가리키고, 「의구」는 의義로운 개狗를 기린다는 뜻이다. (→ 봉양면 장대리 산29의 두 빗돌. 오른쪽 작은 것이 의구 비석이다.)

인터넷에 떠도는 어떤 글은 의성 점곡면 사촌리 207 만취당晩翠堂(보물 1825호)을 류성룡 생가로 지목하기도 한다. 사실이 아니다. 류성룡의 외할아버지 김광수金光粹(1468~1563)와 결혼 전 및 류성룡 출산 이후 어머니가 살았던 집은 허물어지고 없다. 만취당도 김광수의 증손자 김사원金士元(1539~1601)이 1582년부터 시작하여 3년에 걸쳐 지은 집이다. 즉 류성룡(1542~1607)이 태어나고 거의 40년 뒤에 지어진 만취당을 그의 생가라고 할 수는 없다.

마을 안에 있는 안동김씨 종택도 1576년에 김사원이 지었으므로 역시 류성룡 생가가 아니다. 그뿐만 아니다. 류성룡은 집이 아니라 마을 옆의 천연기념물 405호 사촌숲에서 태어났다는 전설도 전해지므로 애당초 생가가 없을 수도 있다.

만취당을 임진왜란 유적이라고 하면 사실이 된다. 김사원은 임진왜란이 일어나자 안동 의병진의 정제장整齊將(헌병대장 역)으로 활동했고, 두 동생 김사형士亨과 김사정士貞도 화왕산성에서 곽재우 군의 일원으로 왜적에 맞섰다. 만취당, 당당한 임진왜란 유적이다.

만취당

점곡면 사촌리 319 강변에 있는 영귀정詠歸亭(문화재자료 234호)은 '세운 시기는 정확히 알 수 없으나 1500년경으로 추정(문화재청 누리집)'되는 건물이다. 이 정자 또한 의미 있는 임진왜란 유적이라 말할 만하다. 생가가 남아 있지 않은 류성룡이 어릴 적에 기어 다녔거나, 아니면 뛰어놀았을 개연성이 높은 집이기 때문이다.

38세에 영귀정을 지은 외할아버지 김광수는 외손자 류성룡이 출생할 무렵 75세였다. 그 후 김광수는 20여 년을 더 생존해 96세에 타계했다. 그가 세상을 떠날 때 아직 류성룡은 22세로 과거 합격 이전이었다. 그 22년 동안 류성룡은 몇 번이나 영귀정에 갔을까. 횟수까지 밝힐 수는 없지만 영귀정에 류성룡이 간 적이 없을 리는 만무하다. 즉 영귀정은 틀림없는 임진왜란 유적이다. 영귀정 앞 안내판에는 '선조 때 임진왜란을 평정한 영의정 서애 류성룡의 외조부'가 지은 정자라고 뚜렷하게 적혀 있다. (사진 → 영귀정)

가을이면 푸른 금성산을 배경으로, 노랗게 물결치는 벼논을 전경으로 아름다운 모습을 뽐내는 학록정사鶴麓精舍는 유형문화재 242호이다. 1750년(영조 26)경 건립된 금성면 산운리 474의 학록정사는 서원 성격의 공간이지만 현재는 강당 건물이 사당 광덕사光德祠의 재실 역할을 하고 있다.

사당은 이광준李光俊(1531~1609)을 기린다. 이광준은 1562년(명종 17) 문과에 급제했고, 임진왜란이 일어났을 당시 강릉 부사로 재직 중이었다. 강릉에서 적을 물리치는 전공을 세운 이광준은 뒷날 의병을 일으키기도 한다.

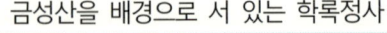

금성산을 배경으로 서 있는 학록정사

의성군이 자랑할 만한 임진왜란 유적에는 '화장산성 터'가 있다. 이름에 '터'가 붙은 데서 짐작되듯이 이곳에는 뚜렷하게 남아 있는 성곽은 없고 여기저기 돌무더기뿐이다. 보통은 조선 시대 산성으로 여겨지는데, 성곽 흔적이 엿보이는 능선 가까운 곳의 만장사(卍長寺)에 통일신라 작품으로 여겨지는 석조여래좌상(유형문화재 322호)이 있어 신라 고성이 아닌가 추정되기도 한다.

　이 산이 화장산花藏山이라는 이름을 얻은 것은 임진왜란이 끝난 뒤부터이다. 1592년 4월 비안현청이 가등청정 군대에 점령될 때 관리와 군인들은 문서 등 중요한 것들을 이 산에 숨겼다藏. 그 후 지역민들은 산으로 올라와 농성에 들어갔다. 한성에 누가 먼저 입성하는가를 두고 소서행장과 경쟁 중이던 가등청정은 호락호락해 보이지 않는 화장산성 공격을 포기하고 그냥 물러갔다. 이곳 관·군·민은 정유재란 때 가등청정이 창녕 화왕산성 아래까지 왔다가 그냥 물러나 함안 황석산성 공략에 나섰던 것과 같은 결과를 얻었다. 싸우지 않고 물리쳤으니 이보다 멋진 승리가 어디 또 있을까.

　그래도 견물생심이라는 촌철살인의 진리는 무시할 수가 없다. 눈에 보이는 성곽이 없고, 곽재우 같은 '스타'가 없으니 화장산성은 화왕산성처럼 '손님'을 유치하지 못한다. 답사자는 비안면 산제리 1429 만장사의 석불좌상만 뵙고 돌아설 수밖에 없다. 그래도 유형문화재 322호인 이곳의 석조여래좌상(← 사진)이 그 어느 곳의 불상보다도 더 맑고 깨끗한 얼굴을 보여준다는 점에서, 성곽을 밟아보지 못한 채 돌아서면서도 공연히 마음은 편안하다.

충효사도 의성이 자랑하는 임진왜란 유적이다. 충효사가 기리는 인물 이탁영李濯英(1541~1610)은 전쟁 발발 초기에는 순찰사 김수 진영에서, 1593년부터는 초유사 김성일과 도체찰사 류성룡의 참모로 활약했다.

이탁영은 임진왜란 종군을 통해 남다른 업적도 남겼다. 보물 880호인 《이탁영 정만록征蠻錄》을 후세에 남긴 일이다. 문화재청 누리집의 해설을 읽어본다.

> 조선 선조 때 경상감사의 막하 참모였던 이탁영의 일기로 건乾·곤坤의 순서를 단 2권 2책으로 되어 있다. 이탁영은 임진왜란이 일어나자 순찰사였던 김수의 막하로 들어가 참모로 활동했으며, 1593년에는 학봉 김성일의 막하에서 전쟁의 여러 전술을 건의하여 승리에 공헌한 바가 많았다. 전쟁이 끝난 후에는 나라에서 내리는 상을 굳이 사양하였고, 후에 중추부사에 증직되었다.
>
> 이것은 1592~1598년까지의 일기로 건권은 표지 뒷면에 임진왜란 당시 참전한 영상 이하 여러 관리들의 좌목座目(자리의 차례를 적은 목록)이 있고, 다음에 「임진변생후일록」이라는 제목 아래에 그날그날 보고 듣고 겪은 일들을 적고 있다. 다만 임진 기사는 날마다 기록하였고, 1593년에서 1598년까지는 연월 중심으로 중요한 사건만 적었다.
>
> 곤권은 임진왜란의 시작과 하루하루의 기록, 통문 등을 기록하게 된 이유를 적고, 이어 7년 동안에 있었던 중요한 교서, 통문, 격문 등을 고스란히 싣고 있다. 1592년 4월 14일 임진왜란이 시작된 날로부터 시작하여 그해 연말까지는 약 10일간 기록하지 아니한 것을 제외하면 완전하게 적혀 있다.

《정만록》의 이탁영을 기리는 충효사 의성읍 상리리 579

> 이 책은 임진왜란 연구의 매우 귀중한 사료로 평가되며, 《정만록》이라는 책이름이 선조 임금이 정해준 것이라는 점에서 자료로서의 가치가 더해진다.

충효사는 의성읍 상리리 579에 있다. 사당으로 올라가는 삼문에는 '양전문兩全門'이라는 현판이 걸려 있다. 충과 효 두 가지를 모두 실천한 인물을 참배하러 가는 길이라는 뜻이다.

충효사忠孝祠는 이곳 전체의 이름이면서 동시에 사당의 이름이다. 이곳을 찾았을 때 한 가지 아쉬운 것은 문이 굳게 닫혀 있다는 점이다. 《이탁영 정만록》 실물이 안동 한국국학진흥원에 보관되어 있어 이곳에서 볼 수 없다는 점도 아쉬운데 충효사 참배도 불가능하니 이를 어쩔 것인가. 사당 왼쪽에 있는 넓은 빈 터가 눈에 띈다. 그곳에 작은 기념관을 한 채 지으면 좋으련만.

**오봉 종택과 신지제 사당** 문화재자료 187호, 의성군 봉양면 구미리 251

1592년 4월 25일 상주에서 이일 부대를 격파한 일본군은 한성을 향해 북진했다. 그 후 일본군은 일부 병력을 보내 안동을 점령하려 했다. 이때 안동 부사는 청송으로 피란을 가버렸고, 판관 윤인성도 병력을 모으는 일이 여의치 않자 풍기 쪽으로 떠나버렸다.

다만 예안 현감 신지제만이 (공석이 된 안동부사를 겸직한 채) 자리를 굳게 지키면서 적의 공격에 대비했다. 신지제는 경상 좌방어사 성응길의 지원에 힘입어 당분간 안동이 적의 치하에 들어가지 않도록 할 수 있었다. 《의성 군지》는 '열읍이 붕괴됨에 수령들이 거의 자취를 감추었으나 그는 안동을 겸관하여 민심을 수습하고 의병을 모집하였다.'라고 기술하고 있다.

28세 문과에 급제했던 신지제는 '난중에 순찰사, 관찰사, 통제사 등 3영의 종사관으로서 종횡으로 국난극복에 이바지하였다. 그는 임란 극복의 공헌이 크게 알려져 내외의 현직을 두루 거치고 만년에는 통정대부 동부승지에 이르렀다. 선무원종1등공신에 책록되고 이조참판에 증직되었다.' 오봉 종택에서 정면으로 남대천 건너편인 봉양면 구산리 1574에는 그를 기려 세워진 금산서원도 있다.

경북 군위 **임진왜란 유적**
# 박응상, 홍천뢰, 홍경승, 노대기, 장사진, 장해빈

　박응상朴應祥(1526~1592)은 23세 때 무과에 급제했다. 충무공 이순신이 무과 시험을 보던 중 낙마하여 다리가 부러졌을 때 버들가지로 동여매고 계속 응시했다는 일화는 유명하다. 이순신(1545~1598, 32세인 1576년 급제)보다 나이로는 19세 많고, 과거 합격 경력으로는 27년 선배인 박응상에게도 재미있는 급제 설화가 있다. 한문으로는 '三角武藝삼각무예 神驗九屍신험구시', 즉 삼각산에서 무예를 닦는데 하늘이 시체 아홉으로 그의 담력을 시험했다는 이야기이다.

　1549년(명종 4) 박응상은 과거에 응시하기 위해 고향을 떠나 한양에 올라와 있었다. 무과 시험이 며칠 앞이었으므로 그는 북한산이라는 별칭으로 불리기도 하던 삼각산에 들어가 무예 연습을 했다. 그 무렵 삼각산은 한양 사람들의 마음에 진산鎭山(고을을 지켜주는 산)으로 숭배되고 있었다.

　진산에는 신이 있는 법이다. 캄캄한 새벽 박응상이 말을 달리고 칼을 휘두르고 있는 중에 하얀 소복의 여인이 갑자기 나타났다. 여인은 사람들이 많이 죽었는데 혼자서 어쩔 수가 없이 도와달라고 했다. 박응상은 여인을 따라가 아홉 구의 시신을 염한 뒤 매장하는 일까지 마쳐주었다.

여인은 고맙다는 인사를 하고 사라졌다. 박응상은 그 며칠 뒤 과거에 합격했다. 사람들은 소복의 여인이 산신의 화신이고, 박응상이 무장다운 담력과 재질의 소유자인지 확인하기 위해 나타났다고 믿었다. 하지만 아무리 뛰어난 무예와 큰 배포를 지닌 사람일지라도 세월을 이기는 장사는 없는 법, 박응상도 나이 앞에서는 속수무책이었다.

무과 합격 후 사헌부 감찰, 첨사 등을 역임한 박응상은 제주도 대정 현감으로 있던 중 모친상을 당했다. 고향으로 돌아와 장례를 치른 그는 다시 벼슬길로 나아가지 않고 후진 양성에 몰두했다. 그러던 중 전쟁이 터졌다. 1592년 임진왜란이 일어났을 때 박응상은 67세의 노령이었다.

울분이 치솟고 의로운 기운이 탱천했지만 그는 이미 노인이었다. 잠깐 나이를 잊은 그는 1584년(선조 17) 이래 제자들을 가르치는 강학소로 써왔던 수각水閣으로 가서 칼을 꺼내 들었다. 하지만 뜻밖이었다. 칼을 잡고 휘둘러보니 힘이 부쳤다. 몸은 병색이 뚜렷했고 근육에는 강건한 기운이 없었다. 길게 신음을 토하며 수각 마루에 하염없이 앉아 있던 그는 마침내 마음을 굳혔다.

그 날 이후 그는 곡기를 끊었다. 나라가 쑥대밭이 되고 백성들이 왜적의 칼날 아래 풀잎처럼 쓰러지는데도 할 수 있는 일이 아무것도 없다는 사실 앞에서 그는 절망했고, 스스로 세상을 버리기로 결심했던 것이다. 이름난 효자였던 아버지(전 형조 좌랑 박민수朴敏樹)를 생각하면 '차마 이럴 수는 없다' 싶기도 했지만 나라를 위한 충이 어버이를 위하는 효보다 앞선다는 사실을 번연히 알면서 구차한 목숨을 부지하려고 산속으로 숨어들 수는 없었다. 일본군이 부산에 상륙한 이튿날 순절한 동래 부사 송상현이 아버지 송복흥宋復興(전 사헌부 감찰)에게 '임금과 신하의 의리가 무거우니君臣義重 아버지의 은혜는 가벼이 하오리다父子恩輕'라는 편지를 써 보낸 후 순절하였듯 박응상은 굶고 굶은 끝에 마침내 세상을 떠났다.

수각水閣 경북 군위군 우보면 봉산리 134 소재. 임진왜란이 일어났을 때 나이가 많아 아무 것도 할 수 없다는 사실을 자탄하며 굶어서 스스로 목숨을 끊은 은퇴 장수 박응상이 살아있을 때인 1584년(선조 17)에 지은 강학 장소이다. 1935년에 중건되었다.

전쟁이 일어났는데 나라와 백성들을 위해 기여할 능력이 없는 것을 괴로워하다 스스로 굶어서 이승을 하직한 늙은 장수의 실화는 듣는 이로 하여금 저절로 눈물짓게 한다. 전장에서 싸우다 중과부적으로 죽임을 당한 경우보다도 오히려 더 애통하다. 굶주림을 견디며 절명의 순간까지 자신을 고통스럽게 한탄했던 의사의 정신이 고스란히 느껴지는 수각 앞에서 정중히 고개를 숙인다. 경북 군위군 우보면 봉산리 134 수각 위로는 하늘빛도 처연하다.

홍천뢰 추모비, 홍경승 기적비 군위군 부계면 대율리 644-1

　대구에서 출발하여 군위군 임진왜란 유적 답사에 나서려면 ①홍천뢰 추모비와 홍경승 기적비(부계면 대율리 644-1)부터 찾는 것이 좋다. 이곳은 ②노대기 의병장의 남덕정(산성면 봉림리 508), ③박응상 장군의 수각(우보면 봉산리 134), ④장사진 장군의 충렬사(효령면 오천리 554), ⑤장사진 의병장 요새 체험장이 있는 숭덕관(군위 박물관 1층, 군위읍 서부리 45-1), ⑥명나라 군대로 참전했다가 조선에 귀화한 장해빈의 북산서원(군위읍 대북리 71)보다 대구에서 가깝다.

　군위군 임진왜란 유적 답사를 마치면 의성군으로 들어간다. 의성군에서는 ⑦비안면 산제리 1429 만장사, 화왕산성 터, ⑧봉양면 구산리 1574 금산서원, ⑨봉양면 구미리 251 오봉 종택, ⑩봉양면 장대리 산29 박씨지려, 의구 비석, ⑪금성면 산운리 474 학록정사, ⑫점곡면 사촌리 207 만취당, ⑬사촌리 319 영귀정, ⑭송내리 228-5 김치중 의열각, ⑮의성읍 상리리 579 충효사, ⑯의성읍 도동리 808 의성향교 내 장현광 청덕비 순서로 답사한다.

군위군 부계면 대율리 644-1 오른쪽 일대는 솔숲이다. 소나무 사이에 두 기의 비석이 우람한 모습을 뽐내고 있다. 왼쪽이 홍천뢰 추모비이고, 오른쪽이 그의 조카인 홍경승 기적비이다. 두 비석에 대해 설명해주는 안내판 역할의 빗돌이 따로 있다. '안내문'이라는 제목 아래에 새겨져 있는 내용을 읽는다.

> 한밤의 관문인 이곳 솔밭에 세워진 두 좌의 비석은 1592년 일본이 30만 군사를 일으켜 우리나라를 침범한 임진왜란이 발발하여 나라가 바람 앞에 등불처럼 위태로울 때 선비의 몸으로 분연히 일어나 일가친척과 주민을 모아 의병을 조직하고 이곳에서 훈련하여 당시 일본군의 주요 보급로 거점인 영천성을 (1592년 7월 27일) 수복하는 데 선봉장이 되어 화공火攻으로 적을 물리친 송강 홍천뢰 장군과 군량 조달과 작전까지 수행하여 전공을 세우신 조카 혼암 홍경승 선생의 공적을 기리어 업적을 후세에 전하여 큰 교훈의 장으로 삼고자 여기 추모비를 세워 오늘에 전한다.

안내문은 홍천뢰가 '일본군의 주요 보급로 거점인 영천성을 수복하는 데 선봉장'으로 활약했고, 영천성 전투는 불을 질러 공격하는 '화공으로 적을 물리'쳤으며, 홍경승은 '군량 조달과 작전 수행'에 큰 공을 세웠다는 사실을 말해준다.

영천성 전투는 '의병과 관군이 연합하여 벌인 대규모 전투이자 왜란 이후 함락된 읍성을 수복한 최초의 전투(홍원식「임진왜란 시기 의흥 의병장 송강 홍천뢰와 혼암 홍경승」)'이다. 《선조실록》 1592년 9월 4일자에는 '박진이 영좌嶺左(여기서는 영천과 경주를 뜻함)를 수복한 공로는 이순신의 공과 다름없다.'라는 찬사까지 실려 있다. 홍천뢰, 홍경승 두 분은 이렇듯 뜻깊은 승전의 의미를 지닌 영천성 전투의 주요 공로자들이다. 두 비석 앞에는 나는 고개를 숙여 삼가 존경의 예를 표한다.

두 비석을 자세히 보니 「송강 홍천뢰 장군 추모비」와 「선무원종공신 혼암 홍공 기적비」의 빛깔이 아주 다르다. 홍경승 비는 세워진 지 얼마 안 된 듯 아직 하얀 돌빛이 온전히 남아 있다. 하지만 알고 보면 홍경승 기적비도 이곳의 것보다 훨씬 전에 건립되었다. 본래의 홍경승 기적비는 국보 109호 제2석굴암(공식 명칭은 '군위 삼존석굴', 아래 사진의 ○ 부분)을 계곡 건너 뒤편에 둔 채 지금도 남산리 312-1에 당당히 서 있다.

선무원종공신 혼암 홍공 기적비 부계면 남산리 312-1

군위군 산성면 508에 있는 남덕정覽德亭은 노대기盧大器(1556~1601) 관련 임진왜란 유적이다. 군위 효령면 오산촌에서 태어난 노대기는 1592년 의병을 일으켜 선산 부사 정경달丁景達과 함께 구미 금오산 아래에 진을 치고 왜적에 맞섰다.

노대기는 그 해 12월 4일부

남덕정 산성면 508

터 1593년 1월 5일까지 여러 차례 벌어진 성주성 수복 전투에도 참전했다. 영남 의병 도대장 김면이 병을 얻어 세상을 뜬 1593년

3월 11일 이후에는 이순신 장군 휘하에서 부장으로 활약했다. 46세의 한창 나이인 1601년에 병사했지만 조정에서는 그를 1604년 선무원종2등공신에 녹훈했다.

장사진 의병장 유적 효령면 오천리 554

'오산 충렬사(기념물 122호)'에 모셔진 장사진張士珍(?~1592) 의병장은 군위로 진입하려는 왜적과 싸우다가 순절했다. 향교 교생이던 장사진은 왜란이 일어나자 의병을 일으켜 1592년 9월 20일 인동에서 첫 전투를 치렀다. 이날 장사진은 직접 적장의 목을 베는 등 쾌승을 거두었다. 그러나 10일 후인 9월 30일 2차 전투 때 장사진은 적의 대병에 포위된 끝에 전사했다.

충렬사는 창건 시기가 확인되지 않고 있다. 다만 경내의 유허비는 1753년(영조 29) 군위 현감 남태보南泰普가 세운 것으로 확인된다. 군위읍 서부리 45-1의 군위 박물관 1층에도 '장사진 의병장 요새 체험장'이 만들어져 의병장 추모 공간 역할을 겸하고 있다.

군위읍 대북리 71의 북산 서원은 특이한 임란 유적이다. 명군의 18세 소년병으로 참전한 장해빈張海濱(1575~1657)은 울산 전투에서 부상을 입고 조선에 귀화했다. 마을 뒷산에 대명단大明壇을 설치해두고 고향을 바라보며 절을 했던 소년병이 오늘도 애처롭다.

# 임진왜란 연표年表

**1592년(선조 25)**
04.13. 일본군 1군(소서행장), 부산 앞바다 도착
04.14. 부산진성 함락, 첨사 정발과 방어군 1,000여 명 전사
04.15. 동래성 함락, 부사 송상현, 양산군수 조영규 등 전사
04.16. 다대포 함락, 첨사 윤흥신 전사
04.20. 김해 함락, 의병장 송빈, 이대형, 김득기, 류식 전사
04.21. 대구와 경주 함락
04.22. 곽재우, 경남 의령에서 창의
04.25. 상주에서 순변사 이일이 이끄는 조선 중앙군 대패
04.28. 충주 탄금대에서 삼도순변사 신립의 조선군 대패
04.30. 선조와 조정 대신들, 한양을 버리고 북으로 피란
05.02~03. 왜적 한강 도강, 한양 함락
05.07. 이순신 함대, 옥포와 합포에서 왜선 30여 척 격파
05.08. 이순신 함대, 적진포에 정박 중인 왜선 11척 격파
05.16. 부원수 신각, 양주 해유령에서 일본군 60여 명 참수
05.17. 임진강 방어선 붕괴
05.25. 곽재우, 정암진에서 왜군 격파
06.02. 이순신, 당포에서 왜선 격파
06.05. 남도 근왕병, 용인에서 왜군에 대패
06.05. 이순신 등의 조선 수군, 당항포에서 왜선 26척 격침
06.15. 평양성 함락, 13일 선조 의주로 피란
07.08. 권율, 이치에서 왜군 격퇴
07.08. 조선 수군, 한산도에서 왜선 66척 격침(임진왜란 3대 대첩)

07.09. 조선 수군, 안골포에서 왜선 20여 척 격파
07.10. 고경명, 금산 전투에서 전사
07.27. 권응수, 정세아, 정대임 등 영천 의병들, 영천성 수복
08.01. 이빈의 조선군, 단독으로 평양성 공격, 실패
08.01.~02. 의병장 조헌과 영규 대사, 청주성 탈환
08.18. 조헌과 영규의 의병 부대, 금산 전투에서 패하여 전몰
09.01. 이정암, 연안성에서 일본군 격퇴
09.01. 조선 수군, 부산포에서 왜선 100여 척 격파
09.06. 정문부, 경성 탈환, 반역자 국세필 등을 처단
09.09. 박진, 경주성 탈환. 비격진천뢰飛擊震天雷 사용
10.05~10일. 김시민, 진주 대첩(임진왜란 3대 대첩)

진주성 촉석문

**1593년**(선조 26)

01.08.~09. 조명 연합군, 평양성 탈환
01.27. 이여송, 고양 벽제관에서 일본군의 기습 받아 패배
02.12. 권율이 이끈 조선군, 행주산성 승리(임진왜란 3대 대첩)
04.19. 일본군 한양에서 철수, 5월 중순 후 부산 주변 주둔
06.22.~29. 2차 진주성 전투로 진주성 함락, 6만여 명 전몰

**1594년**(선조 27)

02.01. 훈련도감訓練都監 설치

**1597년**(선조 30)

01.13. 가등청정 군대, 부산 상륙
07.08. 정유재란 본격 재개
07.16. 삼도수군통제사 원균, 칠천량에서 일본 수군에 대패
08.16. 남원성 함락, 일본군의 포위 공격에 조명 연합군 패배
09.07. 명군, 직산(현 충남 천안시 직산읍)에서 왜군 격퇴
09.16. 이순신, 명량에서 13척으로 일본 함대 133척 대파
12.23.~1598.1.4. 조명 연합군, 울산 도산성 공격 실패

**1598년**(선조 31)

08.18. 풍신수길 사망
09.21. 명군, 울산 도산성 공격 실패
09.21. 명나라 제독 유정과 이순신, 순천 왜교성 공격 실패
11.19. 조명 연합수군, 노량서 왜선 200여 척 격파. 이순신 전사

# 임진왜란 壬辰倭亂 약사 略史

1. 개관
2. 일본의 침략 의도
3. 전쟁 발발
4. 의병과 수군의 활약, 명의 지원군 파병
5. 강화 교섭
6. 정유재란
7. 전쟁의 영향


1. 개관

임진왜란은 100년에 걸친 국내 통일 다툼에서 최후 승리자가 된 일본의 풍신수길豐臣秀吉(도요토미 히데요시)이 일으킨 동양 3국 국제전쟁이다. 1592년(선조 25) 일본이 조선을 침략하면서 시작된 조선·일본·명 사이의 이 국제전은 1598년(선조 31)까지 계속되었다.1)

중국과 인도를 지배하는 황제의 야욕을 품은 풍신수길은 처음에는 조선 정부에 '가도입명假道入明', 즉 '중국을 치려 하니 길을 비켜 달라'고 했다. 조선은 1392년 건국 이래 명나라에 대한 사대事大(큰 나라를 섬김)를 국가 기본 전략으로 삼아온 나라였다. 풍신수길은 조선이 결코 들어줄 수 없는 것을 요구했던 것이다.

4월 13일 부산 앞바다에 도착한 일본군은 다음날인 4월 14일 부산진성을 점령하고, 4월 15일 동래성을 빼앗았다. 그 이후 일본

---

1) 한국학중앙연구원, 《한국민족문화대백과》 : 1592년부터 1598년까지 2차에 걸쳐서 우리나라에 침입한 일본과의 싸움을 임진왜란이라 한다. 1차 침입이 임진년에 일어났으므로 임진왜란이라 부르고, 2차 침입이 정유년에 있었으므로 정유재란이라고도 한다. 이 왜란을 일본에서는 '분로쿠文祿·케이초慶長의 역役'이라 하고, 중국에서는 '만력萬曆의 역役'으로 부른다.

315

군은 상륙한 지 불과 20일째인 5월 3일 조선의 서울 한성까지 손에 넣었다.2) 조선군은 도성을 적에게 내주면서도 전투 한 번 벌이지 않았다.

하지만 일본은 전국 각지에서 창의한 의병들, 뛰어난 전략과 전투력을 바탕으로 바다를 장악한 조선 수군, 전쟁이 자기 나라 땅에까지 번질까 두려워하여 파견된 명나라 지원군에 가로막혔다. 일본은 명나라와 강화 교섭을 하지 않을 수 없게 되었다.

강화는 이루어지지 않았고, 풍신수길은 1597년 다시 대군을 조선으로 출병시켰다. 이를 1592년의 전쟁 발발에 견주어 별도로 '정유재란'이라 부르기도 한다.

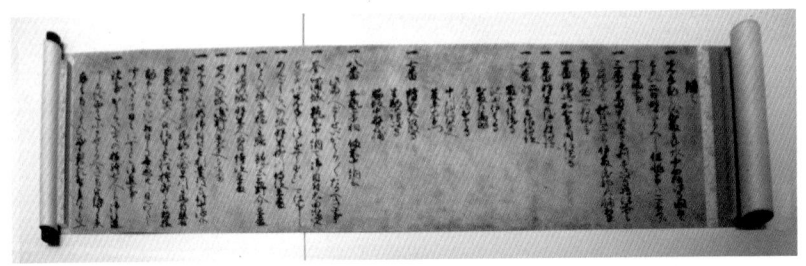

풍신수길의 정유재란 개전 명령서 (1597년 2월 21일 작성)

전쟁은 1598년 8월 18일 풍신수길이 병사하면서 사실상 끝났다. 전쟁으로 말미암아 조선은 막대한 피해를 입었고, 명도 국력이 쇠약해진 틈을 타 새로 일어난 청 세력을 막지 못하고 마침내 멸망했다. 전쟁을 일으킨 당사자인 일본만 수많은 전리품과 고급 인력 탈취를 기반으로 경제적, 문화적 발전을 이룬다.

---

2) 부산에서 서울까지의 거리는 약 442km이다. 임진왜란 당시의 일본군 침략로와 현재의 고속도로는 다른 길이지만, 대략 같다고 산정한 채 당시 일본군의 진군 속도를 헤아려보면 하루 평균 24.5km나 된다. 이는, 조금 과장하여 표현하면, 일본군들은 거의 전투 없이 행군한 것이나 다를 바 없는 속도로 서울까지 점령했다는 사실을 알게 해준다.

## 2. 일본의 침략 의도

임진왜란 이전 100여 년 동안 일본은 전국시대戰國時代였다. 일본을 최종적으로 통일한 세력가는 풍신수길이었다. 풍신수길은 '국내 정권의 안정을 위하여 불평 세력의 관심을 밖으로 쏠리게 하고, 아울러 자신의 정복욕을 만족시키기 위하여 조선과 명에 대한 침략을 준비하였다.'3)

풍신수길은 규슈九州 지역을 공격 중이던 1587년, 대마도 도주島主 소씨宗氏에게 조선을 일본에 복속시키는 교섭에 나서라고 명령했다. 풍신수길은 조선을 복속시킨 후, 조선을 길잡이로 삼아 중국을 침략하려는 목표를 가지고 있었다.

대마도 사람들은, 조선과 무역을 해온 오랜 경험으로 미뤄볼 때, 조선이 일본에 복속하겠다고 응할 리 없다는 것을 너무나 잘 알고 있었다. 대마도 도주는 풍신수길의 복속 요구를 통신사通信使 파견 요청으로 임의 변경, 조선과 교섭에 나섰다. 일본 사정을 파악할 필요가 있던 조선 정부는 이에 응했다.

조선은 1590년 정사 황윤길黃允吉, 부사 김성일金誠一, 종사관 허성許筬으로 구성된 통신사를 일본에 파견했다. 대마도 도주는 풍신수길에게 일본에 복속하기 위해 조선 통신사가 왔다고 허위 보고를 했다. 풍신수길은 거만한 자세로 통신사 일행을 상대했다.

---

3) 6차 교육과정 국정 《중학교 국사 교과서》의 표현이다. 같은 6차 교육과정 국정 《고등학교 국사 교과서》도 '풍신수길은 국내 정권의 안정을 위하여, 불평 세력의 관심을 밖으로 쏠리게 하고 아울러 자신의 정복욕을 만족시키기 위하여 조선과 명에 대한 침략을 준비하였다.'라고 대동소이하게 기술하고 있다. 그런데 7차 교육과정 국정 《중학교 국사 교과서》는 '불평 세력의 관심을 밖으로 쏠리게 하고 자신의 대륙 진출 야욕을 펴기 위해 조선을 침략하고자 하였다.'라고 하여 침략 대상에서 명을 제외하고 있다. 7차 교육과정 국정 《고등학교 국사 교과서》도 '일본은 전국 시대의 혼란을 수습한 뒤 철저한 준비 끝에 20만 대군으로 조선을 침략해 왔다(1592). 이를 임진왜란이라 한다.'라는 설명만 할 뿐 명은 언급하지 않았다.

통신사 일행은 귀국 후 일본의 침략 가능성에 대해 상반된 보고를 했다. 황윤길과 허성은 일본이 조선을 침략할 가능성이 있다고 했지만, 김성일은 그럴 가능성이 없다는 정반대의 의견을 제출했다. 당시 정권을 잡고 있던 동인 세력은 역시 동인인 김성일의 의견을 채택했다.

그렇다고 조선 정부가 전쟁에 전혀 대비를 하지 않은 것은 아니었다. 남쪽 지방의 성을 수리하는 등 약간의 대책은 강구했다. 하지만 그것은 얼마 가지 못했다. 개국 이래 200년 동안 평화롭게만 살아온 백성들은 노역 동원과 세금 납부에 강하게 반발했다. 공사는 중단되었고, 일본이 나라 전체의 군사력을 동원하여 대규모 전쟁을 일으킬 것이라는 사실을 예견하지 못한 조선은 거의 준비를 하지 못한 상태에서 공격을 당했다.

### 3. 전쟁 발발

1592년 4월 13일 소서행장小西行長(고니시 유키나가)과 종지의宗義智(소오 요시토시)를 선봉으로 한 일본군이 부산 앞바다에 나타났다. 조선군은 부산진에서 정발鄭撥이, 동래에서 송상현宋象賢이, 다대포에서 윤흥신尹興信이 맞섰으나 워낙 중과부적인 탓에 끝내 순절했다. 송

윤흥신을 기리는 부산 윤공단

상현은 '싸우려면 싸우고, 싸우지 않으려면 길을 빌려 달라.'는 일본군의 요구에 '戰死易전사이 假道難가도난', 즉 '싸워서 죽기는 쉽고 길을 빌려주기는 어렵다.'라는 뜻깊은 명언을 남겼다.

일본군은 파죽지세로 북상했다. 조선군 관군은 싸우면 패했고, 그렇지 않으면 싸우지도 않고 도망쳤다. 조선군 관군 중앙군과 일본군의 첫 전투가 4월 25일 상주에서 벌어졌지만 이일李鎰이 패전했다. 조선의 최정예 부대를 이끌고 충주 탄금대彈琴臺에서 일본군을 기다리고 있던 신립申砬도 4월 28일 대패했고, 신립은 남강에 몸을 던져 스스로 죽음의 길을 갔다. 이 소식이 전해지자 선조는 피란을 결정했고, 광해군을 세자로 책봉한 후 4월 30일 한성을 탈출했다.

선조는 개성을 지나 평양성에 들었다가, 6월 5일 전라 감사 이광이 이끄는 삼도 연합군 3만이 일본군 1,600명에 참패했다는 어이없는 소식을 듣고는 압록강 턱밑의 의주까지 달아났다. 의주에 당도한 선조는 요동 지역으로 넘어가 안전을 도모하려고 했지만 명의 망명 거절과 신하들의 만류로 뜻을 이루지 못했다.

선조는 국경인 압록강까지 와서 중국에 망명하려 했지만 뜻을 이루지 못했다.

세자 광해군은 전국을 순회하면서 백성들을 위로하고 흩어진 병사들을 모았다. 의병 창의도 촉구했다. 선조는 광해군에게 종묘사직을 받들게 하고 분조分朝(조정을 둘로 나눔)했다.

이 무렵, 선조의 다른 두 아들 임해군과 순화군은 함경도와 강원도로 피란을 갔다가 가등청정加藤清正(가토 기요마사) 군대의 포로가 되었다. 두 왕자는 회령에 머물던 중 반란을 일으킨 국경인 등에게 붙잡혀 가등청정에게 넘겨졌다. 조선 조정은 두 왕자를 구해내기 위해 명군에게 일본과의 교섭을 부탁하기도 했다.

### 4. 의병과 수군의 활약, 명의 지원군 파병

전쟁 판도를 뒤집으려는 움직임이 활발히 일어났다. 5월부터 전투를 개시한 이순신은 해전마다 적을 격파했다. 판옥선과 거북선, 우수한 화포로 무장한 조선 수군은 일본 전함보다 전투력에서 우위에 있었고, 이순신의 탁월한 전술까지 더해져 한산대첩 등 빛나는 전과를 쌓았다.

일본군은 서해를 통해 군수품과 보충 병력을 한양 쪽으로 수송하려던 계획을 접어야 했다. 또 곡창 지대를 점령함으로써 군량을 현지에서 조달하려던 계획도 흐트러졌다. 수군의 연이은 승첩은 전쟁의 흐름을 바꾸었다.

전남 보성 방진관의 (친일파 그림이 아닌) 이순신 초상

행주산성 대첩비

　전쟁 초기 궤멸되었던 관군도 다시 일어섰다. 전열을 정비한 관군은 권율權慄의 행주산성, 김시민金時敏의 1차 진주성 전투에서 큰 승리를 거두었다.
　의병4)과 승병도 일어났다. 경상도에서 곽재우郭再祐, 정인홍鄭仁

---

4) 국사편찬위원회《한국사》: 의병의 궐기는 향토와 동족의 방어를 위한 것이었고, 더 나아가 일본의 야만성에 대한 민족 감정의 발로였다. 유교적 윤리를 철저한 사회적 규범으로 하고 있었던 조선은 고려 말부터 왜구의 계속적인 약탈 행위로 인하여 일본인을 침략자로 여겼으며 문화적으로 멸시하여 '왜' 또는 '섬오랑캐'라고 불렀다. 이러한 일본으로부터 침략을 받아 민족적 저항운동으로 일어난 것이 의병의 봉기였다.
　국사편찬위원회《신편 한국사》: 일반 민중들은 관권에 의한 강제징집으로 무능한 장군의 지휘를 받아 전국의 전선을 전전하며 싸우기 보다는 평소 잘

弘, 김면金沔, 권응수權應銖, 전라도에서 김천일金千鎰, 고경명高敬命, 충청도에서 조헌趙憲, 함경도에서 정문부鄭文孚, 황해도에서 이정암李廷馣, 평안도에서 조호익曺好益, 양덕록楊德祿, 경기도에서 심대沈岱, 홍계남洪季男 등이 자발적으로 군사를 모아 일본군과 싸웠다.5) 휴정休靜 서산대사西山大師, 유정惟正 사명대사四溟大師, 영규靈圭 스님 등은 승병을 이끌고 왜란 극복에 앞장섰다. 의병들의 뛰어난 활동은 일본군들로 하여금 전쟁을 포기하고, 그 대신 강화 교섭을 시도하게 만드는 큰 역할을 했다.

조선 조정은 의주에 머물면서 명나라에 지원군 파병을 요청했다. 8월 24일 정곤수鄭崑壽는 명의 병부상서 석성을 만나 지원군을 보내주겠다는 확답을 받았다. '200년간 충성을 다해온 조선을 도와주는 것은 당연한 일'6)이라는 것이 명의 파병 논리였다.

사실 이때까지 명은 조선을 믿지 않고 있었다. 전쟁이 터진 지 보름도 되지 않아 수도를 포기하고 압록강 바로 아래까지 임금과 조정이 피란을 거듭한 것부터 이상하게 여겼다. 일본군과 연합하여 명을 공격하려고 일부러 그렇게 한 게 아닌가 의심했던 것이다.

최초의 파병 명군은 요동에 있던 조승훈 부대였다. 그러나 일본군을 가볍게 보고 제대로 준비도 없이 평양성을 공격했던 조승훈 군은 크게 패전했다. 이어 명은 송응창宋應昌과 이여송李如松이 이끄는 대규모 부대 파견을 결정했다.

1593년 1월 6일, 이여송이 3만 군사를 거느리고 평양에 도착했다. 명나라 대군은 조선군과 협력하여 1월 9일 평양성을 탈환하는 데 성공했다.

---

알고 신뢰할 수 있는 의병장의 휘하에서 싸우기를 바랐을 것이며, 향토 주변에서 부모와 처자를 보호하기에는 관군보다 의병으로 가는 것이 유리하였다.

  5) 7차 교육과정 국정 《고등학교 국사 교과서》에 거명된 대로 의병장들의 이름을 재인용했음.

  6) 7차 교육과정 국정 《고등학교 국사 교과서》의 표현.

일본군은 평양과 개성을 버리고 한성으로 퇴각했다. 자신감에 찬 이여송은 소규모 부대만 이끌고 한성을 향해 진격했다. 이때 많은 병력을 한성에 집결시킨 일본군은 명군의 공격에 대비하여 복병을 깔아두고 있었다. 벽제관碧蹄館에서 일본군 복병을 만나 간신히 목숨만 건진 이여송은 군량 부족을 이유로 개성으로 후퇴했고, 그 뒤로는 전진을 꺼렸다.

5. 강화 교섭

일본군은 더 이상의 전쟁 수행이 불가능하다고 판단했다. 보급 곤란, 의병의 공격, 수군 참패, 명군과의 전투 등 모든 것들이 어려웠다.7) 그래서 부산 좌우 바닷가 일대의 점령을 유지하는 데 필요한 병력만 남기고 군대를 일본으로 철수시킨 채, 명과 강화 교섭을 벌이기 시작했다. 명도 일본군의 요동 진입을 막는 데 성공했으므로 더 이상 전쟁을 계속하고 싶지 않았다.

명에서는 심유경沈惟敬, 일본에서는 소서행장이 각각 강화 교섭 대표로 나섰다. 명은 일본군의 무조건 철수를 요구했고, 풍신수길은 조선의 왕자를 볼모로 내놓고, 조선의 남쪽 땅을 내놓으라고 했다. 합의가 될 일이 아니었다. 조선은 명이 전쟁 대신 강화 노선을 걷는 것이 불만이었을 뿐만 아니라, 강화 교섭에서 배제된 데에 분노하고 있었다.

---

7) 국사편찬위원회 《신편 한국사》 : 왜군은 (1593년 1월) 평양 패전 이후 서울에 집결하였지만 개전 당시 병력의 30~40%를 전투, 기아, 질병으로 소모하여 실전의 수행 능력을 거의 상실하고 있었다. (중략) 서울에 총집결한 왜군은 이제 서울의 인근 지역에서 군량 조달을 위한 약탈 대상조차 찾아내기 어려워 심각한 군량난에 봉착하게 되었으므로, 왜군지휘부는 서울에서 철수할 것을 결정하고 풍신수길의 허락까지 받았다. 그러므로 왜군은 철군할 때 조·명군의 추격을 피하기 위해서 조·명 측과의 협상을 원하지 않을 수 없는 처지였다.

1596년 9월, 명은 풍신수길을 일본 왕으로 책봉하기 위해 사절을 오사카에 파견했다. 조선에서도 황신黃愼 이하의 사절을 딸려 보냈다. 명은 풍신수길이 왕으로 책봉해주면 군대를 철수시킬 것으로 생각했다. 그러나 풍신수길은 책봉 이외에 다른 선물이 없다는 데 분노, '조선이 명과 일본의 협상을 방해했다' 등의 이유를 들어 책임을 조선에 떠넘기면서 정유재란을 결정했다. 풍신수길은 조선의 사절과는 만나지도 않았다.

### 6. 정유재란

1597년 1월부터 일본군은 다시 조선에 상륙하기 시작, 7월부터 북쪽을 향해 다시 공격을 재개했다. 정유재란 발발 직전 선조는 이순신을 의심하여 투옥하는 대신 원균을 삼도수군통제사로 임명했지만, 원균이 이끄는 수군은 칠천량 해전에서 거의 전멸당했다. 그 결과 일본군이 바다를 장악했다.

조선 수군이 거의 전멸당한 칠천량 바다

공격했다. 1597년 12월 말에 시작된 울산성 전투에서 가등청정은 거의 전사 위기까지 몰리기도 했다. 울산성 전투 후 일본 육군은 크게 세가 꺾였다.

수군 대장으로 돌아온 이순신도 명량해전鳴梁海戰에서 승리하여 해상의 주도권을 되찾았다. 그러던 중 1598년 8월 18일 풍신수길이 병사하면서 전쟁은 사실상 종료되었다. 권력을 장악한 덕천가강德川家康(도쿠가와 이에야스) 등은 철군 결정을 내렸다.

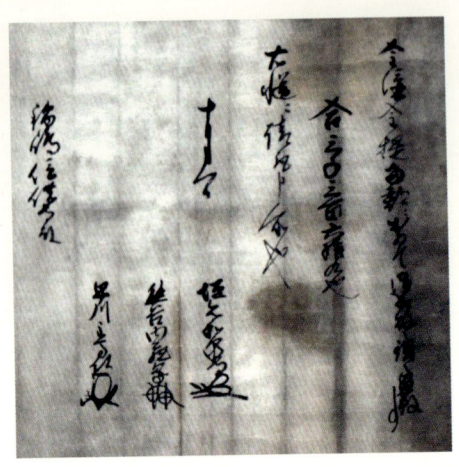

1597년 10월 1일에 발행된 '코 영수증'이다. 전라도 금구, 김제 방면에서 3,369명의 코를 벤 것을 받아서 일본의 풍신수길에게 보냈다는 내용이 기록되어 있다.

일본군들은 안전하게 철수하기 위해 명군과 교섭을 벌였다. 명군도 희생을 안아야 하는 전투를 기피하려 했다. 일본군은 명군 장수들에게 뇌물까지 주었다.

조선은 일본군의 무사 철수를 보고만 있을 수 없었다. 명군이 일본군에게 안전 철수를 약속했다는 사실을 알고 있었지만 이순신은 전함을 몰고 노량露梁으로 달려가 일본군을 대파했다. 하지만 이 마지막 전투에서 이순신은 전사의 비운을 맞았다. 순천왜성順天倭城에 머물러 있던 소서행장이 부산을 거쳐 일본으로 돌아가면서 전쟁은 완전히 끝났다.

### 7. 전쟁의 영향

조선은 전쟁으로 말미암아 초토가 되었다. 국토의 대부분이 농사를 지을 수 없는 땅으로 변했고, 인구도 절반으로 줄어들었다. 일본군은 수많은 조선인을 살해했고, 경복궁, 불국사 등 무수한 문화재들을 파괴했다. 일본은 포로로 잡아간 조선인들을 포르투갈 등지에 노예로 팔고, 지식인과 기술자들을 활용하여 나라의 수준을 높였다. 명나라는 임란 기간 동안 줄곧 세력을 키운 청 세력의 도전을 막지 못해 결국 멸망했다.8)

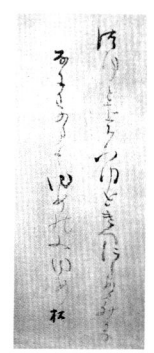

풍신수길은 "이슬과 함께 내리고 / 이슬과 함께 사라지는 내 몸인가 / 오사카의 일도 꿈 속의 또 꿈이런가"라는 내용의 '임종 시'를 남겼다.

---

8) 대구 망우당공원 「임란 의병관」 '피해와 반성' : 임진왜란은 조선과 일본, 명에 커다란 변화를 초래하였고, 급격한 동아시아의 정세 변화를 가져왔다. 가장 큰 피해는 조선에 있었다. 조선은 계속되는 전란으로 농지 면적의 2/3 이상이 황폐화되어 농민의 생활이 어려워지고 국가 재정도 고갈되었다. 많은 사상자로 인구가 줄고 가옥과 재산의 손실도 막대하였다. 민심도 흉흉해져 이몽학의 난과 같은 반란도 일어났다. 또한 양반 계층은 경제적 몰락으로 권위가 상실되기도 하였으며, 당쟁이 가속되어 양반 계층의 분화 현상도 일어나 신분 질서의 붕괴가 가속화되었다.

문화면에서는 국보급 문화재가 소실되었고, 귀중한 책과 미술품이 많이 약탈되었다. 군사 제도에서는 군정 기관인 비변사의 기능이 강화되고, 훈련도감이 신설되었으며, 전략과 무기 체계에 많은 변화를 가져왔다.

일본은 풍신수길이 사망하고 권력 구조의 변화가 일어나 이후 덕천가강德川家康(도쿠가와) 막부가 성립되었다. 전란 중에 조선에서 약탈한 문화재와 인쇄술, 무기, 금속공예품, 도자기 기술 등의 전파로 일본 문화 발전에 크게 기여하게 되었다. 또한 서적의 약탈과 유학자의 납치 등으로 선진 유학과 접촉하게 되어 에도江戶 유학의 발전에 큰 밑거름이 되었다.

명은 임진왜란에 참여하면서 막대한 비용을 소모하여 국고를 고갈시켰으며, 이를 타개하기 위해 군비를 감축하여 군사력의 약화를 초래하였다. 그 결과 명은 각지에서 일어난 민란을 진압하지 못하고, 북방 여진족의 침략을 받아 멸망하게 되었다.

대구 임진왜란 유적
전국 임진왜란 유적 답사여행 총서 4

저자 : 정만진
010-5151-9696
clean053@naver.com
출판사 : 국토
발행일 : 2017년 음력 9월 16일
(명량 해전 420주년 기념일)
농협 01051519696-08 정만진(국토)

ISBN 979-11-962149-4-4 04980
ISBN 979-11-962149-0-6 04980 (전 10권)

17,500원

이 도서의 국립중앙도서관 출판예정도서목록(CIP)은 서지정
보유통지원시스템 홈페이지(http://seoji.nl.go.kr)와 국가자료
공동목록시스템(http://www.nl.go.kr/kolisnet)에서 이용하실
수 있습니다.(CIP제어번호: CIP2017027271)」